Nicole Staudinger

STEHAUFQUEEN

Die Herausforderungen des Lebens
elegant und majestätisch meistern

Besuchen Sie uns im Internet:
www.knaur.de

FSC
www.fsc.org
MIX
Papier aus ver-
antwortungsvollen
Quellen
FSC® C083411

Originalausgabe März 2018
Knaur Taschenbuch
© 2018 Knaur Verlag
Ein Imprint der Verlagsgruppe
Droemer Knaur GmbH & Co. KG, München
Alle Rechte vorbehalten. Das Werk darf – auch teilweise – nur mit
Genehmigung des Verlags wiedergegeben werden.
Der Abdruck des Songtextes von Udo Jürgens erfolgt mit
freundlicher Genehmigung.
Jetzt oder nie
Musik: Udo Jürgens, Text: Wolfgang De Hofer
© ARAN CONCERTICAL PRODUCTIONS AG /
BMG Rights Management GmbH. Anteil: 100%
Covergestaltung: ZERO Werbeagentur, München
Coverabbildung: © FinePic / shutterstock
Satz: Adobe InDesign im Verlag
Druck und Bindung: CPI books GmbH, Leck
ISBN 978-3-426-78964-3

2 4 5 3 1

Für meine zwei Zauberwesen

Inhalt

Vorwort

Wir Menschen sind unterschiedlich. Und das ist gut so. Zwei ganz wichtige Punkte, um die es in diesem Buch geht. In Köln sagt man: »Jeder Jeck ist anders!« Ja, werden Sie jetzt sagen, das ist jetzt nicht *so* neu für mich. Richtig. Aber mal ehrlich, wie oft stören wir uns an unseren Mitmenschen? Wie oft urteilen wir über Menschen, stecken sie in eine Schublade, ohne uns wirklich eine Meinung gebildet zu haben? Schauen Sie sich um in der Welt – es muss schon des Öfteren vorkommen. Und weil wir Menschen eben unterschiedlich sind, sind es auch die Sichtweisen auf die eigenen Erlebnisse. Was für den einen vielleicht ein herber Tiefschlag ist, ist für den anderen noch ein sanftes Streicheln. Resilienz heißt das neue Modewort und meint unsere Fähigkeit, mit den unterschiedlichsten Problemen im Leben fertigzuwerden.

Fakt ist, jeder von uns wird im Leben mit Schicksalsschlägen konfrontiert. Aber woran liegt es, dass die einen daran zerbrechen (was heißt das eigentlich?) und die anderen scheinbar locker damit umgehen? Und was ist eigentlich ein »Schicksalsschlag« und was vielleicht eine Lappalie? Und wer bestimmt das?

Dieses Buch ist kein medizinisches oder psychologisches Nachschlagewerk. Es sind reine Erfahrungsberichte und Beobachtungen. Sie werden sich, wenn es gut läuft, in vielen Dingen wiedererkennen. Und wenn es richtig gut läuft, werden Sie das Buch zuschlagen und Ihr Leben – so, wie es ist – an den Hörnern packen und kleine Rückwärtsschritte für einen Cha-Cha-Cha nutzen!

Es ist ein zutiefst persönliches Buch. Ich weihe Sie unter anderem in meine Familiengeschichte ein. Für mich war das ein nicht immer einfacher, aber für dieses Buch notwendiger Prozess. Wenn alte Wunden aufreißen, dann ist das zwar oftmals schmerzhaft, aber in der letzten Konsequenz doch reinigend.

Was dieses Buch (mal wieder) *nicht* ist, ist ein erhobener Zeigefinger. Ich weiß nicht, wie es Ihnen geht, aber ich reagiere äußerst empfindlich auf Ratschläge (es sind und bleiben Schläge!), die mit »Du musst …« beginnen. Daher bestimmen Sie selbst, was Sie aus diesem Buch und seinen vielen kleinen Geschichten mitnehmen. Nach jedem Kapitel werde ich Ihnen darlegen, was ich oder die jeweilige Person daraus gelernt hat, und Ihnen gleichzeitig Raum lassen für Ihre eigenen Erkenntnisse.

Um was geht es in diesem Buch? Gute Frage. Es geht um das Hinfallen. Um Rückschläge. Um Tiefschläge. Und um Schicksalsschläge. Es geht aber auch um richtig doofe Tage, um Decke-über-den-Kopf-zieh- und Im-Erdboden-versinken-Momente. Aber es geht niemals, gar niemals, ums Liegenbleiben oder Bejammern. Es geht darum, wieder aufzustehen. Sich wieder zu berappeln. Kurzum: Es geht darum, einmal mehr aufzustehen, als liegen zu bleiben.

Ich lade Sie ein, sich mit mir einige Geschichten anzuschauen. Und die sind, wie das Leben eben auch, mal heiter und lustig, mal tragisch und traurig. Sie sind alle wirklich passiert; mal mir selbst, mal meiner Familie, mal in meinem direkten Umfeld. Holen Sie sich eine gute Tasse Kaffee, ein leckeres Stück (oder zwei!) Schokolade und vielleicht einen Stift. Denn, wie gesagt: Ich will Ihnen hier gar nichts vorkauen – *Sie* sollen Ihre eigenen Erkenntnisse aufschreiben!

Mir geht es nicht um Bewertungen. Als Nicht-Psychologin ist es nicht an mir, die Strategien, mit denen sich die Menschen aus ihren Krisen befreit haben, zu beurteilen. Ich möchte Ihnen nur zeigen, was geholfen hat. Ob das jetzt tiefenpsychologisch sinnvoll ist oder nicht, vermag ich nicht zu sagen.

Übrigens schauen wir uns jede Art von »Krise« an. Es geht hier sowohl um die kleinen Alltagsproblemchen als auch um die wirklich schlimmen Schicksalsschläge. Ich möchte Sie also jetzt schon vorwarnen: Es kann sein, dass Sie eine Achterbahnfahrt der Gefühle erleben werden. Sie müssen das Buch nicht in der vorgegebenen Reihenfolge lesen. Lesen Sie das, was Ihnen gefällt. Lesen Sie es auch gerne mehrfach und wie gesagt: Nutzen Sie die Gelegenheit und ziehen Sie Ihre eigenen Schlüsse.

Ach ja, eines noch: Dieses Buch richtet sich mal wieder an Frauen. Aber das jetzt aus reiner Gewohnheit, denn wie Sie wissen, arbeite ich hauptsächlich mit dem weiblichen Geschlecht. Aber natürlich sind Sie, liebe Männer, herzlich eingeladen, es auch zu lesen.

Liebe LeserInnen, freuen Sie sich also auf ein Buch ganz ohne Besserwisserei, Ratschläge oder Du-musst-dieses-oder-jenes-tun-Tipps!

Ihre Nicole Staudinger

Einer kommt, einer geht ...

Haben Sie noch eine Oma? Wenn ja, dann haben Sie vermutlich die eine oder andere »Lebensweisheit« von ihr gehört. Meine Oma kannte eine Menge dieser Weisheiten, und manche davon sind durchaus zwiespältig zu sehen. Viele haben mir sehr geholfen, andere haben mich aber auch verunsichert. »Einer kommt, einer geht« hat ja schon etwas Unheilvolles. Etwas Unausweichliches. Und leider musste es meine Familie am eigenen Leib erfahren.

Als ich begann, dieses Buch zu schreiben, haben meine Eltern und ich zum ersten Mal ausführlich über die Ereignisse gesprochen, die ein paar Wochen vor meiner eigenen Geburt stattgefunden haben.

April 1982

Es war ein verregneter und typischer Apriltag mit Sonne, Regen und Schnee, und meine Eltern waren in voller Vorfreude auf ein neues Familienmitglied, das bald zur Welt kommen sollte: mich!

Meine Mutter, damals zarte einundzwanzig Jahre alt, hochschwanger und schon sogenannte Stiefmutter meiner damals elfjährigen Halbschwester Anja.

Anja war, was für heutige Verhältnisse absolut normal ist, ein Scheidungskind, und mein Vater hatte das alleinige Sorgerecht für sie. Ein paar Jahre nach der Trennung von seiner ersten Frau lernte mein Paps meine Mutter kennen. Der Altersunterschied von zehn Jahren – heute ja auch nichts Besonderes mehr – störte die beiden von Anfang an herzlich wenig. Das Familienmodell war für die 80er-Jahre tatsächlich ungewöhnlich, aber meine Eltern waren glücklich, und Anja war es mit ihrer »neuen Mutter« auch.

»Lass mich doch die Zeitung eben mit dem Fahrrad holen, Papa«, bat Anja meinen Vater an diesem Tag, dem Karfreitag 1982. Meine Eltern waren mit Freunden verabredet, und die hatten gefragt, ob meine Eltern ihnen die Tageszeitung vom Kiosk mitbringen könnten. Es war kurz nach dem Mittagessen: Fischstäbchen, Kartoffeln und Salat. Anjas Lieblingsessen.

»Nein, Anja, es ist viel zu kalt und ungemütlich. Wir fahren doch jetzt eh gleich mit dem Auto am Kiosk vorbei.«

»Och bitte, Papa!«

Anja fuhr für ihr Leben gerne Fahrrad, und so stimmte mein Vater schlussendlich zu. Das kleine Lädchen war schließlich nur drei Minuten mit dem Fahrrad entfernt.

Ich sollte Anja niemals kennenlernen.

Die Fahrt zum Kiosk war für sie die letzte Fahrt ihres kurzen Lebens.

Anfang der 1980er-Jahre gab es keine Fahrradhelme. Wenn es sie schon gegeben hätte, würde die Geschichte ab jetzt vielleicht anders weitergehen. Hätte. Würde. Könnte. Sie können sich vorstellen, wie oft sich meine Eltern mit diesen zerstörerischen, sinnlosen Fragen gequält haben, die zu nichts führen.

Kurz nachdem meine Mutter »Jetzt könnte sie aber langsam zurückkommen« gedacht hatte, hörten sie das Martinshorn. Ein Ton, der vor diesem Tag ein ganz normales Alltagsgeräusch war und nach dem Karfreitag 1982 zu einem kaum erträglichen Erinnerungsruf wurde.

»Ich gehe jetzt schauen, wo sie bleibt«, sagte mein Vater zu meiner hochschwangeren Mutter.

Er ging den Weg zum Kiosk zu Fuß ab und fragte den Besitzer, ob Anja dort gewesen sei.

»Nein, war sie nicht. Aber hier ist eben ein Unfall passiert«, so seine Antwort.

»Direkt danach sehe ich den Polizeiwagen um die Ecke kommen und erkenne ad hoc Anjas Fahrrad hinten im Kofferraum«, erzählt mir mein Vater knapp fünfunddreißig Jahre später. Ich will von ihm wissen, ob er gleich wusste, dass etwas Schlimmes passiert sei, und er antwortet: »Nein. Auch als die Polizei mir sagte, dass ein Mädchen verunglückt sei und in ein Krankenhaus gebracht wurde, dachte ich: ›Bestimmt nur ein Beinbruch.‹«

Und wissen Sie, was das Erstaunliche ist? Diesen Grundoptimismus hat sich mein Vater beibehalten. Erst mal vom Besten ausgehen. Ich hätte es als total »normal« empfunden, wenn sich das nach diesem Karfreitag 1982 komplett geändert hätte. Wenn er ab da bei allem und jedem, was ihm oder seiner Familie in Zukunft widerfahren würde, das Schlimmste geahnt hätte.

Ich vermute, dass dieser Grundoptimismus, dieser nicht vorhandene Schalter zum Kopfkino, angeboren ist oder eben auch nicht. Denn wenn Sie meine Mutter fragen, was sich in ihrem Kopf abspielte, als sie die schreckliche Nachricht hörte, würde die Antwort anders ausfallen.

»Wir mussten dann die einzelnen Krankenhäuser abfahren, denn niemand wusste, wo sie hingebracht worden war«, erzählen mir meine Eltern weiter. Beide durchleben durch unser Gespräch eine Art Zeitreise. Der Schmerz ist in ihren Gesichtern ablesbar.

Als sie endlich das richtige Krankenhaus gefunden hatten, lag Anja schon im OP.

»Es sieht nicht gut aus. Sie hat eine schwere Kopfverletzung«, erklärte man ihnen.

Später, als Anja auf die Intensivstation gebracht wurde, legten die Ärzte meiner Mutter nahe, aufgrund ihres »Zustandes« nicht mitzugehen. Sie verneinte erst heftig, schaffte aber dann noch nicht mal den Blick durch die Trennscheibe zu Anjas Zimmer.

Anja hatte eine schwere Hirnverletzung und war klinisch tot. Maschinen hielten sie am Leben. Zwischen »Tschüs, Papa!« und dem Hirntod lag eine junge Autofahrerin, die eine Sekunde nicht aufgepasst hatte.

Ich kannte natürlich »unsere« Geschichte, den Ablauf, die Fakten: Ich wusste, dass die Fahrerin nicht »bestraft« worden war, dass sie sich nie entschuldigt, sondern noch verlangt hatte, dass meine Schwester die Windschutzscheibe bezahlen sollte (»Immerhin hat sie sie ja mit ihrem Körper kaputt gemacht!«), ich wusste, dass meine Eltern danach aus der Innenstadt aufs Dorf zogen, ich wusste, dass mein Vater innerhalb von einer Nacht ergraut ist … all das wusste ich. Aber was ich nicht wusste, war, wie insbesondere mein Vater – denn es war ja seine leibliche Tochter – es geschafft hat, nicht von der Brücke zu springen.

Wenn Sie selber Kinder oder Geschöpfe um sich haben, die Sie lieben wie eigene Kinder, dann bin ich mir sicher, dass Ihnen alleine vom Lesen die Brust schmerzt. Es ist die schlimmste Vorstellung für Eltern: das eigene Kind zu Grabe zu tragen.

Meinen Eltern ist es passiert. Und heute – da ich selber Mama bin – zerreißt es mir das Herz.

»Papa, wie hast du es geschafft, wieder aufzustehen? Morgens und überhaupt? Wie konntest du mir ein guter Vater sein und mir Fahrradfahren beibringen?«, will ich von ihm wissen.

»Der Grund bist und warst du. Ohne dich hätte ich es nicht geschafft.«

Anja starb genau eine Woche später. Die Ärzte erklärten meinen Eltern, wenn sie noch mal wach werden sollte, was nahezu ausgeschlossen war, dann würde sie ein schwerer Pflegefall werden. Eine Woche nach Karfreitag durfte sie gehen.

»Es war wie ein böser Traum«, verrät mein Vater. »Alles war wie unter einer Glocke. Und ich weiß noch, dass ich dachte: Wie können die Menschen draußen normal rumlaufen? Meine Tochter ist tot. Wie können die alle hier normal leben?«

Und in dieser schlimmsten Zeit im Leben meiner Eltern stand meine Geburt bevor.

Tod und Leben. So nah beieinander.

»Ganz am Anfang erzählte Papa die Geschichte immer und immer wieder. Heute weiß ich, dass er unter Schock stand. Wir fuhren Hunderte von Malen zur Unfallstelle, und er fing an, Skizzen anzufertigen und Bremswege auszurechnen«, erzählt meine Mutter.

Als schließlich die Mitteilung vom Staatsanwalt kam, dass die Ermittlung gegen die Autofahrerin »wegen Nichtigkeit eingestellt« worden sei, schrieb mein Vater einen Brief, der zur Folge hatte, dass das Verfahren wieder aufgerollt wurde und die Fahrerin zu 600 DM Spende für einen guten Zweck verurteilt wurde.

»Wie ging es weiter? Wie ging das Leben für euch weiter?«, frage ich meinen Vater.

»Ich habe viel über Unfälle von anderen Kindern gelesen. Ich weiß, das klingt komisch, aber mir hat es geholfen zu wissen, dass ich nicht alleine bin. Ich besuchte sogar andere Kinderfriedhöfe und schaute, wie alt diese Kinder werden durften.«

Jetzt kann man sich vielleicht vorstellen, dass das nicht gerade das ist, was man als hochschwangere Frau gerne machen möchte. Die Art und Weise, wie meine Eltern diesen Schock verarbeiteten, ging also weit auseinander. Während meine Mutter sich ganz darauf konzentrierte, das Ungeborene in ihrem Bauch zu schützen, war mein Vater auf der Suche nach Leidensgenossen.

»Das Schlimmste für mich war das schlechte Gewissen, das mich lange begleitete. Nicht nur weil ich mich schuldig fühlte, dass ich ihr erlaubt hatte, mit dem Fahrrad loszufahren. Sondern auch, weil ich irgendwann versuchte, mich wieder mit normalen Sachen zu beschäftigen. Wenn ich lächelte, holte mich sofort mein Gewissen ein: ›Deine Tochter ist tot, und du lachst.‹«

»Wann bist du wieder arbeiten gegangen?«, frage ich ihn.

»Eine Woche nach ihrem Tod.«

»War das rückblickend gut?«

»Sehr gut.«

Noch mal: Ich bin keine Psychologin. Das ist kein Versuch, die Situation zu bewerten oder gar zu beurteilen. Ich gebe nur wieder, was mir meine Eltern erzählt haben. Nicht mehr und nicht weniger.

»Und was passierte, als ich geboren wurde?«

»Da war das erste Mal seit Langem wieder Freude in seinem Gesicht«, sagt meine Mutter.

»Als Anja starb, war mir alles egal. Morgens bin ich in ihr Zimmer gegangen und sah sie vor mir, wie sie in ihrem Zimmer spielt. Und nun war alles leer. Ich wusste, sie kommt nicht mehr zurück. Stattdessen liegt sie in dieser kalten Schublade in der Gerichtsmedizin. Lasst sie doch einfach in Ruhe! Die Beerdigung und die täglichen Besuche auf dem Friedhof hatten etwas Tröstliches für mich. In dieser Zeit konnte ich aber ohne alkoholische Unterstützung nicht in den Schlaf finden. Als du geboren wurdest, wurde alles anders. Da ist auf einmal ein Neugeborenes und braucht die Liebe und Zuneigung der Eltern. Vergessen kann man nicht. Aber ich war abgelenkt. Du hast mich gerettet.«

Die Geschichte hat natürlich kein Happy End, denn Anja ist tot. Sie kommt nicht wieder zurück. Der eine kommt, der andere geht. Heute sind fünfunddreißig Jahre vergangen, und es gibt noch nicht mal mehr ein Grab von ihr. Hätte es damals schon Fahrradhelme gegeben, wäre ich wahrscheinlich Tante, und meine Kinder hätten auch eine Tante, aber so sollte ich ein Einzelkind bleiben.

STEHAUF-Regeln

Was hat meinen Eltern geholfen? Wie konnten sie überhaupt wieder einen Tag ihres Lebens genießen? Und wie konnten sie – aus meiner Sicht heraus – so tolle, lustige und lebensfrohe Menschen sein?

Mein Vater zeigte ja zu Beginn der Trauerphase ein paar Steh-auf-Möglichkeiten, die zumindest für Menschen, die eine solche Situation nicht erlebt haben, vielleicht ungewöhnlich klingen mögen:

- Sachliche Auseinandersetzung
  Er wollte verstehen. Er fing an, die Unfallstelle auszumessen, zu berechnen und zu deuten. Er wollte auf ganz sachliche Art verstehen, wie es überhaupt zu dem Unfall kommen konnte. Das half zumindest insoweit, als dass er ins Tun kam.
- Suche nach Leidensgenossen
  Immer wenn er in Zeitungen oder im Fernsehen von anderen Unfällen mit Kindern las oder hörte, wollte er mehr wissen. Er besuchte Kinderfriedhöfe, suchte schlicht und ergreifend nach Gleichgesinnten. Menschen, die sein Leid verstehen konnten und ihm das Gefühl gaben, nicht damit alleine zu sein.
- Liebe
  Er war nicht allein. Er hatte eine Familie, die ihn – jeder nach seinen Möglichkeiten – unterstützte: seine Frau – meine Mutter – und seine Schwiegereltern. Meine Oma, die selbst ein Kind verloren hatte, wurde zu einer wichtigen Bezugsperson und konnte mit Sicherheit noch mehr Trost spenden, als das irgendwer sonst hätte tun können.
- Schweigen
  »Irgendwann war alles gesagt«, erzählt mein Vater. Und dann braucht man Menschen, mit denen auch Schweigen nicht peinlich ist.

Und schlussendlich war es dann die Liebe zu einem Neugeborenen und die damit verbundene Ablenkung.

Ich weiß, es klingt hart. Und wenn Sie zu hören bekommen: »Dann lenk dich halt ab!«, ist das für Sie vielleicht eine Phrase, die gefühllos klingt. Aber ich glaube, man kann schlicht und ergreifend nicht im gleichen Maß trauern und lieben. Man kann sich nicht auf zwei Dinge mit der gleichen Intensität konzentrieren. Das geht einfach nicht. Eins gewinnt die Oberhand. Das heißt nicht, dass das andere Gefühl, im Fall meiner Eltern diese tiefe Trauer, nicht mehr da war, aber es wurde auch mal kurzfristig abgelöst.

In belastenden Situationen, sei es, dass man auf wichtige Prüfungsergebnisse wartet oder auf die Zusage für einen Job oder schlimmer: auf gute Untersuchungsergebnisse vom Arzt, drehen sich die Gedanken meist nur um dieses eine Thema. Alles andere wird ausgeblendet. Das Problem rückt zu einhundert Prozent in den Fokus.

Mein Vater fand irgendwann »Ablenkung« in seiner Arbeit. Ein für ihn notwendiger Schritt in Richtung Normalität.

Als ich ein paar Wochen später auf die Welt kam, waren meine Eltern ebenfalls abgelenkt. Ob sie wollten oder nicht. Da war jetzt ein kleines Baby, und das braucht nun mal die volle Aufmerksamkeit. Alle Eltern wissen, was ein Baby für eine Familie bedeutet.

Also, ich kann da nur aus meiner Erfahrung heraus sprechen: Nach der Geburt meines ersten Sohnes war ich phasenweise – also eine zwei Jahre lange Phase – fremdbestimmt. Plötzlich legte ein kleines, mal hungriges, mal stinkendes Baby meinen Tagesablauf fest. Das hat gute und schlechte Seiten. Wie alles im Leben! Im Fall meiner Eltern hatte es überwiegend positive Seiten. Ihr Fokus wurde anders ausgerichtet, und damit waren sie von ihrer Trauer abgelenkt.

Bitte stellen Sie sich einmal hin. Nehmen Sie Ihre rechte Hand und reiben Sie sich damit den Bauch. So als ob Sie zeigen möchten, dass Ihr Essen gut schmeckt. Mit der anderen, der linken Hand, klopfen Sie sich gleichzeitig auf den Kopf. Die meisten von Ihnen kennen diese Konzentrationsübung. Es ist schwer, zwei Dinge mit derselben Intensität zu machen.

Gleiches gilt für Gefühle. Wenn Sie sich voll und ganz auf ein Neugeborenes konzentrieren müssen, dann können Sie nicht gleichzeitig voll und ganz in Ihrer Trauer aufgehen. Ob das jetzt gut oder schlecht ist, sei einmal dahingestellt. Sie erinnern sich, dass ich zu Beginn sagte, meine Aufgabe ist es nicht, zu bewerten. Ich möchte Ihnen nur zeigen, was in diesem Fall geholfen hat.

Ihre STEHAUF-Regeln aus dieser Geschichte:

_____

_____

_____

_____

Rucksäcke und Wanderschuhe

Stellen Sie sich vor, Sie gehen auf eine Wanderung mit Ihrer besten Freundin. Dafür packen Sie Ihre Wanderrucksäcke. In beide kommt exakt der gleiche Inhalt, sodass sie genau gleich schwer sind. Ihr Ausflug beginnt, sie sind beide bereit, schnallen sich die Rucksäcke auf den Rücken und marschieren los.
Nach einer guten Stunde sind Sie der Erschöpfung nahe, während sich Ihre Freundin gerade erst warm gelaufen hat.
»Ich kann nicht mehr«, rufen Sie von weiter hinten.

»Wie? Warum denn nicht?«, entgegnet Ihre Freundin.

»Mein Rucksack ist soooo schwer, ich brauche eine Pause«, japsen Sie vor sich hin.

»Also, ich weiß nicht, was du hast. Der ist doch voll leicht und gut zu tragen. Ich gehe noch weiter. Wir treffen uns dann später«, strahlt Sie Ihre immer noch nicht müde Freundin an.

Wie fühlen Sie sich jetzt?

Da gibt es mehrere Möglichkeiten. Wenn Sie ein Mann sind, denken Sie wahrscheinlich: Ich und müde? NIEMALS! Oder, wenn Sie es doch zugeben: Ja, super! Treffen wir uns eben später!

Wenn Sie eine Frau sind, machen Sie sich vermutlich das Leben etwas schwerer: Oh, warum ist sie denn noch nicht müde? Findet sie den Rucksack nicht so schwer? Mein Gott, ich bin so ein Weichei. Reiß dich zusammen und geh schnell weiter!

Und dann, meine Damen? Was passiert dann? Dann gehen Sie über Ihre Grenzen hinaus und haben an der Wanderung genauso wenig Spaß wie am Rucksack und Ihrer Freundin.

Sie könnten die Sache aber auch anders betrachten: Ja, die Rucksäcke sind gleich schwer. Aber die Personen, die sie tragen, sind grundverschieden. Vielleicht hat Ihre Freundin eine Woche Urlaub hinter sich, in dem sie Rücken- und Ausdauertraining gemacht hat. Vielleicht war sie auch gerade shoppen und hat die besten Wanderschuhe ever gekauft. Vielleicht hat sie auch still und heimlich geübt und weiß genau, wie sie den Rucksack tragen muss, damit er sie nicht beschwert.

Vielleicht tut Ihre Freundin aber auch nur so cool und ist hinter der nächsten Ecke auch den Tränen nahe.

Vielleicht haben Sie gerade eine Woche Nachtschicht hinter sich, Blasen an den Füßen und sich während Ihrer harten Arbeit den Rücken verrenkt. Vielleicht haben Sie die Nacht nicht gut geschlafen, weil Ihr Kind hohes Fieber hatte. Vielleicht ist es einfach nicht Ihr Tag. Es gibt unendlich viele Gründe, warum zwei Menschen mit dem scheinbar gleichen Rucksack einen scheinbar gleichen Weg in einem unterschiedlichen Tempo gehen.

Wichtig ist Folgendes: Wir können das als Außenstehender NIEMALS beurteilen. Und Sie tun sich nichts Gutes, wenn Sie sich mit anderen vergleichen!

Denn wenn Sie über Ihre Grenze gehen, Ihre Schmerzen und Ihre Erschöpfung ignorieren, dann schaffen Sie vielleicht diesen einen Ausflug, aber nicht mehr den Tag danach.

Gönnen Sie sich stattdessen eine Pause, sagen Sie zu sich: »Jeder hat sein eigenes Tempo. Ich ruhe mich jetzt ganz allein für mich aus, und dann klappt der Weg auch wieder leichter!«, anstatt ungerecht und gemein zu sich selbst zu sein. Und gleichzeitig: Urteilen Sie auch nicht über Menschen, in deren Schuhen Sie noch nicht gelaufen sind.

Wenn Sie in Ihrem Leben also schon einmal hingefallen sind – wie wir alle –, dann gehen Sie bitte in Ihrem eigenen Tempo weiter! Natürlich dürfen und sollen Sie sich von anderen motivieren und mitreißen lassen, aber immer nur so, dass es Sie nicht unter Druck setzt! Picken Sie sich die Rosinen raus. Vielleicht sagen Sie sich: Oh, ich bewundere meine Freundin dafür, dass sie konditionell so gut aufgestellt ist. Das könnte auch was für mich sein: an meiner Kondition arbeiten. Vielleicht schaffe ich dann den Weg auch leichter. Und wenn nicht, dann ist es vielleicht meine Art, langsamer zu gehen und dabei auf die Blumen rechts und links zu achten.

Übrigens, auf die Rucksäcke des Lebens können wir kaum Einfluss nehmen. Die werden uns meist vorgesetzt. Schuhwerk, Haltung und Ausdauer hingegen haben wir selber in der Hand!

Inspirationen: Die Lösungen liegen auf der Straße

Wenn Sie mit offenen Augen und möglichst unvoreingenommen durch die Welt gehen, dann werden Sie sehen, dass Inspirationen für das Wiederaufstehen auf der Straße liegen. Das ist genau der Grund, warum Sie in diesem Buch immer wieder die Möglichkeit bekommen, Ihre eigenen Schlüsse zu ziehen. Ich möchte Ihnen zeigen, dass Sie die Lösungen für Ihre eigenen Rucksackprobleme in sich tragen. Von mir bekommen Sie nur die Brille, um sie besser erkennen zu können. Ich ziehe meine Inspiration aus nahezu allem und versuche, jede Situation in meinem Leben aus der Perspektive »Wer weiß, wofür es gut ist« zu betrachten. (Übrigens ist das wieder so eine Lebensweisheit meiner Oma. Sie taucht in diesem Buch noch öfter auf, besser, Sie gewöhnen sich daran.)

Mit dieser Einstellung können Sie aus dem größten Misthaufen noch eine Nadel ziehen. Ich möchte Ihnen an dieser Stelle ein paar Inspirationsquellen verraten, auf die Sie vielleicht noch nicht gekommen sind:

Die Minions

»Das ist nicht ihr Ernst?«, werden Sie jetzt vielleicht denken. Doch, ist es. Meine Jungs sind große Minions-Fans, und ich kann mit Stolz behaupten, die Filme so oft gesehen zu haben, dass ich sie aus dem Stegreif auswendig aufsagen könnte. Ja, am Anfang sind diese kleinen, gelben Tic Tacs gewöhnungsbedürftig. Sie sprechen ihre eigene Sprache und leben in ihrer eigenen Welt. Aber: Da sind sie glücklich! Und wissen Sie, was mich an diesen Kerlchen fasziniert? Sie sind unglaublich anpassungsfähig, nehmen neue Situationen wahnsinnig schnell an und machen stets das Beste daraus.

Es bleibt Ihnen natürlich nicht erspart, dass ich ein konkretes Beispiel beschreibe.

In einer Szene wird Gru (das ist der Boss) in einem Auto entführt. Zwei Minions beobachten das Ganze und können gerade noch die Verfolgung aufnehmen. Einer schafft in letzter Sekunde den Sprung auf das Auto und versucht, den anderen festzuhalten. Er bekommt ihn aber nur an den Hosenträgern zu fassen, und der zweite Minion wird an seinen Hosenträgern hinter dem Auto hergezogen. Eine echt bedrohliche Lage, selbst für einen Minion in einem Zeichentrickfilm. Aber statt in Angst zu verharren und Panik zu bekommen, guckt sich der Minion (ich glaube, es ist Bob) um und merkt, dass es ja eigentlich wie Wasserskifahren ist. Und Wasserski ist cool. Also fängt er an zu lachen und nutzt die Situation für eine Runde Auto-Wasserski.

Da kann man doch was draus mitnehmen. Also, meine Damen, wenn Sie wie ich den Film hundert Mal sehen mussten, dann macht es unbedingt Sinn, etwas davon mitzunehmen, denn sonst werden Sie ja irre! Ich habe also die Zeit mit meinen Kindern genutzt und habe mir den Film unter anderen Aspekten angeschaut. Also habe ich es den Minions gleichgetan.

Durch sie habe ich die Stehauf-Regel formuliert: Nimm die Dinge so, wie sie kommen, und mach das Beste daraus.

Zugegeben, die Chance, dass Sie an Ihren Hosenträgern hinter einem Auto hergezogen werden, ist jetzt nicht so groß, aber Sie wissen, was ich meine.

Frau Holle & Co.

Ähnlich geht es mir mit nahezu jedem Buch, das ich gelesen habe. Meist schreibe ich mir die für mich bedeutendsten Sätze raus und gucke, wie ich sie für meinen kleinen Kosmos nutzen kann. Den wohl bedeutendsten Satz, den ich je in einem Buch gelesen habe, verrate ich Ihnen an anderer Stelle.

Meinen Kindern lese ich gerne Märchen vor. Also ganz ruhig,

Sie brauchen nicht das Jugendamt zu informieren, wir gucken nicht nur die Minions, wir lesen auch viel!

Eins meiner Lieblingsmärchen ist *Frau Holle*. (Finden meine Jungs eher langweilig! Sie stehen mehr auf Menschen, die bei lebendigem Leibe verbrennen müssen – wie in *Hänsel und Gretel!*)

Sie erinnern sich vielleicht an Goldmarie und Pechmarie. Haben Sie die Geschichte mal ganz genau gelesen? Sie hat viel von unserer Rucksack-Geschichte.

Da erleben zwei Mädchen die scheinbar gleiche Situation: Das fertige Brot will aus dem Ofen, der Baum mit den reifen Äpfeln will abgeerntet werden, und Frau Holle braucht Hilfe beim Bettenschütteln. Beide Mädchen bekommen also die gleichen Aufgaben. Aber beide Geschichten verlaufen grundverschieden. Goldmarie trägt ihren Namen, weil sie voller Tatendrang die Dinge fleißig angeht und nicht auf ihr eigenes Wohl bedacht ist. Sie sieht die schönen Seiten der Brunnenwelt und freut sich, Frau Holle zur Hand gehen zu können. Als Dank wird sie mit Gold überschüttet.

Wie die Sache mit Pechmarie ausging, wissen Sie alle.

In diesem Märchen, so wie in den meisten, steckt viel Wahres drin.

Ich konnte für mich folgende Regeln mitnehmen:

- Goldmarie hatte keinen vorgefertigten Plan. Sie fiel in die neue Situation und sah sie mit reinen, unvoreingenommenen Augen. Sie gab ihr die Chance, einzigartig zu werden, und ging ohne Vorurteile und Erwartungen an die Aufgaben heran. Wenn wir also so offen und erwartungsfrei sind, dann können wir doch nur als Gewinner rausgehen.
- Beide Mädchen hatten es in der Hand. Dass Goldmarie Gold und Pechmarie Pech bekam, war kein Schicksalsschlag oder gottgegeben. Sie hatten es in der eigenen Hand, wie die Geschichte verlief. Soll heißen: Dass Goldmarie in der Welt

ankam, das war ihr Schicksal, aber wie sie ihr entgegentrat, das konnte sie beeinflussen.

- Die Kunst, unterscheiden zu können, was man ändern kann und was nicht. Was muss man hinnehmen? (Ganz wichtiger Punkt, auf den wir später noch eingehen werden.)
- Pechmarie hatte einen Plan. Und dieser Plan war von Missgunst getrieben. Das kann nur in die Hose gehen!
- Aber auch Pechmarie bleibt ja nach dem Scheitern nicht liegen, sondern erkennt, dass es nie zu spät ist, an sich zu arbeiten!

Eigentlich brauchen Sie dieses Buch gar nicht! Lesen Sie Märchen!

**Wo finden Sie Inspirationen
für Ihre persönlichen STEHAUF-Regeln?**

_____

_____

_____

_____

Übrigens, die Dinge, aus denen Sie nichts mitnehmen können, die können weg! Also, so grundsätzlich im Leben. Sie werden sehen, wie viel Zeit Sie plötzlich dazugewinnen.

Planung ist alles?

So, am Wochenende gehen wir Samstag in den Zoo. Also, erst am Nachmittag, denn so bis circa 12 Uhr muss ich das Haus putzen. Aber dann gehen wir schön in den Zoo. Vielleicht so bis zum frühen Abend, denn einkaufen müssen wir auch noch. Und am Sonntag, da kommen Suse und Fritz mit dem kleinen Tim zu Kaffee und Kuchen vorbei. Vormittags backe ich noch schnell, in der Zeit könntest du die Kinder baden und noch mal schnell durchsaugen. Du kennst ja Suse, sie schaut immer sehr genau in die Ecken, ich will nicht, dass sie nachher sagt: ›Hast du gesehen, wie es bei denen aussieht?‹ Und Sonntagabend muss ich dann schnell an den Rechner, um für Montagmorgen ein Angebot vorzubereiten. Ja, so machen wir es. Das wird ein schönes, entspanntes Wochenende. Nicht wahr, Patrick?«

Patrick (mein Mann) war schon beim Wort »Zoo« raus.

Ja, so war ich früher.

Als Hardcore-Working-Mom. Weil es dazugehört. Weil man uns Müttern eintrichtert, dass es völlig normal ist, wenn man sich direkt wieder hinters Steuer setzt und sieben Millionen Dinge gleichzeitig erledigt.

Das erste Mal daran gezweifelt habe ich, als ich mit meinem zweiten Sohn in der zwölften Schwangerschaftswoche war. Zu diesem Zeitpunkt habe ich ihn nämlich in der Kita angemeldet. Kaum im Bauch, schon organisiert man sie wieder weg. Sorry, aber das ist doch krank. Und das gleich in mehrerlei Hinsicht.

- Das hat was mit Achtsamkeit zu tun. Wie soll ich denn diese Wunderzeit Schwangerschaft genießen, wenn ich mir den Kopf darüber zerbrechen muss, wo und wie das Kind ab dem ersten Lebensjahr betreut wird? Da mache ich mir ja im wahrsten Sinne einen Kopf um ungelegte Eier. Wäre es nicht für alle Beteiligten viel relaxter, wenn man gewisse Dinge einfach auf sich zukommen lässt? Einfach mal gucken, was passiert? Hat nämlich den großen Vorteil, dass man das Gegenwärtige viel besser genießen kann.

- Schon während der Brütezeit ist man fremdbestimmt! Vielleicht möchte ich das ja gar nicht so handhaben? Vielleicht möchte ich zu Hause bleiben, bis der Kleine von der Schule geht. Vielleicht möchte ich auch wieder arbeiten gehen, wenn der Wonneproppen knappe sechs Monate alt ist. Woher soll ich das jetzt denn schon wissen? Wer bestimmt das denn?

Mit diesen Gedanken habe ich mich damals rumgeschlagen, als ich die Anmeldeformulare ausgefüllt habe. Anfangs dachte ich noch, dass ich wahnsinnig clever bin. Immerhin war es ja mein zweites Kind, und dieses Mal wusste ich schon, wo der Hase lang läuft. Soll ich Ihnen was sagen: Hasen schlagen Haken. Und das völlig unvorbereitet.

Das fing schon damit an, dass die zweite Schwangerschaft bei Weitem nicht so locker verlief wie die erste.

»Also, Chef, guck mich an, ich bleibe im Büro bis einen Tag vor der Entbindung. Ich bin nicht krank, sondern nur schwanger. Mach dir keinen Kopf! Und danach steige ich direkt vom Homeoffice wieder ein.« So überbrachte ich meinem damaligen Chef die frohe Kunde. Ganz die Verkäuferin. Immer schön auf die Vorteile des Gegenübers bedacht. Frei nach dem Motto: Ich schaff das schon!

Ja, und dann lief der Hase eben zickzack: neun Monate lang Übergeben am Stück (am häufigsten in den Büromülleimer), Thrombose und ein Symphysenriss.

Es war das erste Mal in meinem Leben, dass ich nicht so funktionierte, wie ich mir das vorgenommen hatte.

Ich muss es an dieser Stelle noch mal so explizit sagen: »Wie ICH es mir vorgenommen hatte.« Denn ich müsste lügen, wenn ich sage, dass mein Umfeld mich je unter Druck gesetzt hätte. Das habe ich immer ganz alleine für mich übernommen. Ich musste Termine cancel, Messebesuche absagen, Staubkörner liegen lassen und – und das war Neuland – um Hilfe bitten. Bei meiner Familie, aber auch bei Freunden, wenn es darum ging, meinen Großen aus der Kita zu holen. Und was soll ich Ihnen sagen? Man hat mir gerne geholfen. Menschen helfen nämlich gerne. Wenn man sie denn freundlich darum bittet. Aber für Madame Ich-schaff-das-schon war das ein schwerer Schritt.

Ich musste also erst liegen, um zu erkennen, dass man nicht alles alleine machen muss.

In dieser Zeit habe ich erkannt:

STEHAUF-Regeln:
- Um Hilfe bitten ist keine Schwäche!
- Pläne machen ist völlige Zeitverschwendung!

Planlos ans Ziel

In wie vielen Seminaren waren Sie schon? Und wie oft haben Sie dort gehört: Sie müssen sich ein Ziel setzen! Sie müssen es deutlich und klar formulieren und es überprüfbar machen!

Nur wer Ziele hat, kann sie auch erreichen!

Soll ich Ihnen was sagen?

Ich glaube, das ist totaler Murks!

Denn, drehen wir den Spieß doch mal um: Nur wer Pläne hat, nur wer sich Ziele setzt, der kann auch scheitern.

Wenn Sie die Dinge auf sich zukommen lassen, wenn Sie den Weg genießen, der schönen Umgebung Beachtung schenken und nicht das Ziel vor Augen haben, dann wissen Sie doch gar nicht, dass Sie soeben gefallen sind. Sie denken doch, das gehört zum Weg!

Als ich mit dem Symphysenriss auf der Couch lag und nichts machen konnte, da wurden meine gesamten Pläne durchkreuzt. Es gab keinen Zoobesuch, keinen Kuchen, kein Putzen! Es gab nur mich und die Couch. Wenn ich diese Pläne vorher nicht gemacht hätte, wenn ich das Wochenende einfach mal so auf mich hätte zukommen lassen, dann hätte ich nicht nur die Planungszeit gespart, sondern auch den Ärger über die zerstörten Pläne.

Ich glaube, Sie kommen einfacher ans Ziel, wenn Sie keins haben. Wer sagt denn, dass wir ein Lebensziel brauchen? Reicht es nicht, jeden Tag gesund aufzustehen und mit offenen Augen durch die Welt zu gehen und zu schauen, was kommt?

Ein nicht geputzter Fußboden oder ein abgesagter Besuch ist natürlich kein Lebensziel. Aber beides steht stellvertretend für den Wunsch nach Perfektion. Danach, es selbst in der Hand zu haben, das eigene Leben kontrollieren zu können.

Ich hatte mein Leben unter einer nahezu erschreckenden Kontrolle.

Drei Jahre nach der Hochzeit bekam ich noch unter dreißig Jahren durchschnittsgetreu zwei Kinder, nahm nur die gesetzlich vorgegebene Arbeitspause in Anspruch, wir kauften ein Reihenhaus in der Vorstadt, zahlten in Riester und auf ein Bausparkonto ein und beglichen brav unsere Knöllchen. Ja, genau so, wie man uns gerne hat. Schön in der Reihe, nicht auffallen. Nicht zu viel wollen. Immer am Lebensziel »Einfach und friedlich leben« festhalten. Die freie Zeit war durchgeplant: ein bisschen Natur, ein bisschen Freunde treffen, sich danach gepflegt über deren Lebensmodell aufregen, damit man sich selbst einreden kann, dass das eigene besser ist. Und ganz viel »Quality Time«! Zwischen 17 und 18 Uhr. Denn »Quality Time« – so hatte ich es in meiner Lesezeit gelesen – ist wichtig! Und mal fünfe gerade sein lassen auch! Aber erst nach 20 Uhr. Wenn die

Kinder im Bett sind und der *Tatort* anfängt. Was für ein Leben! Toll! Lebensziel erfüllt.

Der Wunsch auszubrechen kam nach der Geburt meines zweiten Sohnes. Das veränderte irgendwie alles. Mehr noch als mein erster Sohn. Denn mit dem zweiten Kind wuchs auch das Selbstvertrauen. Ich brauchte keine Nachtschwester mehr, die mir zeigte, wie ich den Kleinen richtig an die Brust legte, das konnte ich alleine. Ich brauchte auch keine guten Ratschläge mehr von anderen Müttern, wie das Kind am besten wächst und gedeiht, in welcher Phase wir uns gerade befinden und wie wir am besten da durchkommen. Ich war irgendwie viel entspannter. Während ich Max noch in den Schlaf getragen und ihn dann gaaaaanz vorsichtig abgelegt hatte, damit er ja nicht wach wird, so musste ich Constantin oft ablegen, weil der Große den Popo abgewischt haben wollte. Und als ich wiederkam, war er – schwups – eingeschlafen. So ganz von allein. Irre!

Mein zweiter Sohn hat mir beigebracht, dass ich mich zu hundert Prozent auf mein eigenes Bauchgefühl verlassen und dass man sich als Mama nicht zweiteilen kann und es auch nicht muss! Während ich mit Max noch in diverse Krabbelgruppen ging, legte ich mich mit Constantin einfach im Sommer auf die Wiese, und wir beobachteten Wolken. Ohne zu singen und zu klatschen. Ohne ihn mit anderen Babys zu vergleichen. Ohne den anderen Müttern voller Stolz zu erzählen, dass ich natürlich schon längst wieder berufstätig sei und mir das natürlich gar nichts ausmache. Das sei alles nur eine Frage der Organisation.

Beim zweiten Kind machte ich mir schon nicht mehr diesen Druck, alles schaffen zu wollen. Denn, und vielleicht war das der maßgebliche Unterschied, unsere gemeinsame Zeit war begrenzt. Den Großen brachten wir mit dem Kinderwagen in die Kita, und dann blieben nur drei Stunden für Baby und Mama. Danach war meine Aufmerksamkeit wieder geteilt, und ein Dreijähriger hat andere Bedürfnisse als ein Baby.

Ist es also vielleicht das Wissen, dass wir nicht unbegrenzt Zeit haben, das unsere Prioritäten neu sortiert? Das uns uns trauen lässt, aus der Reihe zu tanzen? Ich verrate Ihnen was. Etwas, das Sie schon wissen, aber erfolgreich verdrängen: Ihre Zeit ist auch begrenzt!

Als Mama merkte ich auf jeden Fall recht schnell, dass ich keine Lust mehr hatte, mir von irgendjemandem reinreden zu lassen. Und das übertrug sich (leider) auch auf meine gesamte Lebensplanung.

Nur einen Tag nachdem ich wieder Vollzeit in den Job einsteigen sollte, kündigte ich fristlos.

Ohne Plan B. Und eigentlich auch ohne Plan A.

Und von da an änderte sich mein Leben komplett.

Ich kam also planlos ans Ziel.

Dachte ich zumindest …

Alice musste auf dem Weg ins Wunderland erst in ein tiefes, dunkles Loch fallen …

»Wie, du hast gekündigt?«, fragte mein Mann, als er von der Arbeit nach Hause kam.

»Ähm ja, wir hatten doch darüber gesprochen, Hase«, gab ich für meine Verhältnisse kleinlaut zurück.

»Du findest also, mich morgens um 6 Uhr 22 auf dem Handy anzurufen und zu fragen: ›Schaffen wir vier das mit nur einem Gehalt?‹, ist darüber reden?«, wirft er sehr höflich ein.

»Du hast doch ›Ja‹ gesagt.«

»Ich sagte: ›Jaaaaa, da müssen wir mal in Ruhe drüber reden.‹«

»Und das tun wir doch gerade, Hase.«

Lege dich nie mit einer Schlagfertigkeitsqueen an …

Ich nahm mir vierzehn Tage Zeit, um mir über vieles klar zu werden. Darüber, was ich gerne machen wollte und was mich wirklich glücklich macht. So bin ich dann zurück in die Selbstständigkeit gegangen mit dem Ziel, Verkaufsseminare zu geben. Immerhin hatte ich das ja sehr erfolgreich die letzten Jahre getan.

Ich berappelte mich also nach der Kündigung schnell wieder, denn auch wenn ich diejenige war, die die Entscheidung getroffen hatte, so war es doch belastend. Als junge Familie mit nur einem Einkommen kamen wir recht schnell an unsere Grenzen.

Was folgte, war eine Zeit des halb aufrechten Gangs. Das mag jetzt alles locker-leicht klingen, aber in Wahrheit kamen natürlich immer wieder Existenzängste hoch, ob die Entscheidung richtig gewesen war.

Aus heutiger Sicht sehe ich das übrigens tatsächlich viel gelassener. Warum? Weil ich heute vor jeder Herausforderung die eine, alles entscheidende Frage stelle: Was soll denn im schlimmsten Fall passieren? Mehr dazu später. Aber damals hatte ich die Bedeutung dieser Frage noch nicht für mich erkannt.

Ich ließ mich also in einem aufwendigen und auch teuren Lehrgang zur Trainerin zertifizieren, und anstatt in die Familienkasse einzuzahlen, kamen weitere Investitionen auf uns zu.

»Ich will wirklich nicht nerven oder dich drängen, mein Schatz, aber hast du schon einen ungefähren Plan, wie das so weitergehen soll?«, wollte mein Mann irgendwann wissen.

»Ach, na ja, also, ähm, Plan wäre jetzt zu hoch gegriffen, aber ich habe eine Idee!«

»Die da wäre?«

»Letztens sagte ein Trainer im Lehrgang zu mir: ›Boah, Sie gehen mir so auf den Sack, Sie haben immer das letzte Wort!‹«

»So hat er das gesagt?«

»Genau so!«

»Und deine Idee war…?«

»Meine Kollegin sagte daraufhin: ›Tja, die ist halt schlagfertig!‹, und ich habe mir überlegt: Ich gebe Schlagfertigkeitsseminare. Und zwar nur für Frauen! Jetzt biste baff, ne?«

»Ja, das könnte man so sagen.«

»Ja, und die Idee ist auch schon ein bisschen konkreter. Ich habe erst mal 'ne große Halle angemietet!«

Das war der Moment, in dem mein Mann fast an einem Schluck Kaffee erstickt wäre.

»Bitte definiere das Wort ›Halle‹!«

»Ja, 'ne große Halle halt für viele Menschen. Also Frauen. Und jetzt guck ich mal, ob da überhaupt ein Markt ist, ob die Frauen Lust dazu haben und sich anmelden, und wenn dem so ist, dann mache ich das Konzept.«

»Aha.« Das war seine Reaktion. Mehr sagte er nicht. Abends sagte er noch: »Du machst das schon.« Das beruhigte mich ein bisschen.

Nun ja, der Rest ist Geschichte.

Und nach dem ersten Auftritt, am 8. Mai 2014, erkannte ich für mich spätabends eine weitere goldene Regel des Wiederaufstehens:

Lieber etwas ausprobieren und so richtig gepflegt hinfallen, als sich zehn Jahre später sagen zu müssen: »Hätte ich es doch damals versucht!«

Sie können sich vielleicht vorstellen, wie meine Umwelt damals auf die Idee reagiert hat. Die wenigsten riefen: »Großartig! Darauf hat die Welt gewartet!« Was wiederum zur Folge hatte, dass ich nicht mehr jedem alles erzählte. Das heißt nicht, dass ich nicht kritikfähig bin, aber in Zeiten einer neuen Firmengründung müssen die Bedenkenträger gut ausgewählt sein. Überlegen Sie sich gut, wem Sie was erzählen. Die Bedenken, die Sie zu hören bekommen werden, sind meist die Ängste, die jeder mit sich selbst rumträgt. Sie sind meist nicht bösartig gemeint, aber dennoch sorgen sie dafür, dass Sie verunsichert sind.

Jetzt werden Sie vielleicht sagen: Na ja, da gehört ja auch eine ganze Menge Glück dazu. Ja, so wie bei Goldmarie! Sie hatte auch Glück. Die Frage ist aber doch, was zuerst da war: das optimistische Mädchen, das sich den Aufgaben lächelnd stellt, oder das Glück, dafür mit Gold entlohnt zu werden.

Zitronen und Tequila

Mir wäre es am liebsten, die Geschichte würde hier enden. Ich wünschte, ich könnte sagen, dass dies die größte Herausforderung meines Lebens war. Dass alles andere, was Sie ab hier lesen, anderen passiert ist und von mir nur weitergegeben wird. Weil ich von nun an nur auf der Sonnenseite gelebt habe. Aber dann wäre ich nicht die richtige Frau, um ein Buch mit dem Titel *Stehaufqueen* zu schreiben, nicht wahr?

Alles lief zunächst nach Plan. Damals machte ich ja noch Pläne. Damals dachte ich ja auch, es sei wichtig zu wissen, wo man hinwill. Damals dachte ich auch, das Schlimmste, was mir widerfahren war, sei der Anruf meines Hautarztes zwei Jahre zuvor gewesen: »Frau Staudinger, das entnommene Muttermal war schwarzer Hautkrebs. Aber frühzeitig entdeckt. Und nach dem Sicherheitsschnitt ist es das auch schon gewesen.«

Ich hatte nur den ersten Satz gehört, und eine Welt brach für mich zusammen. Dieser Sch…-Krebs hat dich erwischt. Er war schon an dir dran und hat Besitz ergriffen. Du hast ihn täglich gesehen und hast es nicht gewusst. Das Mal war am rechten Unterarm gewesen, und ich habe es täglich nach dem Duschen im Spiegel gesehen. Da mir schon etliche Muttermale entfernt worden waren und das Thema mir nicht neu war, glaubte ich zu wissen, wie schwarzer Hautkrebs aussieht. Auf jeden Fall nicht so wie das Mal, das ich jeden Tag beäugte. Das sah eher aus wie ein verkapselter Mückenstich oder so. Aber doch nicht wie Krebs. Trotzdem, jedoch erst viele Monate später, ging ich zur Notfallsprechstunde meines Hautarztes. Er machte mir schon damals nicht viel Hoffnung mit dem Satz: »Oh, das machen wir sofort weg!« Aber bis zum Ergebnis sollte es noch vierzehn Tage dauern. Wenn man zuvor noch nie mit so einer Diagnose behelligt worden ist, dann ist man auch in der Lage, diese vierzehn Tage unbekümmert zu überstehen. Durch Ablenkung und Verdrängung oder aber durch das tiefe Urvertrauen, dass schon nichts Schlimmes passieren wird. Das ändert sich nach einer solchen Diagnose allerdings schlagartig. Wie bei meinen Eltern auch noch Jahre später jedes Martinshorn eine erschreckende Wirkung auf sie hatte. Gebrannte Kinder und das Feuer …

So fühlte es sich damals an. Meine kleine heile Welt bekam erste Risse. Es war aber nichts im Vergleich zu dem, was im Juni 2014, nur vier Wochen nach meinem ersten erfolgreichen Schlagfertigkeitsseminar, passieren sollte.

Bitte stellen Sie sich vor, wie es mir zu dieser Zeit ging:

Job gekündigt, erst mal ohne neue Perspektive. Hauptsache, mehr Zeit für die Kinder. Investition in die eigene Bildung. Dann wurde aus einer Schnapsidee ein Konzept. Ein ziemlich verrücktes. Und das funktioniert dann auch noch! Es folgte eine Zeit voller neuer Pläne: Termine organisieren, PR-Maßnahmen, Firma bekannt machen. Und alles lief wie am Schnürchen. Die Nachfrage war riesig, und es schien, als hätte sich die Investition gelohnt. Ich sage es Ihnen ganz ehrlich: Diese Entwicklung war mein persönlicher Sechser im Lotto! So hatte ich mir das vorgestellt. Die Idee des Seminars trug sich schnell weiter, ich wurde von Städten angefragt, die Tickets verkauften sich wie geschnitten Brot, und trotz allem hatte ich genügend Zeit für meine beiden Jungs! Ich liebe es, wenn Pläne funktionieren …

Mein Geburtstag in diesem Jahr am 15. Juni hätte also schöner nicht sein können. Und an diesem Tag, an meinem 32. Geburtstag, sollte ich lernen, dass das ganze Leben, so, wie wir es als gesunde Menschen kennen, ein äußerst wackeliges Konstrukt ist. Denn an jenem Tag ertastete ich ein 2,8 Zentimeter großes Mammakarzinom in meiner rechten Brust. Zu dem

Zeitpunkt wusste ich das natürlich noch nicht, aber diese Wissenslücke schloss sich nur einen Tag später auf der Liege in einer Arztpraxis. Da sagte mir eine sehr nette Ärztin, dass die Mammografie-Aufnahmen und auch der Ultraschall eindeutig seien:

»Sie haben Brustkrebs.«

Ich glaube, niemals zuvor und niemals mehr danach bin ich tiefer gefallen. Es war ein Sturz in eine völlig neue, andere Welt. Es fühlte sich an wie trockenes Ertrinken. Ein Messerstich mitten ins Herz hätte nicht schmerzvoller sein können.

Und das, obwohl die Diagnose an sich, also das bloße Übermitteln, ja nicht wehtut. Also das passiert ja rein verbal, und die Schmerzen resultieren aus keinen körperlichen Ursachen. Es ist die Seele, die in zwei Teile gerissen wird. Und von diesem Moment an sollte ich lernen: Eine gesunde Seele kann den Körper heilen. Aber eine geschundene Seele macht einen gesunden Körper kaputt.

Mit dem Verkünden der Diagnose wurde ich auf sehr unsanfte Weise mit dem »Seelen-Staatsfeind Nummer 1« bekannt gemacht: ANGST.

Auf diese Bekanntschaft hätte ich gut und gerne verzichten können. Wobei, so pauschal kann man das nicht sagen. Angst ist ein Abwehrmechanismus, der uns schlicht und ergreifend am Leben hält. Wenn Sie unvorbereitet einem Löwen gegenüberstehen, dann lässt die Angst – und der damit verbundene Adrenalinausstoß – Sie überleben. Sie rennen weg! Hätten Sie keine Angst, würden Sie vielleicht auf den Löwen zugehen und »Miez, miez, miez« rufen. Keine gute Idee. Zumindest langfristig betrachtet.

In meinem Fall stand ich aber keinem Löwen, sondern Karl-Arsch (so habe ich den Tumor genannt) gegenüber. Und meine akute Angst galt gar nicht mir selbst, sondern meinen Kindern. Mein allererster Gedanke war: »Du kannst nicht sterben! Sie sind noch zu klein!«

Ich schwöre Ihnen, wenn mir damals einer angeboten hätte: Wir können dir jetzt ohne Betäubung beide Beine abnehmen, dann ist der Krebs weg, und du darfst alt werden – ich hätte die Säge selber geführt.

Aber selbst der Teufel macht mit dem Krebs keine Geschäfte.

Anstelle von Zeit für die Jungs, Schlagfertigkeitsseminaren, Selbstverwirklichung und Geldverdienen gab es nun ein leicht abgewandeltes Programm: Chemotherapie, beidseitige Mastektomie (Entfernen des Brustdrüsengewebes), Bestrahlung, Eierstockentnahme, zehn Jahre Hormontherapie.

Alle Pläne für den Popo. Alle frisch vereinbarten Termine mussten abgesagt werden. Zeit zum Überlegen gab es keine, denn es war ein hochaggressiver Krebs. Nur zwei Wochen nach der Diagnose stand ich auf keiner Bühne, war ich in keinem Park mit meinen Kindern spazieren, stattdessen saß ich in einem Krankenhaus und bekam meine erste von sechzehn Dosen Chemotherapie.

Ihre STEHAUF-Regeln aus dieser Geschichte:

_____

_____

_____

_____

Auf und nieder:
Die sechs Phasen des
Verarbeitens

Phase 1: Verzweiflung

Rückblickend betrachtet würde ich diese Zeit als ein ständiges Fallen und Wiederaufstehen bezeichnen. Mit der Diagnose bin ich in ein tiefes schwarzes Loch gestürzt. Ohne Boden. Einfach immer weiter runter. Haltlos und voller Todesangst.

Auf dem Weg nach unten sehe ich mich selber immer mit dem Kopf schütteln, voller Ungläubigkeit. Das kann doch nicht sein. Nicht ich. Nicht jetzt und schon gar nicht so jung. Es war die erste Phase meiner Erkrankung, die Phase der tiefen Verzweiflung.

Ich muss es an dieser Stelle noch mal sagen, ich bin keine studierte Psychologin, ich weiß nicht, ob es dafür professionellere Ausdrücke gibt und ob ich Dinge anders oder »besser« hätte machen können. Ob es aus Expertensicht besser gewesen wäre, ich hätte mir was zur Beruhigung geben lassen oder sofort eine Gesprächstherapie starten sollen. Das weiß ich nicht. Ich berichte Ihnen nur von meiner ganz eigenen, privaten Gefühlslage. So, wie ich es empfunden habe.

Und nach meinem Empfinden war diese Verzweiflungsphase die schlimmste. Denn sie war darüber hinaus noch geprägt von Unwissenheit. Während meines Sturzes in dieses tiefe schwarze Loch gab es keinen Lichtstrahl, keinen Anker und auch kein Netz. Das kam erst später.

In dieser Phase spielte mein Kopf völlig verrückt. Es war, als hätte Steven Spielberg oder besser Quentin Tarantino (passt besser in sein Genre) die Regie übernommen. Ich sah meine Kinder als Vollwaisen, meinen Mann als Witwer, und ich sah meine zerbrochenen Eltern. Zwar versuchte mein Hirn, sich immer wieder in Erinnerung zu rufen, dass ich doch von so guten Chancen bei Brustkrebs gelesen und gehört hatte, aber diese Hoffnungsschimmer hatten in diesem dunklen Loch keine Überlebenschance.

Diese erste, tiefe Verzweiflung war deshalb so schlimm, weil ich noch keinerlei Infos hatte. Ich wusste nur: Brustkrebs. Ich wusste weder, wie schlimm genau, ob »nur« in der Brust oder woanders, ich wusste nicht, wie mir geholfen werden konnte, was auf mich zukam, ob ich es schlicht überleben würde.

Und in dieser Phase habe ich mich mit Händen und Füßen gegen dieses Schicksal gesträubt. NEIN! Ich will das nicht! Ich will mein altes Leben zurück. So wie ein kleines, bockendes Kind, das seinen Willen nicht bekommt.

Heute würde ich sagen, ganz am Anfang war ich nicht bereit, diese Aufgabe anzunehmen. Ich wollte die Augen zumachen und mich verstecken. Wenn ich den Krebs nicht sehe, dann sieht er mich auch nicht.

STEHAUF-Regel:
- Leider keine gefunden.
- Stattdessen das Wissen, dass grenzenloses Fallen zwar etwas ganz Schlimmes ist, aber leider dazugehört.

Phase 2: Hoffnung

Während dieses schier endlosen Sturzes in das dunkle Loch trat auf einmal mein Retter auf den Plan. Ein starker Mann, nicht stark an Muskeln, sondern stark an Wissen, Worten und dem richtigen Tonfall. Er spannte ein Netz für mich. Hier konnte ich sanft und abrupt reinplumpsen.

Schluss mit dem Sturz. Bis hierher und nicht weiter. Tiefer kommst du eh nicht mehr. Hier auf diesem Netz kannst du dich ausruhen. Hier kannst du Luft holen. Und vor allem: Von hier aus kannst du wieder rausklettern. Hier, nimm meine Hand und dann komm wieder hoch!

Dieser Retter war mein Arzt, der mir sinngemäß sagte: »Ja, das ist schlimm, und ja, du darfst verzweifelt sein. Aber ich habe das schon mal gesehen, und wir kriegen das wieder hin!«

Noch heute, wenn ich das für Sie jetzt so aufschreibe, bin ich voller tiefer Dankbarkeit. Diese Worte waren Balsam für meine Seele. Sie waren nicht nur das Netz in diesem Loch, sie waren Licht, Leiter und der erste positive Ausblick nach oben.

Aus diesen paar Worten konnte ich so unglaublich viel mitnehmen. Nie mehr habe ich meine Kinder seitdem anders getröstet. Denn auch Löcher sind relativ zu betrachten. Nur weil meins wirklich schlimm war, heißt das nicht, dass Sie oder Ihre Kinder ein vielleicht nicht ganz so schlimmes Loch ähnlich schlimm empfinden. Und dieses mit Worten In-den-Arm-genommen-Werden – bei Ihren Lieben können Sie es ja sogar noch körperlich unterstützen –, das war für mich in meiner Situation lebensrettend: Verständnis aufbringen, nichts schönreden, die Hand reichen, um den anderen beim Aufstehen zu unterstützen.

Ich schreibe ganz bewusst »unterstützen«, denn als Trostspendender können Sie nur bis zu einem gewissen Grad aktiv sein. Der erste Schritt muss von dem Gestürzten ausgehen.

Ich habe für mich damals gelernt:

STEHAUF-Regeln:

- Manchmal muss man bis auf den untersten Grund sinken, um sich wieder fest abstoßen zu können.
- Sich professionelle Hilfe suchen, der man zu hundert Prozent vertrauen kann. Nicht immer hat man das Glück, sofort auf einen solchen Retter zu stoßen. Dann sollte man weitersuchen. Und wenn ein Licht am Horizont auftaucht, dann ist noch Hoffnung da. Und solange Hoffnung da ist, lohnt es sich, wieder aufzustehen.
- Wenn ich selber mal Trostspender bin, dann tröste ich so, wie es mir geholfen hat: Verständnis aufbringen, nichts

schönreden, die Hand reichen und den anderen dabei unterstützen, wieder aufzustehen.

Phase 3: Annehmen

»Et es, wie et es« und *»Et kütt, wie et kütt«*
Als Nicht-Kölner kennen Sie diese Sprüche unter Umständen nicht. Es sind eigentlich keine Sprüche, es sind Gebote. Und zwar aus dem Kölner Grundgesetz. Wir in Köln kennen sie alle, wir haben da Lieder drüber, und uns kommen die einzelnen Gebote sehr schnell über die Lippen. Dass sie mir aber mal wirklich so sehr helfen würden, das hätte ich nicht für möglich gehalten.

> *Das Kölner Grundgesetz:*
> *Et es, wie et es.*
> *Et kütt, wie et kütt.*
> *Et hätt noch immer joot jejange.*
> *Nix bliev, wie et wor.*
> *Kenne mer nit, bruche mer nit, fott domet.*
> *Wat willste mache?*
> *Mach et joot, ävver nit zu off.*
> *Wat soll dä Quatsch?*
> *Drinkste eine mit?*
> *Do laachste dich kapott.*

In meiner persönlichen dritten Phase fing ich an, diese ganze Geschichte anzunehmen. Denn: Et es, wie et es.
Hier fand ich für mich raus, dass es Dinge gibt, die man nicht ändern kann. Nach deinem Schicksal wirst du nicht gefragt. Meine Eltern wurden auch nicht danach gefragt, ob sie ihr Kind zu Grabe tragen wollen. Es gibt einfach Dinge, die passieren. Und das völlig unabhängig von der Schuldfrage. Und die Frage nach der »Schuld«, die habe ich mir mehr als einmal gestellt: »Was hast du falsch gemacht?« – »Was hättest du anders

machen können?« Oder die alles zerstörende Frage: »Warum ich?«

Es gibt keine Antworten. Es gibt einfach Dinge im Leben, auf die das zutrifft. Krebs ist nur eine davon. Ich habe auch keine lösungsorientierten Antworten auf die Frage, warum es Krieg auf der Welt gibt. Oder darauf, warum, während wir Essen wegwerfen, irgendwo anders Kinder verhungern. Warum durch Naturkatastrophen Zigtausende Menschen auf einmal getötet werden. Warum es Kinderkrebsstationen gibt. Warum meine Freundin Dau an der Krankheit sterben musste, während ich leben darf. Warum meine Freundin Kim ihren Sohn nicht aufwachsen sehen darf. Warum meine Schwester nicht eine Minute später losfahren konnte. Warum, wenn es einen Gott geben sollte, er all das zulässt. Ich habe darauf weder Antworten noch Lösungen. Ich habe darauf nur die Erkenntnis, dass ich das alles scheiße finde (gibt leider kein Synonym!). Und dass meine Empfindungen aber leider nichts an den Tatsachen ändern. Schlimme Dinge passieren immer und überall. Neunundneunzig Prozent davon müssen wir ausblenden, sonst würden wir uns nicht mehr aus dem Haus trauen. Wenn Sie sich jeden Morgen erst einmal mit den Risiken des Lebens auseinandersetzen würden, dann wäre der Tag für Sie im Eimer, ehe er angefangen hat. Mit dem Auto könnten Sie nicht mehr fahren: viel zu gefährlich! Im Haus können Sie auch nicht bleiben, denn die schlimmsten Unfälle passieren bekanntlich in den eigenen vier Wänden. Auf ein Konzert könnten Sie auch nicht mehr gehen. Es könnte einen Terroranschlag geben oder eine Massenhysterie. Sie könnten beim Spazierengehen von einem Ast erschlagen oder von einem zu schnellen Radfahrer umgefahren werden. All das könnte passieren. Und noch vieles mehr!

Nichts von diesen Dingen haben wir in unserer Hand. Unser Schicksal haben wir nicht in der Hand. Ja, wir können uns im Auto anschnallen, einen Fahrradhelm tragen und nicht übermäßig viel trinken und rauchen. Wir können vegan leben, hundert Stunden Sport in der Woche und kein Bungee-Jumping machen. Wir können genug schlafen, reines Wasser trinken und für einen ausgeglichenen Säure-Basen-Haushalt sorgen. All diese Sachen haben wir in der Hand. Und wissen Sie was: Sie sterben trotzdem! Mit Glück an Altersschwäche, und mit Pech werden Sie vom Bus überrollt. Und dem Bus ist das schnuppe, ob Sie vorher Goji-Beeren oder ein noch blutiges Steak gegessen haben.

Wir haben es nicht in der Hand! Den Wind können wir nicht beeinflussen, aber die Segel! Und die Intensität des Lebens. Wenn es irgendwann der Bus ist, der Sie ins Jenseits befördert, können Sie nichts mehr annehmen, deuten und interpretieren, aber Sie können von oben runtergucken und mit stolzgeschwellter Brust sagen: »Tja, schade. Aber bis zum Schluss war es leider geil!« (Ob Sie Goji-Beeren oder ein Steak als »geil« empfinden, bestimmen übrigens nur Sie!)

Und bis zum Jenseits haben Sie es in der Hand, wie Sie den Aufgaben des Lebens entgegentreten.

Sie können weiter dieses Buch lesen, oder aber Sie hören jetzt sofort das Lied von Udo Jürgens *Jetzt oder nie*. Oder wissen Sie was: Machen Sie beides, kann nichts schaden. Und wenn Sie gerade keine Möglichkeit haben, Musik zu hören, hier der Text:

> Die Zeiten sind schlecht – so sagt man
> geschieht uns nur recht – so sagt man
> die Miesmacher führen wieder mal – die Regie
> Ich kann sie nicht teilen
> diese Philosophie
> Wir leben doch jetzt – jetzt oder nie
> Drum lass uns die Sonne fangen
> dem Glück in die Bluse langen
> Lass sie zur Hölle fahr'n – die Melancholie
> Vor uns, da liegt so viel Zukunft

Erobern wir sie! – Oh
Packen wir's an – jetzt oder nie
Wir müssen das Fliegen wagen
dann wird uns der Mut auch tragen
Und wenn vor uns Wolken sind – vertreiben wir sie
Und wenn mal was schiefgeht
na dann, c'est la vie
Wir leben doch jetzt – jetzt oder nie
Die Erde, sie bleibt nicht stehen
Solang' wir sie weiterdrehen
Solang' wir Gefühle zeigen und – Fantasie
Wir haben die Kraft der Liebe
Komm, nutzen wir sie – oh
Packen wir's an – jetzt oder nie

Gemeinsam, da sind wir einfach – unsagbar groß
Gemeinsam sind wir unschlagbar – legen wir los
Und nun gib mir deine Hände
Verführe mich ohne Ende
Lass uns in Lust vergeh'n statt in – Lethargie
Bis unser Spiel vorbei ist
Rien ne va plus – oh
Drum packen wir's an
komm, legen wir los
Es ist an der Zeit – jetzt oder nie

»Bis unser Spiel vorbei ist. Rien ne va plus«. Wenn Sie hier sit-
zen und lesen, dann ist Ihr Spiel noch nicht vorbei. Dann sind
Sie noch am Drücker!
Nehmen Sie die Dinge an! Machen Sie sie sich irgendwie zu
eigen und betrachten Sie alles nach der Stehauf-Regel:
Wer weiß, wofür es gut ist.

Eine knappe Woche nach der Diagnose wurde ich morgens wach, stellte fest, dass diese Geschichte immer noch kein böser Traum ist und dass keiner um die Ecke kommt und ruft: »April, April!«

Meine Stehauf-Regel an diesem Morgen (und »aufstehen« ist in diesem Fall wörtlich zu nehmen, denn es gab durchaus Tage, an denen ich mir morgens einfach die Decke über den Kopf ziehen wollte):

Meine STEHAUF-Regeln aus der Phase drei:

- Was man nicht ändern kann, muss man annehmen:
  Et es, wie et es.
- Und mit Glück geht man als Gewinner aus der Sache raus:
  Et hätt noch immer joot jejange!
- Das alte Leben gibt es nicht mehr. Der Krebs hat sich wie ein nerviger Clown einfach vorgedrängelt. Jetzt steht er da, macht Radau und will Aufmerksamkeit. Was dahinter ist, kann ich nicht mehr sehen. Mein altes Leben hat er völlig verdrängt, und entweder ich höre dem blöden Clown namens Karl-Arsch jetzt zu, was er zu sagen hat, oder ich werde von dem Theater wahnsinnig.
  Nix bliev, wie et wor.
- Relativieren: Schauen Sie sich um! Die Welt ist grausam. Warum sollten gerade wir verschont bleiben? Es gibt Menschen, die wären dankbar, sie hätten eine Chance gehabt zu kämpfen. Dir gibt man diese Chance!
- Dankbar sein!

Auf Regel fünf möchte ich noch mal speziell eingehen. Vielleicht wird Ihnen beim Lesen durch den Kopf gegangen sein: »Wie jetzt? Soll man für den Krebs auch noch dankbar sein?« Nein. Für den Krebs nicht. Aber für all das Drumherum. Und das ist so unglaublich viel, wofür sich ein demütiger, dankbarer Blick lohnt!

Ich war und bin dankbar dafür:

- dass ich den Knoten entdeckt habe!
- dass es schlaue Menschen gibt, die sich dazu entschlossen haben, Medizin zu studieren, anstatt eine Youtube-Karriere anzustreben
- dass es Menschen gibt, die für viel zu wenig Geld Menschen in Krankenhäusern gesund pflegen
- dass die Krankheit so gut erforscht ist
- dass ich im 21. Jahrhundert lebe
- dass es Menschen gibt, die den ganzen Tag vor Reagenzgläsern sitzen, um Medikamente zu entwickeln, die mich heilen
- dass ich zwei gesunde Kinder habe
- dass es mich und nicht die Kinder erwischt hat
- dass ich eine Familie habe, die mich bedingungslos liebt
- dass ich auf dem Weg zum Arzt nicht von Bomben attackiert werde
- dass ich eine Berufsunfähigkeitsversicherung abgeschlossen habe
- dass es einen Port gibt
- dass es Ibuprofen gibt
- …

Ich könnte diese Liste unendlich weiterführen.
Demgegenüber gab es nur einen einzigen Punkt, wofür ich nicht dankbar war. Und das war Karl-Arsch! Und heute würde ich selbst das relativieren und sagen: Für die Erfahrungen, die ich durch Karl-Arsch machen durfte, doch, dafür bin ich sogar sehr dankbar!

Wofür sind Sie dankbar?

_____

_____

_____

_____

Was nehmen Sie als STEHAUF-Regel mit?

_____

_____

_____

_____

Phase 4: Anpacken

Kenn mer nit, bruche mer nit, fott domet

Aus Phase drei resultiert Phase vier. Denn wenn Sie Ihr Schicksal annehmen, dann bekommen Sie Ihre Handlungsfähigkeit und Selbstbestimmtheit zurück. Das hilflose Fallen hat dann ein Ende.

Während ich in Phase eins wirklich der Länge nach auf dem Boden lag, krabbelte ich in Phase zwei langsam auf die Knie. In Phase drei stand ich, wenn auch noch mit eingeknickten Schultern, und in Phase vier krempelte ich die Ärmel hoch und war bereit für den Kampf.

Das war die Phase, in der ich der festen Überzeugung war: Ich schaffe das!

Und ich habe mir angeschaut, was ich persönlich dafür tun konnte. Ich sprach mit meinen Ärzten und fragte sie geradeheraus: Was kann ich tun? Was von der Geschichte hier habe ich in meiner Hand?

Einer meiner Lieblingsärzte sagte mir: »Tun Sie das, was Ihnen guttut!« (Auch hier gibt es wieder ein ganz wundervolles Lied von Udo Jürgens!) Und ob Sie es glauben oder nicht, erst ab diesem Tag habe ich mir wirklich angeschaut, was das sein könnte. Was tut mir gut und was nicht? Nun ja, sagen wir mal so, ich hatte ja schon gekündigt, daher waren die Prioritäten schon richtig gesetzt. Ich startete meinen Tag ab jetzt mit der Frage: Wenn es mein letzter Tag auf dieser Erde wäre, was wäre es, was ich jetzt machen wollte?

Staubsaugen, Fensterputzen und Staubwischen fielen hintenüber. Steuererklärung auch. Dafür kamen neu auf die Liste: Musik bis zum Anschlag aufdrehen und mit den Kindern durchs Haus tanzen! Menschen, die ich doof finde, nicht mehr vorgaukeln, ich fände sie nicht doof. Nur noch das zu tun, worauf ich wirklich richtig Lust habe und was mir (langfristig) guttut.

Die Unterscheidung zwischen lang- und kurzfristig war an dieser Stelle wichtig. Denn kurzfristig tun mir vielleicht eine große Portion Pommes und zwei Flaschen Wein gut. Aber langfristig nicht. (Und trotzdem tue ich viele Dinge, die nur kurzfristig gut sind!)

Shoppen war so dazwischen. Kurzfristig eine megatolle Sache, je nachdem, was man shoppt, hat man da auch langfristig was davon. Nur das Konto … nun ja, wenn das Gewissen zu laut wurde, habe ich Udo Jürgens mit *Wir leben doch jetzt!* einfach etwas lauter gedreht.

Es ist immer so ein Balanceakt. Natürlich kann man sein Leben nicht gänzlich nur von heute auf morgen und von der Hand in den Mund leben. Schon gar nicht, wenn man Kinder hat. Natürlich sollte man sich um die Zukunft Gedanken machen. Sei es, dass man eine Lebens- oder Hausratversicherung abschließt. Ich sage Ihnen ganz ehrlich, wenn ich keine Berufsunfähigkeitsversicherung gehabt hätte, dann wäre die Zeit zu einer noch größeren Belastungsprobe geworden. Da sind wir wieder bei dem Punkt: Was ich in der Hand habe, kann ich bis zu einem gewissen Punkt machen.

Dieses Zurückerobern der Handlungsfähigkeit war meine persönliche Art, die Ärmel hochzukrempeln. Ich ging während der Chemo fast jeden Tag fünf Kilometer walken. Mal mit meinen Freundinnen, um zu quatschen (Ablenkung!), und mal für mich alleine. Mal liefen mir dabei einfach so die Tränen das Gesicht runter, und mal schrie ich mir im Wald die Seele aus dem Leib. Einfach, weil es mir guttat.

Außerdem fing ich genau in dieser Zeit mit dem Schreiben an.

Das kann man gut und gerne als Wendepunkt in meinem Leben bezeichnen, und dadurch ist es mir gelungen, dieser Zeit irgendwie Sinn zu verleihen. Die Krankheit hatte keinen Sinn! Der Krebs stand nicht stellvertretend für irgendwas. Also ich glaube das zumindest nicht. Ich habe schon oft von den Lösungsversuchen der Alternativmedizin gehört, gelesen und mich damit beschäftigt. Mir hat das nicht geholfen. Anderen vielleicht schon. Jeder so, wie er mag.

Das Schreiben hingegen hat mir sehr geholfen. Es war wie eine innere Eingebung. Wie das Bedürfnis nach Essen oder Schlafen. Ich habe ihm nachgegeben und an einem Tag einfach damit angefangen.

»Hase, gib mir bitte mal den Laptop«, bat ich meinen Mann kurz nach der zweiten Chemotherapie.

»Was willst du denn jetzt mit dem Computer? Du hast dich gerade übergeben«, schaute er mich sehr irritiert an.

»Ja, ich weiß, aber ich muss was aufschreiben.«

Geben Sie Ihren inneren Bedürfnissen ruhig nach. Für irgendwas wird es schon gut sein.

Ich schrieb zwei Tage lang durch und verarbeitete so Stück für Stück die letzten fünf Wochen seit der Diagnose.

»Magst du es mal lesen, Mama? Patrick meint, es wäre so gut, dass ich es mal Verlagen zusenden sollte«, gab ich meiner Mutter die paar geschriebenen Seiten.

Sie las es auf einmal, und ihr Gesicht schwankte zwischen unbändiger Trauer und schallendem Lachen.

Das reichte mir als Antwort, und so suchte ich nach Verlagen, für die das interessant sein konnte. Fünf Häuser suchte ich so heraus, und alle hatten auf ihrer Homepage stehen: »Liebe zukünftige Autoren, bitte schicken Sie uns keine unverlangten Manuskripte per Mail zu. Wir nehmen diese nur in Schriftform an. Sehen Sie von weiteren Nachfragen ab …«

Da hatte ich nun wirklich keine Lust zu. Ich habe Krebs, liege mit Glatze auf der Couch und soll jetzt noch runter in den

Keller an den Drucker gehen? Alles hat seine Grenzen. Und so schickte ich doch eine Mail mit zehn Seiten Auszug aus meinem bisher zwanzigseitigen Manuskript.

»Na, geht doch«, strahlte ich meinen Mann an, als die Antworten nicht lange auf sich warten ließen.

Ich hatte die freie Wahl, mir einen Verlag auszusuchen, und mein Buch *Brüste umständehalber abzugeben* erschien im September 2015 und stieg sogar auf die Bestsellerliste ein. Und wie Sie sehen, bin ich dem Schreiben treu geblieben.

Was nehmen Sie persönlich aus dieser Geschichte mit?

_____

_____

_____

_____

Ich habe Folgendes gelernt:
- Wunder gibt es tatsächlich, und ich kann sie sogar selber herbeizaubern.
- Auch im größten Haufen Mist steckt eine Goldnadel.
- »Wer weiß, wofür es gut ist« – hat sich zumindest in Bezug auf das Schreiben bewahrheitet.
- Wenn ich ganz plötzlich einen neuen Weg einschlagen muss, einen Weg, der gar nicht auf meiner Landkarte vorgesehen war, dann frage ich nicht lange nach dem Warum. Sondern schaue mich um. Denken Sie an Goldmarie und Pechmarie! Die gleichen äußeren Umstände und die zwei unterschiedlichen Herangehensweisen.
- Sie können den Wind nicht ändern, Sie können nur die Segel setzen!

Sterben, ja! Aber nicht heute

»Also, ich denke, es macht Sinn, wenn wir Max' Geburtstag dieses Jahr ausfallen lassen«, schlug mein Mann acht Tage nach der Diagnose vor. Mein großer Junge hat am 25. Juni Geburtstag, und mein Mann dachte schlicht und ergreifend, dass dies die beste Option sei.

»Auf keinen Fall! Ganz im Gegenteil. Das Kind darf von mir aus den ganzen Kindergarten einladen«, warf ich fest entschlossen ein. Es klingt jetzt vielleicht dynamischer, als es in dem Moment tatsächlich war. Die Wahrheit ist, dass ich von einer tiefen Traurigkeit umgeben war, dass dies vielleicht der letzte Geburtstag meines Kindes war, den ich erleben würde. Heute weiß ich, es kann immer der letzte Geburtstag für jeden sein. Ob mit oder ohne Karl-Arsch.

Da ich meinem Sohn auf kindgerechte Art und Weise von dem ungebetenen Besucher in meiner Brust erzählt hatte und er auch so deutlich spürte, dass irgendwas nicht in Ordnung war, wollte ich einfach, dass er einen ganz wundervollen Tag hatte. Ich mietete eine Hüpfburg, und mein Mann fragte bei der Lieferung, in welchem Park sie denn aufgestellt werden sollte. »Sehr lustig, bei uns im Garten natürlich«, gab ich fachmännisch zurück. Gut, es gab weder Steh- noch Sitzplätze, danach gab es auch keine Blumen mehr, aber dafür hatten die Kinder eine Hüpfburg. Man muss halt Prioritäten setzen.

Für mich persönlich war diese Woche die schlimmste meines Lebens. Denn in dieser Woche fanden die sogenannten Staging-Untersuchungen statt. Das heißt: Man schaut, ob der Krebs bereits gestreut hat. Die zwei Tage vor Max' Geburtstag wurde mein Thorax geröntgt, und meine inneren Organe wurden untersucht. Liest sich so leicht, ne? Für mich war es die Hölle. Denn in dem Moment, in dem Fernmetastasen festgestellt werden, wechselt man von der kurativen auf die palliative Seite. Diese Tage haben mich unendlich viel Kraft gekostet, und es war eine schier endlose Achterbahnfahrt. Vor der letzten, der aufwendigsten Untersuchung, dem Knochenszintigramm, hatte ich einen Tag Pause, und das war eben Max' Geburtstag. An dem Abend vor der »Pause« sagte ich meinem Mann eine Stehauf-Regel, die ich nie mehr vergessen werde.

»Weißt du, Hase, egal, was da morgen und später auf mich zukommt, egal, wie und ob ich das überstehen werde: Morgen feiern wir Max' Geburtstag! Und morgen wird nicht gestorben!«

Keiner weiß, was morgen kommt.

Sie nicht. Ich nicht. Keiner.

Einige von Ihnen werden vielleicht bei den letzten Seiten gedacht haben: »Na ja, Mädel, der Krebs ist ja noch nicht so lange her. Da bist du ja an Schmitz Backes noch gar nicht vorbei!« Sind wir denn jemals an Schmitz Backes vorbei? Denken Sie an den Bus … Und was soll das im Umkehrschluss denn heißen? Dass ich die berühmte Fünf-Jahres-Phase in Angst und Schrecken verharren muss? Dass ich quasi darauf warte, dass noch mal was passiert? Dazu habe ich keine Lust. Denn in dieser Wartezeit findet etwas sehr Wichtiges statt: das Leben!

In dieser Zeit verunglückte die holländische Passagiermaschine über dem ukrainischen Flugraum, Sie erinnern sich vielleicht. Alle Insassen waren tot. Sie waren vermutlich alle gesund, und keine von den Frauen hatte einen Karl-Arsch in der Brust. Unlängst sah ich in den Nachrichten: Müllwagen kippt auf Auto – fünf Menschen tot. Glauben Sie, einer von denen hätte gedacht, dass sein Leben auf diese tragische Art enden würde? Es ist gut, dass wir nicht wissen, was kommt. Ihr Leben wäre von der Sekunde an vorbei, in der Sie wüssten, dass Sie am Tag X ein Müllwagen zerquetscht.

Aber Max' Geburtstag, der war eben an diesem Tag. Jetzt und hier. Und er war einer der schönsten Tage meines Lebens. Ich kam nicht ohne Tränen durch diesen Tag. Aber er war so intensiv, so unmittelbar, so alles verzehrend.

Aber ich möchte ja ehrlich zu Ihnen sein, als alle Kinder weg und meine Jungs im Bett waren, da fiel ich zurück in Phase eins … Und da sollte ich bleiben, bis zum guten Untersuchungsergebnis am nächsten Tag.

Bitte stellen Sie sich die Geschichte noch einmal abgewandelt vor:
Stellen Sie sich vor, ich hätte mir auch Max' Geburtstag »versauen« lassen. Ich wäre nicht in der Lage gewesen, mich nur auf das Hier und Jetzt zu fokussieren. Meine Stimmungslage hat ja keinen Einfluss auf das Untersuchungsergebnis. Das kommt so oder so. (Et kütt, wie et kütt.) Aber auf meinen Kopf, darauf habe ich wieder Einfluss. Wenn mir das nicht gelungen wäre, dann hätte der Krebs alles kaputt gemacht, was ich habe. Er hätte mir die zwei Tage davor geklaut und auch den Geburtstag selber und die Aussicht auf den Tag danach! Wenn es so weit ist, dann können Sie nicht mehr aufstehen. Dann haben Sie verloren.

STEHAUF-Regel:
• Heute wird nicht gestorben! Morgen sehen wir weiter.

Phase 5: Alles wieder von vorne!
Hach, es liest sich wie ein Märchen, ne? Man fällt, steht wieder auf und schlägt daraus auch noch Kapital. Man boxt den Krebs weg, wird wieder gesund, und alles ist wieder gut.
In meinem ersten Buch schrieb ich im letzten Kapitel: »Ich werde die Sache abschließen, ohne es wegzuschließen.« Und auf Facebook schrieb ich nach dem pathologischen Ergebnis (es waren keine Krebszellen mehr da!) und der hautsparenden Mastektomie: »Das ist jetzt das letzte Mal, dass ich mich zu diesem Thema äußere. Ich bin wieder gesund, und das war es jetzt.«

Ich lach mich tot!

Ich dachte damals wirklich: So, jetzt ist die Behandlung beendet, und das war es. Wie nach einer Grippe. Fertig. Gesund. Was soll schon noch kommen? Gehst du wieder zur Tagesordnung über.

Ich lache immer noch.

Schon während der Behandlung sollte ich erkennen, dass die einzelnen Phasen, die ich Ihnen hier beschrieben habe, sich beliebig oft wiederholen können. Wie in einer nervigen Endlosschleife.

Ich sehe mich noch bei meinem Hausarzt sitzen:

»Ach wissen Sie, man hat mir gesagt, ich werde wieder gesund. Der Rest ist mir egal. Jetzt krempele ich die Ärmel hoch, mache die Chemo, und in einem Jahr ist alles vorbei«, strahle ich ihn nahezu an.

»Das ist gut, Frau Staudinger, dass Sie das so annehmen. Aber bitte gestehen Sie sich auch zu, dass andere Tage kommen werden.«

»Wie? Nix da. Ich habe das so angenommen, und gut ist.«

»Ja, das sehen Sie heute so. Morgen sieht die Welt vielleicht wieder anders aus.«

Ich wusste gar nicht, was er von mir will. Ich war doch schon wieder aufgestanden. Noch mal zerbreche ich daran nicht! Soll ich Ihnen was sagen: Es gibt heute noch Phasen, in denen ich glaube, daran zu zerbrechen.

In Phase sechs sollte ich also lernen, dass sich die Phasen eins bis fünf beliebig oft wiederholen!

Nur weil man einmal aufgestanden ist, heißt das leider nicht, dass man nicht immer und immer wieder hinfällt. War ich mir am einen Tag sicher, alles gut hinzubekommen, sah die Welt am nächsten Morgen tatsächlich anders aus. Und jedes Mal, wenn ich dachte: So, jetzt wird es keine dunklen Tage mehr geben, kündigte sich kurz darauf ein solcher an! Und ich war und bin bis heute größtenteils machtlos dagegen.

Ich kann mich an einen Tag erinnern, so nach der dritten Chemo-Sitzung. Körperlich ging es mir einigermaßen gut, aber die Seele sorgte dafür, dass ich nicht aufstehen konnte. Nicht wollte. Mein Mann war völlig hilflos und rief aus Verzweiflung meine Mutter zu Hilfe. Es war Hochsommer, und ich lag im abgedunkelten Schlafzimmer und wollte nichts, außer in meinem Schicksal bemitleidet und gleichzeitig in Ruhe gelassen zu werden. Selbst meine Kinder konnten mich nicht aufheitern. Ganz im Gegenteil. Durch das offene Schlafzimmerfenster hörte ich die Nachbarn ihr Auto für den Sommerurlaub packen. Die Kinder spielten draußen, und diese unbekümmerten Alltagsgeräusche gaben mir den Rest. Wie mein Vater, der damals kein Verständnis dafür hatte, dass Menschen ein ganz normales Leben führten, während seine Tochter in der Gerichtsmedizin lag, so hatte auch ich keine Nerven dafür, mir das »normale« Leben der anderen anzuhören.

Meine Mutter kam nach dem Hilferuf meines Mannes natürlich geflogen, und mein Mann brachte damals nur ein »Ich komm nicht an sie ran. Bitte versuch du es« raus.

Sie kam in unser Schlafzimmer, setzte sich wortlos auf den Bettrand und streichelte meinen Kopf. Das hatte ungefähr die gleiche Wirkung, als würden Sie in einem vollgelaufenen Waschbecken den Stöpsel ziehen. Ich weinte ohne Ende.

»Lass es raus, Schatz«, flüsterte sie mir zu.

»Mama, ich habe Krebs. Dein Kind hat Krebs!«

»Ich weiß, mein Schatz. Aber nicht mehr lange.«

»Ich will das nicht. Hörst du, alle fahren in den Urlaub. Ich liege hier. Mama, ich will das nicht.«

Es muss meiner Mutter das Herz bei lebendigem Leibe zerrissen haben. Sie hat es mir nicht gezeigt. Sie blieb stark und tröstete mich, wie es nur eine Mutter kann. Eine Löwenmutter. Ich weiß es nicht sicher, aber ich glaube, dass sie später unten, bei meinem Mann, als ich sie nicht sehen konnte, zusammengebrochen ist.

Bei mir blieb sie stark. Da lag ich, eine zweiunddreißigjährige erwachsene Frau, die ein paar Tage zuvor doch so sicher gewesen war, dass das alles ein Klacks werden würde, und weinte wie ein Baby in Mamas Armen. Es ist bestimmt nicht in Studien bewiesen, aber selbst Eckart von Hirschhausen hat bei verschiedenen Gelegenheiten gestanden, dass er sich auch nach dem Medizinstudium noch immer nicht erklären könne, warum seine Mama ein Aua wegpusten konnte.

Meine Mutter war (und ist es bis heute) ein neues, anderes Netz. Denn ich war schon wieder in dieser tiefen Verzweiflung, und das, was zuvor der Arzt übernommen hatte, übernahm jetzt sie. Und nun sollte ich lernen: Es gibt unterschiedliche Netze! Denn meine Mutter ist ja kein Arzt und kann kein Netz aus medizinischen Fakten spinnen, dafür hat sie was anderes im Gepäck: Liebe. Die Wärme, die Geborgenheit, die Liebe, die das Gefühl vermitteln: Alles wird gut!

»Ich weiß«, sagte sie mitfühlend. »Ich will das auch nicht. Und du darfst hier auch liegen und das alles verteufeln. Aber dann stehst du wieder auf. Die Sonne scheint nämlich.«

»Ich will den Krebs nicht, und hier liegen will ich auch nicht. Heute geht es mir körperlich gut. Da wollte ich doch mit den Kindern spielen. So hatte ich das doch geplant.«

»Hast du mir nicht neulich noch gesagt: Ich mache keine Pläne mehr!«

»Ich arbeite an mir.« Wir mussten beide lachen.

Es dauerte noch eine ganze Weile, bis meine Tränen versiegt waren. Dann stand ich wieder auf und begab mich in die nächste Phase.

Ich lernte daraus:

- Die Phasen: Verzweiflung, Hoffnung, Annahme und Handeln durchlebt man nicht nur einmal nach einem Schicksalsschlag, sondern beliebig oft! Manchmal sogar alle an einem Tag! Selbst heute erlebe ich sie noch.

- Tränen, die rauswollen, müssen raus. Unterdrücke ich sie, werden es nur mehr.
- Annehmen kann auch bedeuten, die dunklen Tage anzunehmen und die Decke über den Kopf zu ziehen.
- Mamas sind die Besten!
- Meine Mutter ist mir deswegen eine so große Stütze, weil sie mir gegenüber ihre eigenen Gefühle hintanstellt. Ich hoffe, dies auch an meine Kinder so weitergeben zu können.

Ihre persönliche STEHAUF-Regel:

_____

_____

_____

_____

Phase 6: Blumen pflücken

Stellen Sie sich mal vor, Sie machen mit Ihren Lieben einen Sonntagsspaziergang. Sie sind eingestellt auf Sonne und maximal eine zarte Brise. Und mitten auf Ihrem Weg überrascht Sie ein wirklich schlimmes Unwetter. Das kommt völlig unvorbereitet und erwischt Sie auf dem falschen Fuß. Die Sonne verzieht sich, und ein heftiger Orkan mit Hagel und Gewitter zieht auf. Sie sind auf freiem Feld und daher mit Ihrer Familie völlig schutzlos und in echter Gefahr. Was tun Sie?

Es gibt bestimmt verschiedene Möglichkeiten, aber ich würde vermuten, die gängigste wäre, sich schnell vom Acker zu machen. Quer durch das Unwetter, so schnell die Füße tragen, und irgendwo ins Trockene. Wenn Sie Glück haben, finden Sie vielleicht einen Unterschlupf, dort können Sie kurz Luft holen, und dann geht es weiter. Es wird ja nicht besser vom Abwarten, und so entscheiden Sie sich für die »Augen zu und durch«-Variante. Schnappen sich die Kinder rechts und links und laufen um Ihr Leben. Ein »Ich kann nicht mehr« gibt es nicht, nicht hier, nicht jetzt. Irgendwann, nach einer gefühlten Ewigkeit, sehen Sie Ihr Zuhause. Land in Sicht, jetzt noch einmal Gas geben – geschafft! Sie sind am Ziel. Höchstwahrscheinlich atmen Sie jetzt zum ersten Mal durch, checken die Kinder, ob alle wohlauf sind, und kommen erst mal zu sich.

Wenn man durch ein Unwetter muss, hat man keine Zeit, stehen zu bleiben und »Ach Gott, ist das alles schlimm« zu denken. Sie kämpfen sich erst mal durch und nehmen die Gefahren höchstwahrscheinlich gar nicht so richtig wahr. Sitzen Sie aber Stunden später auf der Couch und sehen in den Nachrichten Bilder von dem Unwetter, hören von Toten und Verletzten, dann wird es Ihnen mulmig: Was? Da sind wir durchgelaufen? Was für ein Glück wir hatten, dass wir alle wohlauf sind!

Vielleicht gucken Sie sich Tage später auch noch mal die Verwüstung an, der Sie durch Glück entkommen sind. Sie sehen vielleicht, wie das Unwetter bei anderen zugeschlagen hat, sehen andere Familien, die genauso gekämpft haben wie Sie und es nicht geschafft haben. Und da vergießen Sie vielleicht das erste Tränchen. Erst jetzt ist Ihnen so richtig bewusst, welche Löwenkräfte Sie spontan entwickeln konnten, und erst jetzt merken Sie, wie viel Kraft Sie dieser Lauf gekostet hat.

So erging es mir und bestimmt auch meiner Familie während der ganzen Zeit. Das richtige Aufarbeiten, das kam erst später. Viel später. Und vielleicht wird es nie ganz aufhören.

Wenn Sie sich die Spuren der Verwüstung anschauen, und jeder von uns hat ja irgendwie, irgendwo Spuren der Verwüstung, dann achten Sie auf die Blumen! Es gibt immer Blumen am Wegesrand, die es schaffen. Und diese Blumen, für die lohnt sich der Gang zurück. Sammeln Sie sie und schauen Sie sich sie gut an.

Meine Blumen waren bunt und vielfältig. Die eine hieß Mut, die andere Gelassenheit, wieder eine andere Erfahrung. Eine Blume öffnete mir sogar eine komplett neue Welt. Eine Welt, in der nichts mehr selbstverständlich ist. In der Dankbarkeit und Demut eine große Rolle spielen. Sie ist jetzt unser dauerhaftes neues Zuhause, und es hat mit dem Alten recht wenig zu tun. Aber neue Welten erschließen, das passiert nicht ganz ohne unangenehmes Rumpeln. Denn nicht jeder kommt mit zum neuen Ort. Viele Menschen haben diesen Blick nicht und passen eben nicht in das neu erschlossene Leben. Menschen gehen, und neue Menschen kommen dazu. Es ist ein ständiges Loslassen und Neuentdecken.

Eine weitere Blume, die ich pflücken durfte, war diese hier, die Sie in den Händen halten. Das Schreiben habe ich erst durch den Krebs entdeckt. Und ich bin mir durchaus bewusst, dass sich ohne Karl-Arsch all das nicht so entwickelt hätte. Trotzdem weigere ich mich, mich selbst wie eine Feder im Wind zu sehen und der Krankheit dankbar zu sein. Denn ich habe kein Buch geschrieben, um Krebs zu bekommen, es war andersherum. Die Frage ist, was man mit dieser nicht ganz perfekten Blume machen soll. Ich habe mich fürs Hegen und Pflegen entschieden.

Aber mit diesen Blumen sind Sie gut vorbereitet für das vielleicht nächste, hoffentlich nicht ganz so schlimme Unwetter. Denn das nächste Mal wissen Sie, wie wichtig zum Beispiel ein Unterschlupf ist. Um kurz Luft zu holen, zu verweilen. Und vielleicht wissen Sie dann sogar, wie man sich einen solchen Unterschlupf selber bauen kann.

Aber dafür brauchen Sie die Blumen, meine Damen!

STEHAUF-Regel nach dem Sturm:
• Blumen pflücken!

Gleiche Geschichte,
andere Sichtweise:
Was ist mit den Angehörigen?

Auf den letzten Seiten haben Sie meine ganz persönliche Sichtweise auf die Brustkrebserkrankung gelesen. Aber wie erlebt eine andere Person, eine Angehörige, dieselbe Situation? Und zwar die engste Angehörige, die ein Kind haben kann: die eigene Mutter.

Wieder möchte ich nicht alle über einen Kamm scheren, aber ich möchte Ihnen erzählen, wie meine Mama diese Zeit durchlebt hat. Eine Frau, die vor vielen Jahren bereits ein (Stief-) Kind verloren hat und eine ganz enge Bindung zu mir, ihrer Tochter, hat. Erst für dieses Buch haben wir darüber gesprochen, vorher hat sie sich nie und zu keiner Zeit über meine Erkrankung geäußert. Also nehmen wir uns eines Abends Zeit, setzen uns hin und versuchen die Sache noch mal auszupacken. Eine nicht einfache Angelegenheit, aber für mich eine große Chance. Denn meine Mutter hat und hatte ihre eigenen Gefühle immer hintangestellt und mir gegenüber nie thematisiert. Interviewanfragen für mein erstes Buch hat sie stets abgelehnt, und wenn in einer gemütlichen Runde mit Freunden und Familie das Gespräch auf sie kam, hat sie den Raum verlassen. Das muss ich akzeptieren. Und das tue ich auch. Umso wertvoller ist es, jetzt mit ihr darüber zu sprechen.

»Mama, ich kann mich noch gut daran erinnern, wie du völlig zusammengesunken auf dem Stuhl bei der Ärztin gesessen hast, als die Diagnose kam. Weißt du noch, was dein erster Gedanke war?«

»Ich dachte immer nur, Brustkrebs ist heilbar. Brustkrebs ist heilbar. Das schaffen wir. Wie eine Art Mantra.«

»Was war für dich als Mama das Schlimmste während der gesamten Zeit?«

Es entsteht eine lange Pause, und wir haben schon jetzt einen Kloß im Hals.

»Das waren so viele Sachen. Es sind doch vertauschte Rollen«, sagt sie traurig. »Ich hätte da sitzen müssen, nicht mein Kind. Dass ich nicht helfen konnte, wie du in diesem Chemostuhl gesessen hast, und ich nur schwer an dich rankam, wenn du tieftraurig in einem Loch warst.«

Es ist das allererste Mal, dass ich von meiner Mutter überhaupt höre, wie schlimm die Zeit für sie war. Natürlich ahnte ich es. Ich habe selber Kinder und weiß um meine eigenen Schmerzen, wenn schon etwas vergleichbar Harmloses vorgefallen ist. Aber es noch mal jetzt von ihr zu hören steht auf einem anderen Blatt.

»Dich ohne Haare zu sehen hat mir das Herz zerrissen. Du sahst aus wie mein kleines, schutzloses Baby vor über dreißig Jahren. Und wenn ich die Blicke der anderen spürte, wenn ich merkte, dass jemand tuschelte, ich gestehe, den hätte ich am liebsten getötet.«

Mütter entwickeln Bärenkräfte, wenn es darauf ankommt. Ich konnte Zeugin davon sein. Nichts war ihr zu viel, kein Weg zu weit, kein Berg zu hoch und keine Spinne zu groß.

An einem Nachmittag saßen wir im Garten, und plötzlich sah ich bei ihr eine so große Spinne den Nacken entlangkrabbeln, dass ich nicht in der Lage war, ein Wort rauszubekommen. Sie musste es an meinem Gesichtsausdruck gemerkt haben und griff sich instinktiv in den Nacken. Sie hat nicht weniger Angst vor Spinnen als ich, aber sie holte sie mit bloßer Hand aus dem T-Shirt, guckte das Monster an und sagte: »Und du kriegst mich auch nicht klein!« Die Spinne biss ihr in den Finger, und meine Mutter kreischte nicht, nein, sie stand seelenruhig auf und setzte das Tier in einen Baum.

Wenn mir das einer vor ein paar Jahren erzählt hätte, ich hätte einen Lachanfall bekommen. Tja, ich sage es ja, wir alle sind stärker, als wir denken. Wenn wir müssen.

»Hast du die Zeit als nur schlimm in Erinnerung, oder hattest du auch schöne Momente?«

Sie guckt mich unsicher an. »Na, das will ich doch hoffen.«

»Ja, ich würde auf jeden Fall Ja sagen, aber mich interessiert deine Sichtweise.«

»Doch, die hatten wir. Jede Menge. Keine Ahnung, wie wir das hinbekommen haben, aber irgendwie haben wir doch zwischendurch viel gelacht, oder?«

Wir sitzen uns beide verheult gegenüber und müssen natürlich auch jetzt lachen. Es ist ein erlösendes Lachen, nachdem wir lange Totgeschwiegenes endlich ausgesprochen haben.

»Wie ordnest du die Zeit heute für dich ein?«

»Tja, damit tue ich mich immer noch sehr schwer. Vielleicht war es eine Prüfung. Es hat uns doch unterm Strich noch enger zusammengeschweißt, falls das überhaupt möglich war. Wenn mir früher einer erzählt hätte: ›Meine Tochter hat Brustkrebs‹, dann hätte ich vielleicht spontan gesagt: ›Das würde ich nicht schaffen.‹ Man schafft so viel, wenn man muss. Und heute gibt es doch den Satz ›Schaff ich nicht‹ gar nicht mehr in unserem Sprachgebrauch.«

»Und was waren deine Stehauf-Regeln in dieser Zeit?«

»Wie meinst du das?«

»Was hat dir geholfen? Die Arbeit oder Telefonate mit Freundinnen?«

»Meine Arbeit leider nicht. Ganz im Gegenteil muss ich leider sagen.* Mir fehlte für vieles das Verständnis. Wenn ich Patienten vor mir stehen hatte, die mit einem Schnupfen zwei Wochen krankgemacht haben, oder eine Achtzigjährige, die mit erhöhtem Blutdruck vor mir steht und sagt: ›Was muss ich noch alles ertragen?‹, da fehlte mir das Verständnis. Ich konnte

---

* *Meine Mutter arbeitete viele Jahre in einer internistischen Arztpraxis als medizinische Fachangestellte.*

mit dem unnötigen und übertriebenen Jammern der Menschen von Tag zu Tag schlechter umgehen.«

Das finde ich einen wichtigen Aspekt, denn wir haben ja schon festgestellt (und werden es auch noch), dass Arbeit ein gutes Mittel zur Ablenkung ist. Vorausgesetzt, es ist die richtige Arbeit. Denn sonst kann ein solcher Schicksalsschlag auch dazu führen, dass man seinen Job plötzlich hinterfragt und auch nach vielen Jahren von heute auf morgen aufgibt.

Meine Mutter und ich redeten noch lange, und es tat uns beiden gut. Von dem Gespräch blieben diese Stehauf-Regeln meiner Mutter:

- Der Alltag
  Stupide Aufgaben wie Wäschemachen, Einkaufen und Kochen haben einfach gutgetan und ein bisschen abgelenkt.
- Gute Freundinnen
  Meine Mutter hatte zwei gute Freundinnen, mit denen sie viel in Kontakt war und ist. Ihre älteste Freundin Evelyn und ihre ehemalige Chefin konnten sie manches Mal von Frau zu Frau auffangen.
- Kinder
  Diese unbefangenen zwei Sonnenscheine waren eigentlich der größte Lichtblick in dem Jahr.
- Glaube
  Auch wenn wir keine Kirchgänger sind, fühlen wir uns doch irgendwie gläubig. Und diese Verbindung hat auf unsichtbare Art und Weise geholfen.
- Unsere besondere Verbindung
  »Du hast dich nicht hängen lassen oder gejammert und es deiner Umgebung doch größtenteils recht leicht gemacht. Und wenn wir beide lange telefoniert haben und zusammen kräftig geheult haben, dann ging es mir auch besser.«

* * *

Wenn ein Familienmitglied krank wird, so erkrankt das ganze System Familie. Es ist eine Belastungsprobe, und leider geht es auch nicht immer gut.

Als Betroffener ist es nicht leicht, aber als Angehöriger auch nicht. Diese haben oftmals einen anderen Leidensweg, und man verliert den Blick füreinander. Aber es kann, wie Sie sehen, auch gut gehen.

Ihre eigenen STEHAUF-Regeln:

_____

_____

_____

_____

Die goldene Mitte

Was macht man unter der Dusche, wenn das Wasser versehentlich zu heiß wird? Der erste Reflex ist, den Hebel ganz rüber in den blauen Bereich zu drehen. Mit dem Ergebnis, dass man gleich darauf einen Kälteschock erlebt. Verbrühen oder erfrieren. Beides doof. Der durchschnittliche nicht sadomaso angehauchte Mensch entscheidet sich meist für die goldene Mitte.

Wenn man fällt, in welcher Form auch immer, neigt man aber manchmal zu Extremen: Der Schritt nach den Weihnachtstagen auf die Waage ist für mich persönlich so unschön, dass ich es einfach nicht mehr mache. Ich verdränge die Waage also. Hier geht das. Was sich leider nicht verdrängen lässt, ist die Jeans (ohne Stretchanteil!). Ich bin also frustriert – auch eine

Art des Fallens –, und nicht selten greife ich dann zu der extremen »Alles oder nichts«-Regel! Nulldiät! Fasten! Schluss! Ab heute ist Schluss! Die besten Diätpläne lassen sich übrigens im satten Zustand auf der Couch schmieden. In dieser Phase bin ich mir nahezu hundertprozentig sicher, dass ich eigentlich gar nie mehr irgendetwas zu essen brauche. Eine fünfwöchige Nulldiät erscheint mir völlig realistisch. Ich habe schon mal zwei Tage Nulldiät geschafft. Kam mir vor wie eine Elfe (bis ich in den Spiegel guckte), und die Jeans ging auch wieder zu. Willensstärke ist alles!

Aber dann kam ich abends heim und fand meinen Mann in der Küche vor: Er hatte sich ein Steak in die Pfanne gehauen. Kennen Sie den Film *Findet Nemo*? Die Szene, in der der Hai ein bisschen Blut von Dory unter die Nase bekommt? Ja, so ungefähr habe ich mich in der Küche verhalten.

Ich kürze die Story ab: Mein Mann bekam nichts von dem Steak ab!

Extreme sind doof! Extreme Nulldiät ebenso wie extreme Behandlungsmethoden.

»Du machst doch wohl nicht etwa Chemo?« – »Ich kenne ja Menschen, die hat die Chemo umgebracht!« – »Die Pharmazie hat ja längst ein Mittel gegen Krebs, aber sie hält das zurück! Wegen dem Geld, verstehste?« – »Mistel! Mistel! Mistel! Die Mistel ist das einzig Wahre gegen den Krebs!«

Ich habe Frauen gesehen, die an alternativen Behandlungsmethoden gestorben sind. Und ich habe Frauen gesehen, die trotz (nicht wegen!) der Chemotherapie gestorben sind. Mit dem Unterschied, dass die erste Frau vielleicht noch leben könnte. Aber auch nur vielleicht.

Extreme sind nie gut. Das eine gegen das andere auszutauschen ist gefährlich und wirklich fahrlässig. In der Medizin gibt es für den goldenen Mittelweg eine Bezeichnung: Komplementärmedizin. Ja, wir setzen auf die Schulmedizin, aber wir schauen außerdem, wie uns die Natur dabei unterstützen kann.

Ausgewogene Ernährung statt Nulldiät. Ab und an ein Glas Wein statt täglich fünf Flaschen. Differenziert statt radikal.

STEHAUF-Regeln:
- Verlass dich nicht auf Extreme!
- Suche deinen eigenen, persönlichen Mittelweg.

Bäumchen, wechsle dich: Marias Geschichte

Situationen in unserem Leben können sich schneller ändern, als uns lieb ist. Waren Sie gestern noch diejenige, die den Trost brauchte, sind Sie vielleicht heute diejenige, die ihn spenden muss.

Ich hatte zu einem ruhigen Mädelsabend bei mir zu Hause eingeladen. Aus einem gewissen Grund, denn ich wollte meinen Freundinnen aus meinem Debüt *Brüste umständehalber abzugeben* vorlesen. Es war ein paar Wochen vor dem offiziellen Erscheinungstermin, und meine allerbesten Freundinnen (das sind wirklich nur eine Handvoll) sollten vorab das Buch kennenlernen. Es gab – natürlich – leckeres Essen, guten Wein, gute Gespräche. Ein Abend mit einer ganz außergewöhnlichen Stimmung. Ich schon mit neuer Kurzhaarfrisur, umgeben von den Frauen, die mir während der letzten Monate eine große Stütze gewesen waren. Es war keine Partystimmung, sondern eher eine stille, intime und tiefgründige Atmosphäre.

Nachdem wir gequatscht und gelacht hatten, setzten wir uns ins Wohnzimmer, und das erste Mal durfte ich aus meinem Werk vorlesen.

»Nee, Leute, so geht das nicht«, intervenierte ich nach dem ersten Kapitel, als ich in die völlig verheulten Augen meiner Freundinnen guckte. »So gibt das hier nix«, drohte ich scherzhaft. In Wahrheit musste ich natürlich auch weinen, aber nicht wegen meiner eigenen Geschichte, sondern weil ich sah, wie sehr meine Freundinnen gelitten hatten und es noch taten. Wie wohl sie mir alle gesinnt waren. Wie gut es ist, solche Frauen um sich zu haben.

Im Prinzip war der Abend wie eine Gruppentherapie, denn die Angst vor Brustkrebs kann natürlich keine so recht von sich weisen. Wir waren zu siebt, und ich erinnere mich gut, dass ich damals dachte: »Gut, ich hatte Brustkrebs, damit sind ja alle anderen safe.« Das mag zwar rein statistisch stimmen, ist aber natürlich totaler Murks.

»Weißt du, Nicole, mir hilft das total. Denn wenn ich dir so zuhöre, dann bist das zwar du, die davon erzählt, aber es kann doch morgen jede von uns treffen«, sagte meine Freundin Maria in einem sehr ernsthaften Ton. Alle schauten sie an. Alle wussten, dass sie recht hatte, aber keine wollte das zu nah an sich heranlassen.

So verging dieser wunderschöne Abend, den ich nie mehr vergessen werde. Ein paar Tage später telefonierte ich mit Maria. Sie war auf dem Weg ins Brustzentrum und hoffte, dort von ihren Ärzten zu hören: »Die Gewebeentnahme war unauffällig. War nur eine Zyste.«

Auf dem Weg dahin war sie völlig tiefenentspannt. Dafür bewunderte ich sie zutiefst, denn ich war kaum des Atmens fähig. Über zwei Stunden hörte ich nichts von ihr. Es fühlte sich an, als würde mir einer die Kehle zudrücken.

Dann klingelte mein Handy. »Nicole, ich habe Krebs«, schrie Maria völlig hysterisch.

Was brauchst du?

Ich war nicht so überrascht wie sie. Es gab Anzeichen. Zum Beispiel, dass man sie überhaupt in das Krankenhaus zur Befundbesprechung zitiert hatte. Maria hatte diese Anzeichen völlig ignoriert. Wie gut, denn sie hätte ja nichts daran ändern können, und so war sie zumindest bis zum Zeitpunkt der Diagnose in ihrer Seifenblase.

Diese Blase zerplatzte allerdings wirklich brutal. Am Telefon kam ich nicht zu ihr durch, verstand nur die Hälfte. Die allerdings reichte mir, um zu erkennen: Es ist exakt der gleiche Karl-Arsch, den ich hatte. Mir braucht echt keiner mehr mit Wahrscheinlichkeitsrechnung zu kommen!

Meine Freundin fiel und fiel und fiel, und ich konnte nichts dagegen tun. In der ersten Phase gibt es kein Netz. Ich ließ sie fallen und fiel mit.

»Maria, hör mir zu!«, versuchte ich, sie zu erreichen. »Du schaffst das genauso wie ich! Hast du mich verstanden? Wo bist du? Ich komme.«

Ich sah sie einen Tag später wie ein Häufchen Elend auf der Couch liegen. Da lernte ich: Selbst betroffen zu sein ist schlimm, aber es ist ebenfalls grausam, passiv nebendran zu stehen und nicht helfen zu können. Die Hilflosigkeit war erdrückend.

Ich redete auf sie ein wie eine Irre. Schlug ihr mit allem um die Ohren, was mir geholfen hatte, verteilte Ratschläge und stülpte ihr Lösungen über. Preschte mit Sätzen wie »Ich komme zu jeder Chemo mit« nach vorne: völlig blinder Aktionismus. Maria nahm davon nichts wahr.

Irgendwann in meinem Helfersyndrom-Wahn sollte ich Folgendes lernen:

- Ich bin manchmal echt eine blöde Kuh, denn
- nur weil mir dieses und jenes geholfen hat, heißt das noch lange nicht, dass das auch meiner Freundin hilft!

- Ratschläge sind auch Schläge.
- Öfter mal die Klappe halten!

Ich dachte, ich wäre Profi in Brustkrebs-Fragen, und ich dachte auch, ich hätte die Universallösungen. Was für ein Unsinn! Jeder Jeck ist anders, und daher braucht auch jeder Jeck etwas anderes. Wenn Sie nicht wissen, was Ihrem Gegenüber guttut – und das können Sie nicht wissen –, dann fragen Sie ihn: Was brauchst du jetzt? Wie kann ich dir helfen? Komm, ich setz mich zu dir ins dunkle Loch, und dann weinen wir zusammen. Mir wurde das mitten im Gespräch klar, und ich verstummte. Ich meinte nämlich zu merken, dass sie schweigen wollte. Einfach schweigen und weinen. Und dann fing sie an zu reden. Über ihre Ängste. Die als zweifache Mama identisch mit meinen waren. Und so saßen wir einfach da. Ich gab ihr nie mehr ungefragt Tipps oder Ratschläge.

Und wissen Sie, was ich noch nicht tat: Ich begleitete sie nicht zu ihrer ersten Chemo. Es ging nicht. Am Abend davor fing ich an, mich zu übergeben. Ich bekam Schüttelfrost, von jetzt auf gleich. »Es kann ja nicht sein, dass das mit Marias Chemo morgen zusammenhängt, oder?«, fragte mein Mann vorsichtig.

»Wie meinst du das?«

»Vielleicht ist das noch zu viel für dich.«

Ich verneinte das zunächst heftigst, aber dann dachte ich darüber nach. Es war tatsächlich so. Und nachdem ich mir eingestanden hatte, dass ich noch beim bloßen Geruch einem Nervenzusammenbruch nahe war und es einfach nicht konnte, ging es mir schlagartig besser.

Maria sagte ich die Wahrheit. Ich log sie nicht an, von wegen Magen-Darm oder so, ich erzählte ihr offen und ehrlich, dass ich zu schnell vorgeprescht war und dafür einfach noch nicht die Kraft hatte. Sie verstand es natürlich. Das zeichnet gute Freundschaften aus. (Irgendwann aber besuchte ich sie einmal bei der Chemo, und es war okay.)

Was nehmen Sie aus dieser Geschichte mit?
Ihre eigenen STEHAUF-Regeln:

_____

_____

_____

_____

Ich habe viel gelernt:
- Wenn jemand fällt, den man liebt, dann fällt man mit.
- Blinder Aktionismus hilft niemandem.
- Hilf nur da, wo es für dich geht, sonst ist es keine Hilfe.
  Maria hatte ebenso wie ich ein soziales Netz, und darunter
  waren Menschen, die zuvor keine Chemotherapie machen
  mussten. Für sie war das ein viel leichterer Weg als für mich.
- Die Frage »Was brauchst du?« ist hundertmal besser als »Du
  musst dieses oder jenes tun!«.

Alles ist relativ oder:
Was ist das eigentlich, Resilienz?

Wahnsinn! Was für ein Sturm!«, stellte ich fachmännisch
während unseres ersten Urlaubs auf Sylt fest. Wir waren
zum ersten Mal dem Kölner Karneval entflohen, damit ich Zeit
und Ruhe hatte, dieses Buch zu schreiben.
»Boah, Mama, ich flieg ja weg! Wie gut, dass dir das nicht so
schnell passieren kann«, entgegnete der Schlagfertigkeits-Spröss-
ling bei unserem Spaziergang.
»In Köln hätte es schon längst eine Sturmwarnung gegeben,
und der Rosenmontagszug wäre auch abgesagt worden. Und

hier gehen die Menschen fast unbeirrt spazieren«, stellte auch mein Mann fest.

Nachdem wir eine halbe Stunde durch den Sturm spazieren gegangen waren, kamen wir wieder im Ferienhaus an und hörten durch Zufall den regionalen Wetterbericht im Radio: »(...) der bisher mäßige Wind aus Nordwest nimmt am Abend ein wenig zu.«

Mein Mann und ich guckten uns an und mussten beide laut lachen. Unsere Haare waren vom Sturm zerzaust, Constantin und Max stritten darüber, ob es möglich sei, mit einem Schirm so wegzufliegen wie der fliegende Robert im *Struwwelpeter,* und im Radio sprachen sie von »mäßigem Wind«.

Da können Sie sehen, wie relativ im Leben alles ist. Was für den einen ein Sturm, ist für den anderen eine Böe. Aber woran liegt das? Ist Resilienz – also die Widerstandsfähigkeit – etwas, was man erlernt oder vererbt? Oder beides?

Ich möchte mich diesem Thema von zwei Seiten nähern. Durch meine persönlichen Erfahrungen, aber auch indem ich mir ansehe, was die Wissenschaft dazu sagt.

Der Begriff »Resilienz« kommt ursprünglich aus der Physik und bezeichnet die Fähigkeit eines Stoffes, sich verformen zu lassen und wieder in seine ursprüngliche Form zurückzuspringen. Gummi ist zum Beispiel ein äußerst resilienter Stoff. Einen weichen Gummiball können Sie verbiegen, und danach nimmt er wieder seine alte Form an. Oder nehmen wir Bambus. Der biegt sich bei einem Sturm nach allen Seiten und richtet sich danach von selber auf.

Mir gefällt dieses Bild, aber ich finde, es trifft es nicht gänzlich. Denn Gummi und Bambus kommen, laut Definition, wieder in die Ursprungsform zurück.

Wenn ich an meine eigenen Erfahrungen denke, dann habe ich mich im Sturm zwar ordentlich gebogen, und ich habe mich auch wieder aufgerichtet, aber ich war hinterher nicht mehr dieselbe. Der Sturm hat Spuren hinterlassen. Daher, und das ist arg vermessen von mir als Nicht-Wissenschaftlerin, stimme ich dieser Definition nicht zu.

Wenn Sie mich fragen, ist der Begriff »Widerstand« schon ungünstig. Treffender formulierte es der tibetische Meditationsmeister Milarepa: »Wenn man alles, was einem begegnet, als Möglichkeit zu innerem Wachstum ansieht, dann gewinnt man an Stärke.«

Das gefällt mir besser und trifft die Stehauf-Regel »Wer weiß, wofür es gut ist« auf den Punkt.

Aber im Umkehrschluss heißt das auch: Der Bambus ist nicht mehr derselbe. Er ist stärker. Aber nicht stark im Sinne von »nicht mehr biegsam«, sondern stärker durch die Erfahrung.

Deshalb finde ich ein anderes Bild passender: Denken Sie an Knete. Handelsübliche Knete, aus der Sie einen faustgroßen Ball formen. Dann kommen Ihre Kinder um die Ecke und wollen mitspielen. Natürlich nicht mit ihrem eigenen Knetball, sondern mit Ihrem! »Mama, guck mal, hier kannst du noch was dranmachen und hier und hier und hier!«

Ihr Kind formt zehn kleine Bälle und klebt sie Ihnen ungefragt an Ihre wunderschön perfekt geformte Kugel. Jetzt haben Sie ein neues Kunstwerk. Ein anderes, als Sie geplant hatten. Ihnen ist es jetzt überlassen, ob Sie die neuen Kügelchen zu einer großen Kugel verarbeiten oder aber es so lassen, wie es ist. Wie auch immer Sie sich entscheiden, die Knete nimmt die neue Form an. Sie bleibt Knete. Sie geht nicht kaputt und bricht nicht entzwei. Sie ist auch nicht zerbröselt, noch ist sie plötzlich Wasser. Aber sie hat sich verändert.

Sie ist widerstandsfähig, sie bleibt formbar und nimmt die Veränderung an. Ihr Ball ist durch die Ergänzungen Ihrer Kinder größer geworden. Er ist durch die Veränderung, durch die zusätzliche Knete gewachsen.

Ich finde, genau das macht Resilienz aus: an dem, was dazukommt, wachsen und es sich zu eigen machen. Selbst wenn Ihr Kind einen kleinen Kieselstein an die Kugel klebt, kann die

Knete ihn irgendwie aufnehmen. Der Stein bleibt Stein. Krebs bleibt Krebs. Aus Mist wird nicht Gold. Aber vielleicht können Sie aus dem Stein eine kleine Nase für ein Gesicht machen. Vielleicht entsteht jetzt erst die Idee, aus der Knetkugel ein Gesicht zu formen. Vielleicht finden Sie es plötzlich langweilig, »nur« eine Kugel zu formen.

Fakt ist: Der Knete tut es keinen Abbruch! Sie bleibt Knete.

Kommt Ihr Kind allerdings mit einer ganzen Wagenladung Steine um die Ecke, dann müssen Sie umdisponieren. Das muss der Gummi aber auch, wenn Sie mit einer Schere kommen, oder der Bambus, wenn ihm plötzlich eine Axt zu Leibe rückt.

Wenn Sie mich als Nicht-Wissenschaftlerin also fragen, was Resilienz bedeutet, dann würde ich sagen: am Unvorhergesehenen, an den nicht geplanten Dingen im Leben zu wachsen und sie bestmöglich mit einzubauen.

Bleibt die Frage: Werde ich so geboren, oder kann ich Resilienz er- und auch wieder verlernen? Dazu gibt es eine sehr spannende Langzeitstudie von Resilienz-Pionierin Emmy Werner. 1955 startete sie mit der Beobachtung von 698 Kindern. 201 dieser Kinder kamen aus äußerst schwierigen Verhältnissen. Ihre Familien waren arm, sie hatten psychisch kranke Eltern oder sonstige schwerwiegende Probleme. Emmy Werner beobachtete diese Kinder 32 Jahre lang und wollte wissen, wie und ob die Kinder im späteren Leben zurechtkamen. Trotz wirklich schwieriger Umstände entwickelten sich immerhin 72 Kinder zu verantwortungsvollen, glücklichen Erwachsenen.

Diese Kinder hatten mehrere Gemeinsamkeiten, zum Beispiel hatten sie mindestens eine Person, zu der sie eine starke Bindung hatten. Dieser Mensch war Halt und soziales Vorbild zugleich. Das hat etwas Beruhigendes: Wir als Eltern können es nicht gänzlich versauen!

Ich weiß nicht, wie es Ihnen geht, aber natürlich mache ich mir zwischendurch Gedanken, ob meine Entscheidungen für meine Kinder immer so richtig sind. Ob ich sie mit dem richtigen

Rüstzeug ausstatte und welche Auswirkungen zum Beispiel der Krebs auf sie hatte. Bei allen Unwägbarkeiten möchte ich aber dennoch behaupten: Meine Kinder haben eine starke Bindung zu mir.

Und nicht nur zu mir, sondern auch zu Papa, Oma, Opa und guten Freunden. Harry Potter hat keine Eltern, dafür gute Freunde und ist äußerst resilient. Das ist kein Universalrezept für Resilienz, aber ein wichtiger Faktor. Mein Vater hatte keine schöne Kindheit. Zumindest nicht im klassischen Sinn. Aber wenn Sie ihn danach fragen würden, würde er antworten: »Doch, es war schön. Abgesehen davon, dass mein Vater uns verlassen hat.«

Von außen betrachtet würde man vielleicht sagen, es war eine katastrophale Kindheit. Vom Vater einfach so verlassen, wuchs er bei seiner Mutter in ärmlichen Verhältnissen in einer Zwei-zimmerwohnung auf und erfuhr erst Jahrzehnte später, dass er noch Geschwister hatte, von denen er als Kind nichts wusste. Aber: Wenn mein Vater von seiner Mutter spricht, dann leuchten seine Augen. Sie war für ihn eine beständige, liebevolle Bezugsperson.

Ich habe ihn gefragt, ob er selber sagen würde, er sei trotz oder wegen seiner Kindheit ein guter Vater geworden. Er sagte: »Wenn ich es mir recht überlege, dann wohl eher trotz!« Mein Vater gehört also zu dem einen Drittel der Menschen, die ihr Leben trotz schwieriger äußerer Umstände in den Griff bekommen haben. Ich bin seine Tochter. Ich kann das beurteilen.

Und denken wir nur an die Kriegsgeneration. Was haben viele Menschen damals durchmachen müssen? In dem Buch *Die Tänzerin von Auschwitz* lese ich einen Satz, der mich nicht mehr loslässt. Es geht um Rosie, eine jüdische Frau, die mehrere Konzentrationslager, darunter auch Auschwitz, überlebt hat. Als sie zum vierten Mal in ein anderes Konzentrationslager gebracht wird, schreibt sie in ihr Tagebuch: »Wenn ich meine täglichen Pflichten erledigt hatte, ging ich los, um Leute zu treffen und zu sehen, was ich in meiner neuen Welt auf die Beine stellen konnte.« »Neue Welt« und »auf die Beine stellen«. Sie redet von Auschwitz!

Sie hat es überlebt, und sie konnte ein langes, glückliches Leben führen. Dabei hätte doch diese Frau alles Recht der Welt gehabt, am Leben zu zerbrechen oder zumindest daran zu versauern.

Viele Menschen erleben schwere Schicksalsschläge und hätten das Recht dazu. Meine Oma zum Beispiel. Mein Opa auch. Warum, werde ich Ihnen noch erzählen. Meine Eltern, nach dem Tod meiner Schwester. Und viele Menschen, von denen Sie hier noch lesen werden. Aber sie alle haben eins gemeinsam: Sie sind nicht daran zerbrochen. Und wenn ich mich in der heutigen Zeit so umgucke, wenn ich sehe, wie viele Menschen kurz vor dem Burn-out, also dem Zerbrechen, stehen, dann frage ich mich: Braucht der Mensch ein gewisses Maß an Herausforderung, um die Balance zu finden zwischen Burn-out und »Sleep in«? Ich weiß es nicht …

Als Frau, die schon mehr als einmal Widerstandsfähigkeit beweisen musste, würde ich sagen: Beides spielt eine Rolle, die Fähigkeiten, mit denen man geboren wird, aber auch die Bereitschaft, an seinen Aufgaben zu wachsen. Ich denke, Resilienz kann man lernen.

Ihre Gedanken zum Thema Resilienz:

Schöne Bescherung

Es war unser erstes Weihnachtsfest nach der überstandenen Krankheit. Ein Fest mit Haaren und ohne nennenswerte Katastrophen in der Familie. Ich war wieder berufstätig, gesund und einfach nur glücklich, mit der ganzen gesunden Familie Weihnachten feiern zu können. Mein Mann hatte seinen letzten beruflichen Termin und kam am 23. Dezember nach Hause. Allerdings kreidebleich.

»O Gott, Hase, was ist passiert?«, wollte ich sofort von ihm wissen.

»Sie haben mir gekündigt.«

»Hä?«

»Die Firma hat mich entlassen. Einfach so.«

Ich musste mich setzen. Er sich auch.

»Wie, einfach so? Du warst fünf Jahre da. Es lief doch super.«

Mein Mann war im Außendienst, und seine Leistung war an den Verkaufszahlen gemessen tatsächlich bombastisch.

»Ich verstehe es auch nicht.« Er sah mich völlig verzweifelt an.

»Was haben sie denn gesagt?«, fragte ich weiter.

»Dass ein junger Kollege aus dem Office jetzt meine Kunden übernimmt.«

»Das war alles?«

»Und ›frohe Weihnachten‹.«

Schöne Bescherung. Wir beide saßen uns ein paar Minuten schweigend gegenüber, bevor ich sagte: »Es hätte ja auch einfach mal laufen können, ne?«

Ja, hätte es. Nach so turbulenten Zeiten ist der Wunsch nach ruhigem Gewässer tatsächlich nicht unerheblich. Mein Mann war geknickt wie eine Butterblume, was in mir für einen kurzen Moment eine unbändige Wut hochkommen ließ. Die Firma war weit genug weg, sonst wäre ich vermutlich hingefahren und hätte ihnen entgegengebrüllt, was ihnen einfiele. Ob sie überhaupt wüssten, was für ein Mann dieser Mann ist? Dass sie sich da alle mal eine Scheibe von abschneiden könnten! Ich bin mir nicht sicher, wie er das gefunden hätte, daher war es vermutlich besser, dass der Weg zu weit war.

Da saßen wir mal wieder. Immer dann, wenn scheinbar alles glattlief, kam ein neuer Fausthieb. So zumindest hätte ich die Sache vor Karl-Arsch gesehen. Vor dem Krebs wären wir bestimmt über Weihnachten in ein tiefes Loch aus Selbstmitleid gefallen und hätten die Feiertage nicht genießen können.

Stattdessen geschah etwas wirklich Erstaunliches. Ungefähr zehn Minuten nach dem ersten Schock guckten mein Mann und ich uns gleichzeitig an. Wir mussten beide grinsen. Wir sagten nichts, denn wir wussten schon, was der andere dachte. Schließlich sagte mein Mann: »Tja, wenn es sonst nichts ist.«

»Allerdings! Ist die Kündigung lebensbedrohlich?«

»Nö.«

»Siehst du, dann ist es kein Problem.«

»Genau! Kriegen wir hin, oder?«

»Allerdings. Und, Hase, du weißt doch: Wer weiß, wofür es gut ist.«

Nicht nur ich, sondern auch mein Mann hatte erkannt:

- Wer einmal bis auf die Grundfesten erschüttert war, den kann so schnell nichts mehr aus der Bahn werfen.
- Probleme sind relativ. Wie Stürme. Für jemanden, der ein ganz problemloses Jahr hinter sich hat, wäre so eine Kündigung – noch dazu einen Tag vor Heiligabend – ein Orkan gewesen. Für uns war es, gemessen an dem Krebs-Sturm, den wir hinter uns hatten, nur eine leichte Böe. Übrigens, mein Mann fand binnen kürzester Zeit einen neuen Job, in dem er bis heute sehr glücklich und zufrieden ist.
- Durchatmen, es ist schon passiert.

Wenn Ihnen ein gutes Stück Porzellan runterfällt und in tausend Teile zerspringt, dann ist jede Minute, die Sie sich darüber ärgern, verlorene Lebenszeit. Der Punkt, an dem Sie hätten handeln können, ist seit einer Sekunde vorbei. Sie können also durchatmen, es ist schon passiert.

Die Kündigung meines Mannes war schon ausgesprochen worden. (Natürlich hätten wir klagen und damit die Zeit des Ärgerns verlängern können …)

Der Teller ist schon kaputt. Diese Stehauf-Regel musste ich auf sehr schmerzhafte Weise in einem Wartezimmer kennenlernen. Es waren die bangen Minuten zwischen Mammografie und der Besprechung des Befunds. Ich wartete mit meiner Mutter in diesem kleinen Zimmer, unfähig zu klaren Gedanken, bis ich plötzlich sagte: »Mama, der Körper kennt das Ergebnis schon. Nur wir noch nicht.«

Das war die negative Seite dieser Erkenntnis. Zu lernen: Ich kann nichts, rein gar nichts dagegen tun. Es ist schon passiert. Die Zellen sind schon vor Monaten entartet. Und selbst da hätte ich nichts dagegen tun können. Ich musste es nur noch erfahren.

Die positive Seite aber war: Ich konnte durchatmen. Es lag nicht in meinem Handlungsbereich, und damit brauchte ich mir auch nicht mehr eine Sekunde einen Kopf zu machen. Das ist der Moment, wenn Sie nur das Kehrblech und den Besen holen und die Scherben Ihres Lebens aufkehren können.

Reden ist Silber,
Schweigen ist Gold?

Jetzt haben Sie schon ein ganzes Stück in diesem Buch gelesen. Wenn es bisher gut gelaufen ist, haben Sie schon die ein oder andere Strategie für sich neu entdeckt, oder aber Sie fühlen sich in Ihrem Tun (hoffentlich) bestätigt.

Bleibt die Frage: Welche Auswirkungen haben unsere Fähigkeiten, Probleme zu lösen, auf unser späteres Leben? Macht es einen Unterschied, ob wir verdrängen oder mit anderen darüber reden? Sind es Fähigkeiten, die wir in die Wiege gelegt bekommen, oder können wir uns Widerstandsfähigkeit auch selber antrainieren?

Schauen wir uns dazu wieder ganz konkrete Geschichten an:

Wir schreiben das Jahr 1959, und wir sind im Nachkriegs-Köln. Genauer gesagt, wir sind schon fast im Wirtschaftswunder der Nachkriegszeit. Die Stadt hat sich erholt, den Menschen geht es besser, und der Krieg scheint, zumindest oberflächlich, der Vergangenheit anzugehören.

Ich nehme Sie mit zu meinen Großeltern in die geräumige Genossenschaftswohnung in Köln-Zollstock. Meine Oma hat hier vor drei Monaten ihre zweite Tochter geboren. Hausgeburten waren damals, im Gegensatz zu heute, noch an der Tagesordnung.

»Ich kann mir nicht helfen, Hans, aber mit dem Kind stimmt was nicht«, so oder so ähnlich beschreibt meine Oma ihr ungutes Gefühl ihrem Mann.

Sie suchen einen Arzt auf, danach den nächsten, was folgt, ist die immer wiederkehrende Antwort: »Das Kind ist kerngesund.«

Vor knapp sechzig Jahren war natürlich die medizinische Kleinkindversorgung noch eine ganz andere, abgesehen davon, dass man das »ungute Gefühl« einer Mutter irgendwie ernst genommen hätte. Eltern wurde von den Halbgöttern in Weiß keine Kompetenz zugesprochen.

Als die Kleine plötzlich anfängt zu krampfen, eilt meine Oma, eine sehr resolute Frau, mit ihrer kleinen Monika und ihrer älteren Tochter Erika (meine Tante und damals vier Jahre alt) in die Uniklinik.

»Man hat ihr das Kind einfach abgenommen«, berichtet mir meine Tante aus ihren ganz schwachen Erinnerungen. Meine Großeltern leben nicht mehr, und meiner Tante und meiner Mutter wurde nur wenig darüber erzählt.

»Wie, abgenommen?«, frage ich.

»Man hat damals mit den Eltern nicht gesprochen. Das Kind kam weg, und Oma und Opa mussten nach Hause. Die Nonnen kamen noch und sagten: ›Wir können nichts tun, nur beten.‹«

»Und dann?«

»Dann sind deine Großeltern quer durch das ganze Krankenhaus gelaufen, und Opa hat jede Tür aufgerissen, bis sie ihn mit der Polizei aus dem Krankenhaus rausgeschafft haben. Sie sind nach Hause gefahren, und am nächsten Morgen rief man sie an und sagte ihnen: ›Das Kind ist tot.‹«

Das geht mir ein bisschen schnell, und ich versuche verzweifelt, noch mehr Informationen zu bekommen. »Habt ihr da zu Hause jemals drüber gesprochen?«

»Ganz selten«, antwortet meine Tante. »Aber dann war es nicht emotionsgeladen, sondern recht nüchtern.«

»Erika«, frage ich meine Tante, denn meine Mutter kam erst ein Jahr später zur Welt. »Was hat man dir denn damals erzählt, wo deine Schwester sei?«

»Weg. Mehr nicht. Da Kind ist weg und kommt nicht wieder. Ein Jahr später wurde deine Mutter geboren, und nur ganz selten kam noch mal das Gespräch auf Monika.«

Das mag jetzt für Sie als Leser sehr hart klingen. So als ob meine Großeltern gefühlskalt gewesen seien. Das Gegenteil war der Fall. Ich persönlich, und ich hatte ein sehr enges Verhältnis zu meinen Großeltern, kann mich überhaupt nicht an ein Gespräch über das verstorbene Kind erinnern. »Gab es denn kein Bild? Oder eine Kerze, die für sie brannte? Oder habt ihr an ihrem Geburtstag an sie gedacht?«

»Nichts. Es war so, als hätte es sie nie gegeben.«

Es steht mir weder zu noch möchte ich hier in irgendeiner Weise ein Urteil fällen. Ich möchte es Ihnen nur erzählen. Meine Großeltern verloren also ihre drei Monate alte Tochter. Die Rachitis war nicht rechtzeitig entdeckt worden. Ob es überhaupt ein Grab gegeben hat, kann mir weder meine Mutter noch meine Tante beantworten. Bei einem sind sie sich jedoch einig: Es gab auf jeden Fall keine Beerdigung. Niemals und zu keiner Zeit haben meine Großeltern von sich aus ein Wort über das Geschehene verloren. Sie haben es totgeschwiegen. Und wenn mal das Gespräch auf das Kind kam, dann wurde keine Trauer oder Traurigkeit zugelassen.

Fakt ist, meine Großeltern sind wieder aufgestanden. Sowohl im wörtlichen als auch im übertragenen Sinn. Denn nur einen Tag später gingen sie wieder arbeiten. Ob die Kollegen, die Nachbarn sie gefragt haben, ob die beiden als Paar jemals gesprochen haben, weiß ich nicht. Aber ich würde vermuten, nein. Aber sie sind wieder aufgestanden, ihrer Pflicht nachgekommen und haben sogar noch ein weiteres Kind – meine Mutter – bekommen.

Man muss nicht Psychologie studiert haben, um die Strategie zu erkennen. Meine Großeltern haben verdrängt. Wie es damals üblich war. Sie gehörten einer Generation an, die über Probleme und Krisen nicht sprach. Weil der Eindruck des Krieges noch zu stark war. Weil es wieder aufwärtsgehen musste. Vielleicht auch, weil der Tod eines Kindes für sie noch zur grausamen Realität gehörte.

Meine Oma war bei der zweiten Schwangerschaft schon neunundzwanzig Jahre alt. Ein damals unzumutbar hohes Alter für eine Frau in anderen Umständen.

»Ich erinnere mich, dass ihr eine Kundin mal vor die Füße gespuckt hat. ›Bah! In Ihrem Alter! Sie sollten sich schämen!‹, hat sie gesagt«, erzählt mir meine Tante. Vielleicht kam das alles noch dazu. Die Umstände haben nicht gerade dazu verlockt, über die eigenen Probleme zu reden. Meine Großeltern waren da kein Einzelfall.

Doch was passiert mit Menschen, die verdrängen? Das lässt sich ganz sicher nicht verallgemeinern. Natürlich kann Verdrängen schwere psychische Folgen haben, aber ich erzähle hier »nur« von meinen Großeltern. Und mit ihnen passierte: nichts. Nichts weiter. Sie haben ihr Leben gelebt. Ohne daran zu verzweifeln, ohne zu Alkohol oder stärkeren Drogen zu greifen, ohne zum Massen- oder Selbstmörder zu werden und auch ohne Therapie- oder Trauergruppe. Sie wurden weder verbohrt noch gefühlskalt, noch wurden sie zu introvertierten, trauernden Alleingängern.

Sie blieben tolle Eltern, führten ihren kleinen Edeka-Laden, bekamen meine Mutter und später noch zwei Enkelkinder, eins davon bin ich. Und ich wiederum habe sie als ganz außergewöhnliche Menschen in Erinnerung.

Meine Oma war für mich die bestgelaunte, zufriedenste Person, die ich bis heute kennenlernen durfte. Sie hatte für jedes Problem im Leben eine Lösung. Viele ihrer Sätze begleiten mich bis heute. Und jetzt, als erwachsene Frau mit zwei Kindern, bewundere ich sie zutiefst. Mein Gott, was hat diese Frau alles geleistet. Zwei kleine Kinder und ein Geschäft, das Montag bis Samstag von morgens bis abends geöffnet war. Von Wareneinkauf, Inventur und Buchhaltung ganz zu schweigen. Eine Tagesmutter ging ihr zwar etwas zur Hand, aber meine Damen, wir wissen alle, dass das nur ein Tropfen auf dem heißen Stein ist. Sonntags wurde die Wohnung geputzt, Urlaub gab es nur selten. Und dabei hatte meine Oma immer ein Lächeln auf dem Gesicht. Kein aufgesetztes, sondern ein echtes, und bei einem Problem hieß es nur: »Schatz, ein Beinbruch ist schlimmer. Kriegen wir wieder hin.«

Ja, das wusste sie: Es gibt Schlimmeres. Sie selber hatte es erlebt. Zur Genüge! Wie so viele Menschen ihrer Generation. Leider kann ich ihr oder meinem Opa heute nicht mehr zuhören, beide sind nicht mehr hier. Und wie so viele bereue auch ich, sie nicht mehr gefragt zu haben. Zu allem. Zum Krieg, zu den Dingen, die sie gesehen haben, die sie erleben mussten und ob es auch schöne Zeiten gab.

Fakt ist, meine Oma war in den 1960er-Jahren bereits eine Working Mom, lange bevor es den Begriff überhaupt gab. Auch lange bevor es dafür Anerkennung, Elterngeld, Blogbeiträge oder Gesetzesentwürfe zur Frauenquote gab.

Warum erzähle ich Ihnen das alles? Weil ich zeigen möchte, dass es nicht die eine Art der Problembewältigung gibt. Wenn Ihnen einer den Ratschlag gibt: »Du musst darüber reden!«, dann zeigen Sie ihm dieses Kapitel. Sie müssen gar nichts! Wenn Sie schweigen und verdrängen wollen, dann ist das Ihr gutes Recht. Ihr Bauchgefühl wird Sie leiten. Sie müssen nur für die Ruhe sorgen, damit Sie es auch spüren und hören können.

Aber, und jetzt kommt das große Aber, meine Oma wurde viel zu früh dement. Bereits an ihrem siebzigsten Geburtstag zeigten sich erste Anzeichen. Mir kam es immer so vor, als hätte ihr Kopf genug gehabt. Als sei er müde. Heute wissen wir, dass eine tiefe Depression im direkten Zusammenhang mit Demenz stehen kann. Denn als mein Großvater viel zu früh an Krebs verstarb, wendete sie wieder die Strategie des Verdrängens an. Aus meiner Laiensicht vielleicht einmal zu oft. Aber das war ihre Art, mit dem Schicksal umzugehen. Und unterm Strich: Sie wurde siebenundsiebzig Jahre alt und führte kein unglückliches Leben.

Ist Verdrängen also hilfreich oder nicht? Rächt sich irgendwann der Körper, wenn wir Probleme nicht aufarbeiten? Ich weiß es natürlich nicht, ich beobachte nur. Und ich meine zu sehen, dass heute so viel therapiert, besprochen und analysiert wird wie noch nie. Das möchte ich auch gar nicht kritisieren, nur feststellen. Nie wurde so viel über psychische Probleme gesprochen wie heute. Kaum einer, der nicht schon in einer Therapie war. Und mit welchem Ergebnis?

Glaubt man dem DAK-Gesundheitsreport von 2016, dann haben die Fehltage aufgrund einer psychischen Erkrankung den absoluten Höchststand erreicht. Die Anzahl der Krankmeldungen aufgrund dieser Diagnose hat sich in den letzten Jahren damit verdreifacht.

Nutzt also all das Reden, Therapieren und Analysieren nichts? Oder führt es dazu, dass wir uns zu stark um unsere Probleme und Befindlichkeiten drehen? Ist Verdrängen vielleicht doch nicht so schlecht? Aber wie hat sich diese Strategie unserer Großelterngeneration auf ihre Kinder und Enkel ausgewirkt? Wie Sie ja nun bei mir sehen können, hat sich der Verdrängungsmechanismus nicht durchgesetzt. Zwar kann ich den Abgabetermin der Steuererklärung gut verdrängen, über wirkliche Probleme muss ich aber reden, reden und noch mal reden. Unsere gesamte Familie ist nicht sonderlich gut im Totschweigen. Wohl aber darin, die eigenen Gefühle hintanzustellen.

»Hättet ihr euch einen anderen Umgang mit dem Verlust eurer Schwester gewünscht?«, frage ich meine Tante und meine Mutter.

»Das ist schwer zu sagen. Wir haben es ja nicht anders gekannt. Wir haben uns dann bei Anja bewusst entschieden, viel über sie zu erählen«, sagt meine Mutter.

Soll also auch heißen, man kann sich seine Strategien selbst aussuchen. Man ist nicht gefangen in den Mustern, die einem vorgelebt wurden, sondern kann durchaus andere Wege finden, die besser zu einem passen.

Ich finde, das gibt uns enorm viel Selbstbestimmtheit. Wir haben es in der Hand. Das Schicksal haben wir nicht in der Hand, aber den Weg aus dem Loch, in das es uns manchmal wirft, den bestimmen wir! Und selbst wenn Sie es von zu Hause vielleicht nicht direkt vorgelebt bekommen haben, selbst wenn Sie sagen, Sie hatten nicht die glücklichste Kindheit, so haben Sie dennoch die Macht, sich auch im Erwachsenenalter die nötige Resilienz anzueignen.

Und: Keine Erziehung der Welt kann einen auf die dunkelsten Stunden des Lebens vorbereiten. Wie auch?

Ihre STEHAUF-Regeln aus dieser Geschichte:

_____

_____

_____

_____

Am Leben wachsen:
Die Geschichte von Louis

Maren und Guido erwarten ihr erstes gemeinsames Kind. Die Patchworkfamilie lebt glücklich mit der zweijährigen Maia zusammen, alle sind voller Vorfreude auf das neue Familienmitglied.

»Die Schwangerschaft war unauffällig und entspannt. Nichts, was auf Probleme hingedeutet hätte«, erzählt mir Maren.

Zunächst war an dem süßen Baby nichts Außergewöhnliches festzustellen, nur dass ein Auge immer nach hinten »wegflutschte«.

»Die Ärzte meinten, so was gibt sich wieder«, erklärt Maren. Jedenfalls durften sie mit dem Versprechen, sich eine gute Hebamme und einen guten Kinderarzt zu suchen, nach Louis' Geburt bald nach Hause.

»Dann wollte er nicht trinken. Alle Versuche waren zwecklos, und er nahm einfach nicht zu.« Es folgte der erste von unzähligen Besuchen in der Uniklinik, und zunächst bekamen Maren und Guido stets harmlose Erklärungen, die sie auch dankbar annahmen. Das Trinkverhalten besserte sich kurzfristig, und dann beobachteten die Eltern, dass Louis keine richtige Spannung im Körper aufbauen konnte. Sie gingen mit ihm zur Physiotherapie und auch in die Augenklinik, denn Louis' Augen wurden ebenfalls nicht besser.

Guido erinnert sich: »Ich weiß noch sehr gut, wie die Ärztin mir sagte: ›Tja, dann können Sie ja Blindengeld beantragen.‹« Mit Aussagen wie dieser lebten die Eltern, Maia und Louis weiter. »Wir haben das so Stück für Stück angenommen. In dem zarten Alter sind die Ärzte noch vorsichtig mit Diagnosen, und rückblickend betrachtet scheint es mir so, als habe ich die Augen vor der Schwere der Erkrankung verschlossen«, erzählt mir Maren.

Schließlich bekam der kleine Louis eine Lungenentzündung, Krämpfe und musste ins Krankenhaus. Dort wurden Tests und ein EEG gemacht.

»Hattet ihr einen Vertrauensarzt, der sich eurer angenommen und euch erklärt hat, was Louis fehlt?«

»Nein, nicht im Krankenhaus. Hier wechselten die Ärzte ständig. Einmal kam ein Neurologe und sagte zu uns: ›Ihr Sohn ist eine neurologische Katastrophe.‹«

Liebe Ärzte, wir wissen, dass wir für euch oft nur eine Nummer sind, und wir wissen auch, dass ihr die nötige Distanz braucht, um gut arbeiten zu können. Aber sind das die richtigen Worte für Eltern in einer solchen Situation? So etwas hinterlässt nämlich Spuren. Und zwar dauerhaft.

Dazu wurde den Eltern mehr so nebenbei erklärt, dass Louis ab sofort mit Medikamenten für Epilepsie behandelt wird. Es folgt eine sehr lange Versuchsphase, in der man testen wollte, wie Louis auf dieses oder jenes reagierte.

»Wie muss ich mir euren Alltag in dieser Zeit vorstellen? Immerhin hattet ihr ja noch ein Kleinkind zu Hause.«

»Um ehrlich zu sein, weiß ich nicht mehr, wie wir das geschafft haben. Louis brauchte Pflege rund um die Uhr. Und Maia war ein Kleinkind, das auch ein Recht auf Normalität hatte. Sie ging in den Kindergarten, war viel mit Freundinnen verabredet. Aber diese innere Zerrissenheit, die war für mich persönlich ganz schlimm«, erzählt Maren.

»Kannst du das an einem Beispiel festmachen?«

»Louis *mal eben* mit in den Kindergarten zu nehmen war unmöglich. Er wurde unruhig, krampfte, bekam Luftnot. Das ging einfach nicht täglich. Also musste ich ihn zu Hause lassen und Maia im Tiefflug aus der Kita abholen. Zeit für ein kurzes Gespräch oder für ›noch fünf Minuten spielen‹ war da nicht. Das war unglaublich belastend.«

So vergehen die ersten drei Jahre.

Guido ist selbstständiger Schreiner, Maren musste ihren Job als Erzieherin ganz aufgeben, damit sie sich um Louis und auch um Maia kümmern konnte. Aber irgendwie bekamen sie es hin.

»Ich erinnere mich, wie ich in der Uniklinik oft vor dem Arztzimmer gesessen und gewartet habe und vor mir ein Plakat über das Alpers-Syndrom hing. Ich hatte das ganz oft gelesen und gar nicht wahrgenommen, dass die dort beschriebenen Symptome exakt auf Louis zutrafen. Ich dachte immer: ›Mein Gott, das ist ja schlimm‹, ohne es auf uns zu beziehen. Ich glaube, meine natürliche Schutzschicht war schon sehr dick.«

Louis war drei, als die Familie die offizielle Diagnose bekam: Alpers-Syndrom. Und damit stand fest, er würde sterben. Nur wann und wie, das konnte niemand sagen.

»Wir waren wie in einem Tunnel. All die Jahre haben wir nur funktioniert. Louis gepflegt, Tag und Nacht, Maia, so gut es ging, ein normales Leben geboten. Wir hatten tolle Freunde. Keiner hat sich abgewandt, und es war selbstverständlich, dass wir Partys, Feten oder sonstige Feste immer bei uns gefeiert haben. Wir konnten ja nicht weg.«

»Gab es Zeiten, wo du zusammengebrochen bist?«

»In diesen akuten Jahren nicht. Aber ich hatte Gedanken, von denen ich dachte, ich dürfte sie nicht denken. Als Louis fünf war und immer noch keine Körperspannung entwickeln konnte, wurde das Pflegen, also das bloße Waschen, sehr anstrengend. Dazu kamen fünf Jahre Schlafentzug, da liegen die Nerven blank. Ich weiß noch, dass ich ihn einmal angeschaut und gesagt habe: ›Wie lange schaffen wir zwei das, mein Schatz?‹«

»Warum glaubst du, man darf das nicht denken?«

»Es ist mein Kind. Er darf mir nicht zu viel sein.«

»Aber du bist auch nur ein Mensch.«

»Heute weiß ich das, aber das war ein langer Prozess.«

»Rückblickend betrachtet: Was war für dich als Mutter das Schlimmste?«

»Dass Louis in keiner Form kommunizieren konnte. Ich habe zwar gespürt, dass er mich wahrnimmt, aber er konnte es niemals zeigen.«

Als Louis fünf Jahre alt war, gönnten sich Maren und Guido jeweils eine kleine Auszeit. Nicht gemeinsam, denn einer musste ja bei ihm bleiben. Erst verreiste Guido mit Marens Vater ein paar Tage nach Italien, und dann erlaubte sich Maren mit Maia ein paar Mädelstage in Kopenhagen.

»Jeder von uns musste mal raus, und Maia hatte auch mal die Mama ganz für sich verdient. Aber das hört sich so locker an. Man verreist als Mutter nicht mit gutem Gefühl, aber der Papa zu Hause hat das prima gemacht, und ich sehnte mich auch danach, Zeit mit meiner Tochter zu verbringen«, erzählt mir Maren traurig.

Am Tag ihrer Rückreise passierte das, was das Leben der kleinen Familie für immer verändern sollte: Louis schlief friedlich ein. Mit nur fünf Jahren.

»Und ich war nicht da.«

Es ist ein zutiefst emotionaler Moment zwischen uns zwei Frauen. Zwei Müttern. Wir schweigen und weinen zusammen. Nicht zuletzt, weil Louis das auch verdient hat, dass man um ihn weint. Weil es das Schlimmste ist, was Eltern passieren kann.

»Vielleicht konnte er genau deswegen gehen«, vermute ich.

»Ja, das habe ich auch so oft überlegt. Aber weißt du, immer habe ich zu ihm gesagt: ›Die Mama ist da…‹«

Ich kann Marens Schmerz spüren und bin ihr gleichzeitig unglaublich dankbar für ihr Vertrauen. Und ich wünsche mir, dass Sie, liebe Leserinnen, dieses Vertrauen ebenso zu schätzen wissen.

Nach einer langen Pause sagt sie: »Und weißt du, was das Schlimmste war? Als ich an diesem Abend ins Bett ging, habe ich das erste Mal in fünf Jahren meine Tür geschlossen und konnte ohne Angst einschlafen. Ohne Angst, dass mein Kind krampft, erstickt und qualvoll stirbt. Und erst da, in diesem Moment, habe ich gespürt, wie tief diese Angst in mir gesessen hat.«

»Wie konntest du am nächsten Tag wieder aufstehen?«

»Da war ja Maia. Ein Wesen, für das ich verantwortlich bin. Da hast du ja gar keine Wahl.«

Maren ging nur drei Monate später wieder arbeiten, als Erzieherin. Im Kindergarten haben wir uns im Übrigen auch kennengelernt.

»Ich hatte mir das für mich so zurechtgelegt: Louis hatte eine begrenzte Zeit. Wir wussten das. Dieser Abschnitt ist nun vorbei. Jetzt gucken wir nach vorne. Das war meine Taktik, so redete ich es mir und auch meiner Umwelt recht glaubhaft ein. Das führte dazu, dass viele sagten: ›Wahnsinn, wie stark sie ist.‹ Und irgendwann glaubte ich das selbst.«

»Was war mit der Kleinen?«

»Für Maia organisierte ich eine Art begleitende Gesprächstherapie. Es war mir wichtig, dass sie von Profis unterstützt wurde.«

»Dir hast du das nicht zugestanden?«

»Ich habe es schlicht nicht für nötig gehalten. Ich konnte auch nicht so richtig weinen. In meiner Kindheit war zwar Raum für Gefühle, aber bisher hatte ich mehr einen kreativen Zugang dazu. Aber das war scheinbar nicht genug.«

Maren hatte also von zu Hause zwar ein gutes Rüstzeug mitbekommen und dachte, dass dies für die extreme Situation ausreichen würde. Lange machte sie einfach weiter, bis dann sechs (!) Jahre später der große Knall kam. »Mein Körper zeigte Symptome, die mir keiner erklären konnte. Daraus entwickelte ich eine Art Wahn und bildete mir ein, die unterschiedlichsten Krankheiten zu haben. Teils entwickelte ich genau die Symptome und Schmerzen, die auch Louis gehabt haben musste.«

»Und dann?«

»Ab dann war mir klar, so geht das nicht weiter. Und sechs Jahre später entschied ich mich zu einer Therapie. Ich brauchte Hilfe.«

Maren hat aus eigenen Stücken erkannt: »Ich brauche Hilfe.« Sie hat sie nicht übergestülpt oder aufgezwungen bekommen, sondern sie suchte sie sich aus eigenem Willen. Die Techniken, die sie in ihrem Rucksack hatte, waren nicht ausreichend für diese Art von Schicksalsschlag.

»Vielleicht war ich es gewohnt, meine eigenen Gefühle hintanzustellen. Ich wusste es nicht anders. Vielleicht, wenn ich in der Kindheit einen anderen Zugang zu meinen Gefühlen gelernt hätte, vielleicht hätte ich es ohne Hilfe geschafft.«

Ja, vielleicht. Aber ist das nicht eigentlich völlig egal? Ist es nicht entscheidend, dass man, wenn es nicht mehr weitergeht, sich selbst eingestehen kann: So kann ich nicht weitermachen. Und laut Maren war diese Therapie ein Wendepunkt in ihrem

Leben. Sie hat neue Seiten an sich erkannt, einen ganz anderen Zugang zu ihren Gefühlen, und konnte so auch Louis' tragischen Tod anders einsortieren. Sie konnte durch professionelle Anleitung eigene Kräfte wecken und Techniken entwickeln, sodass sie nach all den Jahren Louis' Verlust verarbeiten konnte. Und nicht nur das. Sie sagt selber, dass sie durch diesen Wendepunkt in ihrem Leben, durch die Therapie, einen neuen Blick auf die Welt bekommen hat.

Und obwohl Maren so gute Erfahrungen in der Therapie gemacht hat, stülpte sie ihren Lösungsweg nicht Guido, ihrem Mann, über. »Guido hat einen anderen Zugang dazu. Und das ist völlig in Ordnung. Meine Lösung ist nicht universell gültig.«

Guido war selbst kurz davor, eine Therapie zu beginnen, hat sich dann aber – im Alter von fünfzig Jahren – zu einem beruflichen Neuanfang entschlossen. Er arbeitet jetzt mit Kindern zusammen, die in Bezug aufs Lernen besondere Bedürfnisse haben. »Ich glaube, dass das meine Therapie ist.«

Eine weitere, ganz wunderbare Stehauf-Regel: Auch im nicht mehr »jungen« Alter in sich gehen, überlegen, was macht mich glücklich, und dann den Mut zur Veränderung haben. Auch das ist ein Ausdruck von Selbstbestimmtheit.

Ich finde diese Geschichte deswegen so unglaublich wertvoll, weil sie zeigt, was Resilienz bewirken kann, aber auch, dass es manchmal einen Schicksalsschlag braucht, damit man erkennt, was in einem steckt. Louis ist gestorben. Keine Stehauf-Regel der Welt kann ihn wieder lebendig machen. Aber welchen Blick Maren und Guido auf die veränderte Realität haben, das hatten sie in der Hand. Natürlich heißt das nicht, dass Guido, Maren und Maia nicht zwischendurch unendlich traurig sind, es bedeutet nur, dass sie diese Traurigkeit zulassen. Ich habe größte Hochachtung vor der Familie. Und Maren, denn dazu kommt noch: Sie arbeitet wieder als Erzieherin. Und diesen Job macht sie mit Leib und Seele. Ich kann das beurteilen, denn ich hatte das große Glück, dass sie meine Kinder betreut hat. Und hätte sie nicht auch das Recht gehabt, genau diesen Job nicht mehr ausüben zu können?

Was hat diese Familie aus Louis' kurzem Leben mitgenommen?

• Dankbarkeit
  »Dieses ganz besondere Gefühl, das einem nur solche besonderen Kinder geben können, dafür bin ich unendlich dankbar.« Guido und Maren haben nie den positiven Blick auf das Geschehene verloren und können heute sogar sagen, dass sie dankbar sind für die gemeinsame Zeit mit Louis.
  Maren war ganz besonders dankbar für die Therapie. »Ich glaube, ohne Louis hätte ich nie so viel über mich selbst erfahren. Ich bin heute ein anderer Mensch und liebe mein Leben. Dafür bin ich auch dankbar.«
• Eine neue Lebenseinstellung
  Maren und Guido sind heute in der Lage, die Vergangenheit positiv einzuordnen. Sie haben nicht auf das Wunder gewartet, das Louis retten würde, sie haben das Wunder gesehen, dass sie Menschen waren, die so ein Schicksal tragen konnten.
• Gelassenheit
  »Wir leben ein Leben frei von äußeren Zwängen. Ich bin dankbar dafür, dass mir Nichtigkeiten scheißegal sind!«

Wir haben also von zwei Familien gehört, die ein ähnliches Schicksal auf unterschiedliche Weise verarbeitet haben. Die eine, indem sie den Verlust des eigenen Kindes ausgeblendet hat: kein Foto, kein Grab, keine Erinnerung. Und Guido und Maren, die die Erinnerung an Louis nicht scheuen, versuchen, sie in ihr Leben einzubauen und über ihn zu reden.

Gibt es ein Richtig und ein Falsch? Nein! Es steht niemandem zu, sich ein Urteil darüber zu erlauben, wie andere mit Schicksalsschlägen umgehen. Es gibt ebenso viele Schicksale wie

Möglichkeiten, damit fertigzuwerden. Solange diese Möglichkeiten dazu führen, dass man sein Leben zufrieden weiterführen kann, sind sie alle legitim, oder etwa nicht?

Was nehmen Sie aus dieser Geschichte mit?

_____

_____

_____

_____

Was wirklich zählt

Ich habe für dieses Buch mit vielen Menschen gesprochen, die Unterschiedliches erlebt und jeweils auf ihre ganz eigene Art und Weise mit Problemen, Krisen und Schicksalsschlägen umgegangen sind. Eins aber hatten sie gemeinsam: Alle haben aus ihrer Situation Gelassenheit und ein neues Gefühl der Stärke mitgenommen. Aber was genau ist damit gemeint?

Meine Mutter erzählt mir eines Abends: »Das erste Mal, dass ich mich getraut habe, Menschen zu sagen, wie ich zu ihnen stehe, war kurz nach der unheilbaren Diagnose meines Vaters. Am Tag darauf trafen wir Bekannte, und sie fragten mich: ›Du siehst aber schlecht aus, was ist passiert?‹, und ich erzählte es ihnen naiverweise. Ihr Kommentar war: ›Ja, und willst du jetzt mit sterben?‹ Früher hätte ich eine Faust in der Tasche gemacht, aber in diesem Moment schoss es einfach aus mir heraus: ›Ich habe keine Lust mehr, mit so taktlosen Menschen wie euch zu reden.‹ Ich drehte mich um und bin gegangen. Bis zum heutigen Tag verbringe ich mein Leben nur noch mit Menschen, über die ich mich nicht ärgern muss, weil mir dafür meine Zeit zu schade ist.«

Ähnliches sagte eine Freundin und Brustkrebs-Weggefährtin von mir. Nach ihrer Genesung warf sie ihren Job hin und machte endlich das, worauf sie schon immer Lust hatte: Mit knapp fünfzig ließ sie sich zur Tanztherapeutin ausbilden. Ich fragte sie: »Hast du keine Angst, dass du scheitern könntest?« Sie antwortete mit einem fast schon seligen Lächeln: »Wie könnte ich in etwas scheitern, das ich liebe?«

Auch Maren erzählt mir: »Früher habe ich geplant, was das Zeug hält. Jedes Familientreffen, jedes Fest wurde minutiös lange im Voraus durchgeplant. Das kann ich heute nicht mehr nachvollziehen. Ich lasse einfach alles auf mich zukommen und verderbe mir das Heute nicht durch das Planen für morgen.«

Und wenn ich von mir selber ausgehe, so ist die Gelassenheit wohl das größte Geschenk, das ich durch all die Widrigkeiten bekommen habe. Und das gleich in mehrerer Hinsicht.

Zum einen bin ich viel mutiger geworden. Wünsche, Pläne oder Ideen setze ich sofort um, wenn mein Bauch überzeugt ist. Ich stelle keine Businesspläne oder Kalkulationen auf, ich mache einfach. Fehler kann ich auch im Tun beheben.

Aber die wohl größte Art der Gelassenheit ist, dass wir uns – denn das trifft tatsächlich auf die gesamte Familie zu – von jeglichen gesellschaftlichen Normen befreit haben. »Das macht man so« ist aus unserem Wortschatz gestrichen.

Ein ganz simples Beispiel: Eine Woche bevor Max zur Kommunion ging, zogen wir um. Das alleine sorgte bei vielen Müttern in meiner direkten Umgebung schon für Herzrasen. »Hast du denn dann schon alles eingeräumt?«, fragte mich eine Mutter recht panisch.

»Das weiß ich doch jetzt noch nicht«, sagte ich wahrheitsgetreu.

»Ja, und wenn dann noch Kisten rumstehen?«

»Äh, ja, dann stehen die da.«

Verstehen Sie mich nicht falsch, ich habe es auch gerne schön, und natürlich haben wir Gas gegeben, dass alles pünktlich fertig wird, aber ja, es standen noch Kisten rum, und deshalb habe ich keinen Herzinfarkt bekommen. Weil ich nur noch Menschen einlade, die sich daran nicht stören. Und jeder, den es doch stört, der kann ja einfach draußen bleiben.

All unsere Lieben aus ganz Deutschland sind gekommen, wir haben das Buffet alleine gemacht (aber nicht, weil ich mir gerne Stress antue, sondern weil wir daran einfach Freude haben), und es war geplant, dass zwei Bekannte zwischendurch helfen, die Teller abzuräumen. Diese zwei Bekannten sagten per Telefon genau in dem Moment ab, als die ersten Gäste an der Tür läuteten. Ich gebe zu, da ging mein Puls doch ein bisschen schneller. Aber die Gäste waren nun schon da, die Kinder tollten im Garten, und nachdem Max die Gäste offiziell begrüßt hatte, sagte ich noch kurz: »Ihr Lieben, wir haben eine kleine Planänderung. Wir haben heute komplett Selbstbedienung, und wenn jeder seinen Teller auch wieder zurückbringt und vielleicht noch kurz abspült, dann wäre das super.«

Als Max abends im Bett lag, sagte er: »Mama, das war der schönste Tag in meinem Leben.« Und ich konnte das nur bestätigen.

Vielleicht macht »man« das nicht so. Vielleicht gehört es zum guten Ton unserer Zeit, sich Stress zu machen. Mir tun Menschen leid, die so leben. Einen Tag vor der Kommunion traf ich eine Mutter in der Kirche, die sich ganz schlapp neben mich setzte und sagte: »Bin ich froh, wenn das alles vorbei ist.« Und ich meine, solche Sätze relativ oft zu hören. Sei es in der Weihnachtszeit: »Bin ich froh, wenn der Stress endlich rum ist.« Und auch schon mal: »Bin ich froh, wenn die Kleine endlich krabbeln/laufen/reden kann.«

Mir tun diese Menschen leid, weil sie anscheinend nicht erkannt haben, dass nicht jeder Tag selbstverständlich ist und man auch einfach aus dem Stress aussteigen kann. Denn nur »weil man das so macht«, müssen wir doch nicht mitmachen. Wer sagt, dass Kommunionskinder einen steifen Anzug tragen und den ganzen Tag an einer langen Tafel still sitzen müssen? Die Großtante oder die Schwiegermutter? Die Gesellschaft? Max bekam von seiner Patentante eine Arbeitslatzhose geschenkt und tauschte diese ungefähr 3,4 Sekunden nach dem Auspacken gegen seinen Kommunionsanzug ein. Unsere Familienbilder von diesem Tag zeigen ihn in Arbeitshose. Ja und? Dafür wird er diesen Tag niemals vergessen. Was ist denn wichtiger? Gesellschaftliche Zwänge oder individuelles Glück?

Wenn Sie den Wunsch verspüren, aus der Reihe zu tanzen, dann machen Sie sich dazu schöne Musik an! Es entspannt ungemein und macht – zumindest aus meiner Sicht – unendlich glücklich.

Alle Normen unserer Welt wurden von Menschen gemacht, und wie man nicht gerade selten sieht: Menschen sind fehlbar. Meiner Meinung nach brauchen wir keine Menschen, die stupide Regeln befolgen, wir brauchen solche, die sie hinterfragen. Wir brauchen Träumer und Idealisten, die alles über den Haufen werfen, ihren eigenen Kopf nutzen und friedlich ihren eigenen Weg gehen.

Intensitätskiller

Wenn Sie plötzlich mit Ihrer eigenen Sterblichkeit konfrontiert werden, stellen Sie sich automatisch ein paar Fragen. Also, ich habe das zumindest getan. Übrigens: Streng genommen werden Sie jeden Tag, jede Sekunde mit der eigenen Sterblichkeit konfrontiert, aber das blenden wir zum Glück aus.

Ich habe mich damals gefragt: Wenn es das jetzt gewesen wäre, hättest du das Leben gelebt, das du wolltest? War es intensiv? Hast du jede Minute intensiv gelebt?

Die Antwort auf den ersten Teil der Frage war – Gott sei Dank: Ja. Aber auf die Frage nach der Intensität: Nein. Leider nein! Und selbst der Krebs hat es noch nicht gerichtet! Ich muss mich jeden Tag, jeden Moment immer wieder daran erinnern. Das wurde mir, mal wieder in einem Wartezimmer beim Arzt, schlagartig bewusst. Es war der Tag der Nachsorge. Diese wirklich schlimmen Termine, die jede Frau nach einer überstandenen Brustkrebserkrankung über sich ergehen lassen muss. Eine Facebook-Freundin von mir beschrieb das einmal so: »Es liegt nur an dem Wort: Nach*sorge*. Was für ein blöder Begriff. Nennt es doch einfach Nach*guck*.« Genial, oder? Es gibt einige solcher irreführenden Begriffe im medizinischen Bereich. Auch das Wort »Vorsorge« ist absolut unzutreffend. Als ob man in irgendeiner Art und Weise vorsorgen könnte, dass man nicht krank wird. Auch Nichtraucher und Hochleistungssportler erkranken an Lungenkrebs! »Früherkennung« trifft es besser. Jetzt werden Sie vielleicht sagen, das ist doch nun wirklich kleinkariert, sich an diesen Begrifflichkeiten zu stören. Ich zeige Ihnen aber, wie wichtig es ist: Genau ein halbes Jahr vor der Diagnose ging ich zur Vorsorge alias Mammografie alias Tittenquetsche. Alles unauffällig! Super! Wozu führte das? Ich begab mich in eine trügerische Sicherheit. »Ach, die Ultraschalluntersuchung kannst du dir dieses Jahr sparen. Du warst ja gerade erst bei der Mammografie ...« Wie gut, dass ich mir das Abtasten nicht gespart habe, denn sonst wäre ich jetzt vielleicht tot. Was ich Ihnen damit sagen will: Wörter, Begrifflichkeiten und Definitionen haben Einfluss auf unsere Gedanken. Und unsere Gedanken allein beeinflussen unser Handeln. Nach*sorge* und Vor*sorge* sind da nur Beispiele.

Zurück zu der Situation im Wartezimmer. Ich war also beim Nach*guck* und hatte natürlich: Angst! Sie war nicht auf dem obersten Level, aber das Kopfkino lief.

»Hallo, Frau Staudinger«, strahlte mich meine Ärztin an. »Wie geht's Ihnen?«

»Gleich wieder gut«, versuchte ich zurückzustrahlen. Meine Ärztin kennt mich. Sie weiß, dass ich vor der Untersuchung nicht wirklich zu einer Konversation fähig bin.

»Dann lassen Sie uns mal nachschauen.«

Es passierte das, was für immer gesunde Frauen kein Grund für erhöhten Herzschlag ist, bei »uns« aber für Adrenalin pur sorgt: Licht aus, Ultraschallgerät an, Gel auf die Brust. Alleine vom Schreiben wird mir unwohl. Was in diesen Momenten hilft, sind Sätze wie: »Alles gut! Nichts Auffälliges!« Das wollen, nein, das müssen wir hören, damit das Gras ungestört über die Sache wachsen kann. Was wir nicht hören wollen, ist der Satz: »Höchstwahrscheinlich Fettgewebsnekrose, aber wir müssen stanzen.«

Nach diesen Worten verlassen mich nahezu alle Erinnerungen. Es fühlte sich an wie damals. »Stanzen« reicht, um mich in ein Loch zu schubsen. Ich weiß nur, dass mir irgendeiner die ganze Zeit über das Gesicht gestreichelt hat, und ich weiß, dass die Ärztin alles gegeben hat. Sie versuchte verzweifelt, mich zu beruhigen, dass es ganz sicher nichts Schlimmes sei, das sei nur zur Sicherheit … Ja, ja, ich weiß, die Chance ist gering, in der Wahrscheinlichkeitsrechnung aber auch nur.

»Wir geben das sofort runter zum Schnellschnitt«, war alles, was sie mir anbieten konnte.

Das bedeutete für mich: dreißig Minuten warten. Allein. In einem Wartezimmer. Ein Häufchen Elend ist gegen mich ein Motivationsklecks. Und dort, in dieser Situation, sollte ich für mich erkennen: Du hast nicht intensiv genug gelebt. Und das, obwohl du schon Krebs hattest! Du hättest es besser wissen sollen. Und trotzdem hast du nicht jede Minute ausgekostet! Diese Erkenntnis war und ist bitter. Und richtig bitter war: Den Kindern könntest du noch mehr Zeit widmen. Und zwar uneingeschränkte Zeit. Ich hatte all die Momente vor mir, in denen ich zwar mit ihnen gespielt habe, aber das Handy neben mir lag! Ich war zwar da, aber nicht zu einhundert Prozent. Und in diesen Minuten schwor ich mir: Wenn ich jetzt noch mal die

Gelegenheit dazu bekomme, dann hat das ein Ende! Denn es bringt scheinbar nichts, die Prioritäten im Leben einmal zu richten, du musst es täglich, minütlich, immer wieder tun!
Ich sollte die Chance bekommen.
Knappe dreißig Minuten später kam die Ärztin, setzte sich neben mich und sagte: »Ich habe es doch nicht in der Hand, ob noch mal was kommt. Ich habe es nur in der Hand, es früh genug zu erkennen. Es tut mir leid, dass Sie so eine Angst hatten. Aber das ist mein Job. Es war nur eine Fettgewebsnekrose.«
Einen Tag später brachte ich für das ganze Team Blumensträuße ins Krankenhaus.

AUS!

Es ist das Handy. Das Smartphone, das uns die Achtsamkeit raubt! Nein, falsch: Es sind wir, die Benutzer, die sich alles klauen lassen.
Ich nehme mich davon nicht aus. Ganz im Gegenteil: Ich bin – bis zu einem gewissen Grad – großer Fan von sozialen Netzwerken. Sie waren in der schlimmsten Zeit meines Lebens meine Verbindung nach draußen. Der Zuspruch, den ich dort erfahren habe, hat mit zu meiner Genesung beigetragen. Auf Facebook & Co. habe ich ganz tolle Menschen kennen- und schätzen gelernt.
Aber das Smartphone kann einem auch alles nehmen.
Waren Sie in letzter Zeit mal auf einem Konzert? Kaum einer sitzt einfach nur da und genießt. Alle filmen das, was auf der Bühne geschieht. Sie halten den Moment also für später fest. Ohne zu wissen, ob es ein Später gibt! Sie sehen es durch das Display und nicht durch die Augen. Durch das Display erreicht die Musik aber nicht ihr Herz und nicht ihre Seele. Durch das Display erreichen wir nur die Follower. Durch das Smartphone sind wir unfähig, uns auf den Moment zu konzentrieren.

Jeder mutiert zum kleinen Star, und höchst privaten Momenten wird der Zauber durch das bloße Hochladen eines Fotos genommen. Die Gier nach Likes steht über dem Wunsch des bloßen für sich alleine Erlebens.

Auf irgendeiner Technikmesse wurde jüngst das unkaputtbare Smartphone präsentiert: Sie können es mit unter die Dusche und sogar mit zum Tauchen nehmen! Wie krank ist das? Kann ich nicht unter der Dusche stehen und das Wasser auf der Haut spüren? So ganz für mich allein? Oder muss ich das jetzt auch schon posten? Oder fünf Minuten später nachsehen, was meine Follower zu meinem letzten Post kommentiert haben. Und mir den Tag versauen, wenn irgendein Hater irgendeinen Mist schreibt?

Wenn ich an meine Kindheit zurückdenke, dann hatte ich das große Glück, meine Eltern uneingeschränkt für mich zu haben. Wenn wir gespielt haben, haben wir gespielt. Wenn ich auf einem Spielplatz war, hingen meine Eltern nicht am Handy, sondern genossen einfach die Zeit mit mir und schenkten mir ihre ungeteilte Aufmerksamkeit. Ich habe es ja schon gehasst, wenn meine Mutter mit dem Festnetzanschluss telefonierte! Sie war zwar »da«, aber dann doch irgendwie nicht. Wenn ich mich heute auf Spielplätzen umsehe, dann möchte ich die Mütter rütteln und schütteln. Ich muss es leider so in dieser Deutlichkeit schreiben. Ich möchte sie packen und ihnen ins Gesicht schreien: »*Verdammt!* Du darfst hier als gesunde Mutter sitzen, Zeit mit deinem gesunden Kind verbringen! *Nutze* sie! Leg das doofe Handy weg! Komm aus der Cyberwelt in die echte Welt und schau diesem Wunderkind zu, wie es diese Welt entdeckt.«

Wenn ich mit einem Gesprächspartner in einem Restaurant sitze und er die ganze Zeit auf sein Handy starrt, wie kommt das bei mir an? So als wünsche er sich, woanders zu sein. Als würde woanders eine coolere Party stattfinden. Ich bin erwachsen, aber will ich nicht wissen, welchen Eindruck das auf die

Kleinen macht? Es hat einen Grund, warum so viele Kinder heute zu »Problemkindern« werden. Der Grund liegt oft nicht bei den Kindern!

Da ich selber auch Smartphone-Besitzerin bin und soziale Medien nutze, da ich selber mein Handy als mobiles Büro benutze, da das Handy auch daran schuld ist, dass ich nicht am Rechner bleiben muss, sondern mit den Kindern in den Zoo gehen kann, gilt auch hier: Die Mitte macht's! Und ständiges, reflektiertes Handeln.

Als ich in dem Wartezimmer am Boden lag, da erkannte ich für mich folgende Stehauf-Regel:

- Komme den Intensitätskillern auf die Spur und finde einen neuen Umgang!

Daraus resultierte für mich persönlich:
- Keine Handynutzung im Beisein meiner Kinder! Ganz konkret: Wenn es klingelt, und damit ist *nicht* der Kurzmitteilungston gemeint, ja, ansonsten: *Finger weg!*
- Auf Sonntagsausflügen reicht ein Handy, und das muss nicht meins sein!
- Sonnenuntergänge wurden schon zuhauf fotografiert, das kriege ich gar nicht besser hin, also genieße ich den Moment!
- Nur weil alle Mütter auf dem Spielplatz in ihr Handy starren, ist das nicht normal! Merke: Die Mehrheit hat nicht immer recht!

Was sind Ihre STEHAUF-Regeln?

_____

_____

_____

_____

Wenn alle rechts gehen, schau wenigstens, warum es links so leer ist

Diese Regel resultiert aus der Erkenntnis: »Die Mehrheit hat nicht immer recht.« Man ist aber leider geneigt, der Masse einfach blind hinterherzulaufen, denn dann kann man den eigenen Kopf zumindest mal kurzfristig ausschalten. Dieses Phänomen kann man nicht nur fast immer und überall beobachten, man kann es sogar in den Geschichtsbüchern nachlesen …

»Äh, Mama, warum stehen die alle da und nicht hier?«, will mein Sohn an der Supermarktkasse wissen.

»Ich weiß es, um ehrlich zu sein, nicht«, antworte ich ihm. Wir beide hatten eine völlig leere Kasse entdeckt, aber dort standen wir alleine. Denn alle anderen stellten sich brav in die längste Reihe. Erst als die Kassiererin lautstark auf sich aufmerksam machte, trauten sich die Kunden an ihre Kasse. Manchmal sind wir Menschen wie Lemminge.

Ich habe es mir mittlerweile zum Hobby gemacht, ein Querschläger zu sein. Mein Lieblingsort zum Querschlagen: der Straßenverkehr. Das Prinzip, sich im Reißverschlussverfahren einzufädeln, mag sich zwar schon rumgesprochen haben, aber an der mutigen Umsetzung fehlt es dem Durchschnittsautofahrer doch sehr. Dabei ist es so einfach: bis zum Hindernis vorfahren und dann zügig einordnen. Wer unsicher ist, guckt sich noch mal seinen Hosenstall an, der ist nämlich prominenter Namensgeber dieses Systems. Es gibt verschiedene Verhaltensweisen, die ich als Vielfahrerin beobachtet habe:

- Die Variante: »Ich husch mal ganz schnell hier rein, dann bin ich schon mal drin.«
- Die Variante: »Ich ordne mich lieber schon jetzt ein, und das

mache ich am besten, indem ich einfach stehen bleibe und den Blinker setze.«

- Die Variante: »Ich bin todesmutig bis vorne hingefahren, aber jetzt warte ich auf eine persönliche Einladung, damit ich auch reindarf.«

Es kommt aber keiner mit einer persönlichen Einladung um die Ecke. Weder auf der Autobahn noch im Büro in Gestalt des Chefs mit einer Gehaltserhöhung. Das müssen Sie sich schon selbst holen. Zügig, freundlich, entschlossen und bestimmt. Versuchen Sie es mal im Straßenverkehr. Fahren Sie bis vorne hin, halten Sie *nicht* an, setzen Sie den Blinker, ordnen Sie sich ein und fahren Sie weiter. Tut nicht weh. Sie kommen schneller ans Ziel. Nur weil alle ein bisschen schwerfällig sind, müssen Sie es nicht auch sein. Seien Sie kein Lemming. Sie haben einen Kopf – benutzen Sie ihn. Der freut sich. Sie hinterlassen keine eigenen Spuren, wenn Sie anderen hinterhertrotten. Versuchen Sie was Neues. Und hören Sie dabei auf den besten Berater, den es gibt und der obendrein kostenlos und immer mit dabei ist: Ihr Bauch!

Ich glaube, dass unser Bauchgefühl, unser Instinkt, unsere innere Stimme – nennen Sie es, wie Sie wollen – uns ganz problemlos durchs Leben leitet. Nur hat der Bauch es so unglaublich schwer, gehört zu werden, wenn es drum herum so laut ist. Da sind die Stimmen der Erziehung, der Gesellschaft, der Medien … alles Geräusche, die uns sagen wollen, wie wir dieses oder jenes zu tun haben. Und wenn der Bauch dann doch mal einen Ton von sich gibt, meldet sich Ihr Newsticker zu Wort mit Tipps zu: »Wie Sie lästige Magengeräusche loswerden!« Cassandra Steen und Adel Tawil bringen diese Reizüberflutung in ihrem Lied *Stadt* auf den Punkt. Es ist zu viel, zu laut, zu grell, und es ist überall. Das finde ich auch. Die Kunst, zu sich zu kommen, zur Ruhe zu kommen, ganz ohne Medien, Ablenkung und sonstige Beeinflussungen. Je älter ich werde, desto größer spüre ich diesen Wunsch nach Ruhe, damit ich meinen Bauch hören kann. Damit wir es selber beurteilen können. Die Kunst, einen Schritt zurückzutreten und zu sagen: Ich habe alles gesehen und gehört, und jetzt muss ich mir mein eigenes Bild machen. Und wenn dieses Bild dafür sorgt, dass Sie ganz alleine links statt rechts herum gehen, dann ist das so!

Beam me up, Scotty!: Es lebe das Kopfkino

Max!«, rufe ich die Treppe hoch.
Keine Reaktion.
»Maa-aaax!«
Immer noch keine Reaktion.
»MAAAAAAAAAAAAAAAAAAAAAAAAAAAAAAAAAAAX!«, versuche ich in meinem unverwechselbaren »Ich zähle jetzt bis drei«-Ton.
»Ja, was denn?«, kommt er um die Ecke und sieht mich überrascht an, als hätte er bisher Kopfhörer auf den Ohren gehabt.
»Warum gibst du mir denn keine Antwort, wenn ich dich rufe?«
»Ich hab dich nicht gehört. Ich war mit Drache Kokosnuss unterwegs.«
Das war der Moment, in dem ich ihn ganz fest in den Arm genommen und mich aus tiefstem Herzen entschuldigt habe. »Mit Drache Kokosnuss unterwegs« heißt, er hat gelesen. In seiner eigenen Welt. Und was mache ich blöde Nuss? Ich sehe das nicht, unterstelle ihm, er würde mir nicht zuhören, und reiße ihn mit aller Gewalt aus seiner Phantasie. Soll mir nicht mehr passieren.

Mein großer Sohn ist in der Lage, sich völlig in eine andere Welt zu beamen. »Tagträumer« wäre da vielleicht der gängigste Begriff, ist aber irgendwie ein bisschen negativ behaftet. Für mich völlig zu Unrecht, auch wenn einen diese Tagträumerei manchmal in den Wahnsinn treiben kann.

»Schatz, wärst du so lieb und holst neue Milch aus dem Keller?«

»Mmmh.«

Fünf Minuten später.

»Wo ist denn die Milch, Max?«

»Hä? Woher soll ich das wissen?«

Oder aber bei den Hausaufgaben.

»Max, komm, konzentrier dich zehn Minuten, dann hast du es geschafft.«

»Was geschafft?«

»Na, die Matheaufgaben.«

»Ach so, ja klar.«

Nach zehn Minuten komme ich erneut in sein Zimmer, um zu sehen, ob er fertig ist. Stattdessen sitzt er an seinem Schreibtisch und starrt gegen die Wand.

»Und, kamst du zurecht?«

»Wobei?«

»Oooooh, Max, bei *Mathe!*«

»Sollte ich das machen? Aber, Mama: Wer hat eigentlich Diebe erfunden?«

Ich könnte jetzt an dieser Stelle darauf eingehen, wie wichtig ich das tatsächlich finde: dass Kinder ihre Neugier behalten und man sie darin unterstützt, die Welt zu hinterfragen. Aber darauf möchte ich nicht hinaus. Auch nicht darauf, dass er die Matheleidenschaft scheinbar von mir geerbt hat. Ich möchte auf die Technik des »Wegbeamens« hinaus.

Sich an einen anderen Ort zu zaubern. Natürlich können Sie jetzt mit weltfremd und mangelnder Konzentrationsfähigkeit kommen, aber ist es nicht ein Zeichen ganz besonders hoher

Konzentration, wenn man, nachdem man dreimal gerufen wurde, immer noch mit Drache Kokosnuss unterwegs ist? Könnte man das Verhalten von Kindern nicht mal unter dem Aspekt betrachten? (Das ist übrigens der Grund, warum wir uns für das Konzept der Waldorfschule entschieden haben!)

Und das Wegbeamen sollte mir auch in so manch anderer Situation wieder auf die Beine helfen:

»So, Sie bekommen hier diesen Notfallknopf in die Hand. Und wenn Sie Panik bekommen: einfach drücken. Aber bedenken Sie, dann müssen wir von vorne anfangen.«

Das waren die einleitenden Worte der Ärztin für das MRT. Schön in der engen Röhre, gute fünfundzwanzig Minuten bäuchlings liegen, stillhalten und flach atmen. Dazu einen Kopfhörer, damit das laute Knacken nicht ungehindert auf mein Trommelfell trifft.

Ich müsste lügen, wenn ich sagen würde, es hätte sich nicht zumindest kurz Panik breitgemacht. Es war die Kombination aus allem: kein Platz, flache Atmung, Angst, Dunkelheit …

»Aber wenn du jetzt den Knopf drückst, dann müsstest du den ganzen Kram von vorne mitmachen.«

Also habe ich es meinem Sohn Max gleichgetan und habe mich weggebeamt mit der Kraft der Gedanken.

Ich stellte mir in der Röhre Folgendes vor: Ich tanze auf einem Techno-Festival. Aber es ist so voll, dass ich nicht tanzen kann. Stattdessen stehe ich still auf der Tanzfläche und genieße in vollen Zügen die Beats. Ich muss dazu sagen, dass Techno echt nicht mein Ding ist. Aber zu enge MRTs sind es auch nicht. Und einen Tod muss man bekanntlich sterben.

Und, redete ich mir weiter ein, wenn du schon hier stehst und eh nix machen kannst, dann nutze doch die Zeit und überlege schon mal, was du nächste Woche kochst. Und das bei cooler Techno-Musik. Haste auch nicht alle Tage. Ob Sie es glauben oder nicht, es hat funktioniert. Die Panik konnte ich wegschieben und die äußeren Umstände irgendwie so in mein Hirn mit einbauen, dass ich sie mir für die paar Minuten zu eigen gemacht habe. Diese Technik hat auch bei der Ankündigung von Schmerzen geholfen. Nehmen wir zum Beispiel das echt nicht so schöne Drainage-Ziehen.

Wenn ich wusste, gleich wird dieser scheinbar meterlange Schlauch aus mir rausgezogen, habe ich mir vorgestellt: Ich gehe auf einer Blumenwiese spazieren, aber, Achtung: Hier können auch Brennnesseln sein, die piksen, aber nur ganz kurz! Ah! Da war eine und schon wieder vorbei. Und weiter geht's. Mir hat das wirklich geholfen, den Schmerz besser auszuhalten. Leider, leider funktioniert diese Technik aber nur, wenn ich unmittelbar selber vom Schmerz betroffen bin. Wie schlimm die seelische Pein einer Mutter ist, deren Kind vom Schmerz betroffen ist, durfte ich in einer vergleichbar harmlosen Situation merken: Mein kleiner Sohn Constantin lag, als er ein knappes Jahr alt war, über eine Woche mit einer Streptokokkeninfektion im Krankenhaus. Es war eine ernste, aber nicht lebensbedrohliche Situation. Das Antibiotikum kam intravenös, und er zog sich in einem Fieberkrampf den Zugang aus dem Arm. Bei einem so kleinen Kind eine Vene zu finden ist nicht gerade leicht.

Als der Arzt ihn zum siebten (!) Mal erneut stach und mein Sohn vor Weinen fast besinnungslos war, da hörte ich mich selber sagen: »Wenn Sie jetzt noch einmal danebenstechen, jage ich Ihnen die Kanüle durchs Auge, sodass sie hinten wieder rauskommt.« Ich hatte mich nicht unter Kontrolle. Und während Constantin so weinte und ich hilflos danebenstand, kniff ich mich selber so fest in den Unterarm, bis mir das Blut herausquoll.

In dem Moment erkannte ich: Solange ich selber die Betroffene bin, bin ich dankbar. Denn wenn mein Kind Schmerzen hat, ist es für mich um einiges schlimmer.

All den Eltern da draußen, die mit ihrem Kind durch eine schwierige Zeit müssen, die um das Leben ihres Kindes bangen, möchte ich an dieser Stelle meinen tiefsten Respekt ausdrücken. Das, was Sie durchmachen müssen, ist nicht in Worte zu fassen. Und wenn Sie so eine Familie im Freundes- oder Bekanntenkreis haben: Bitte bringen Sie größtmögliches Verständnis auf und wenden Sie sich nicht ab.

Es mag Tage geben, an denen Ihnen das Verhalten solcher Eltern merkwürdig vorkommt. Ja, es mag Tage geben, da wissen Sie nicht, wie Sie mit der Familie oder betroffenen Person umgehen sollen. Ich kann Ihnen nur sagen, wie schwierig es bei mir war. Wenn mich meine Freundin anrief und fragte: »Soll ich vorbeikommen? Willst du quatschen?«, da war ich in dem Moment fest davon überzeugt, dass das eine gute Idee war. Stand sie fünf Minuten später vor der Tür, wollte ich sie nicht mehr sehen. Menschen in Ausnahmesituationen verhalten sich oft nicht nachvollziehbar. Das hat aber nichts mit Ihnen zu tun. Wenn Sie für sie da sein wollen, dann bleiben Sie dran und in Kommunikation.

STEHAUF-Regeln:

- Kopfkino kann man auch positiv nutzen.
- Auf Wiedersehen! Ich bin weg in meiner eigenen Welt: Alles gut, man kennt mich da!
- Wenn man um etwas nicht drum herumkommt: Augen zu und durch!
- Auf jeden Fall nicht den Arzt attackieren!
- Um Hilfe bitten. (Mein Mann meinte damals zu mir: »Warte du besser draußen, du hilfst so niemandem!«)

Welches sind Ihre Lieblingsfilme im Kopfkino?

_____

_____

_____

_____

»Nein! Nein! Nein! Vielleicht! Nein!«: Traumjob Verkäufer

Schreiben war nie mein Traum. Also jetzt schon. Jetzt finde ich es super. Aber ich kam ja nun auch durch einen schlimmen Schicksalsschlag dazu. Und davor hatte ich einen ganz normalen Beruf. Als gelernte Verlagskauffrau arbeitete ich ziemlich genau zehn Jahre lang als Anzeigenleiterin. Auf meiner Visitenkarte stand »Advertising Sales Director«, was natürlich wahnsinnig wichtig und so viel besser klang, aber die Wahrheit war: Ich habe Anzeigen verkauft. Kein Job, für den man sich schämen muss. Aber ein Job, in dem man ein wahrhaftiges Stehaufmännchen sein muss.

Ich hatte zwar das große Glück, immer tolle Magazine vermarkten zu dürfen, aber ich erzähle Ihnen bestimmt nichts Neues, wenn ich Ihnen sage, dass der Printmarkt die letzten Jahre nicht unbedingt zu den Gewinnerbranchen zählte. Immer auf mein Umsatzziel zu kommen war daher alles andere als leicht. Es gab Wochen, da hörte ich fünfhundert Mal »Nein«, ehe ich ein »Vielleicht« oder geschweige denn ein »Ja« zum Auftrag hörte. Wenn man den Job zu nah an sich ranlässt, dann ist jedes »Nein« ein Scheitern. Und wenn Sie so oft an einem Tag scheitern, dann ist das Aufstehen ein Hochleistungssport. Wenn man aber liegen bleibt, dann kann man den Job auch gleich an den Nagel hängen. (Was ich dann ja schlussendlich auch gemacht habe, wenn auch aus anderen Gründen.) Wie schafft man es also, sich immer und immer wieder aufs Neue zu motivieren? Und das auch noch authentisch, freundlich und nicht aufgesetzt, denn das merken die Kunden am Telefon sofort.

Es geht nur mit Ausblendung und Fokussierung. Es geht nur, wenn das Vergangene für das Hier und Jetzt keine Rolle spielt.

Soll heißen: Vor jedem Telefonat musste ich mich quasi selber neu starten und so tun, als sei es mein erstes Verkaufsgespräch an diesem Tag. Und das immer und immer wieder. Kunde Müller durfte am Telefon niemals merken, dass mir Kunde Schmitz, Meier und Schultz zuvor schon abgesagt hatten. Aber wie macht man das?

Das Allerwichtigste ist, dass Sie von dem, was Sie verkaufen, oder von dem, was Sie tun, überzeugt sind! Und dass Sie überzeugt davon sind, dass es für Ihren Kunden genau das Richtige ist. Dann ist es nämlich kein Verkauf, sondern ein persönlicher Gefallen, den Sie dem Kunden tun: nämlich ihm Ihr Produkt ans Herz zu legen. Und wenn Sie davon wirklich überzeugt sind, dann können Sie die Absagen auch anders einordnen.

Am Anfang meiner Ausbildung lernte ich Argumente für die klassischen Einwände auswendig. Das ist mit Sicherheit eine gute Grundlage, aber sie überlagert maßgeblich das, was für den Verkauf so wichtig ist: das Zuhören. Und zwar das aktive Zuhören! Es gibt das Zuhören mit der »Ich weiß eh schon, was kommt«-Einstellung, und es gibt das aufrichtige Zuhören, wenn man wirklich wahrnimmt, was der Kunde zu sagen hat. Denn aus meiner Erfahrung kann ich Ihnen sagen: In dem, was der Kunde sagt, liegt Ihr Verkaufsargument. Nicht immer, aber immer wieder! Und Zuhören hat noch einen Vorteil: Wenn Sie Ihren Kunden verstehen, dann wissen Sie auch, was er möchte, und dann können Sie sich achtzig Prozent der Anrufe sparen. Dann reicht der eine maßgeschneiderte Anruf, um ein »Ja« zu hören!

Als ich damals drei Magazine zum Verkauf übernahm, gab es eine Excel-Übersicht mit Kunden und offenen Angeboten. So konnte man mit einem Knopfdruck sehen, wie viele Angebote wann gemacht worden waren und wie viel Prozent davon in Aufträge umgewandelt wurden. Meine erste Handlung war, diese Liste links liegen zu lassen. Denn wozu führt das?

- In der Zeit, die mich das Ausfüllen kostet, habe ich zwei Telefonate geführt (und als sogenannte Teilzeitkraft weiß man um die Bedeutung der Produktivität!).
- Dahinter verbarg sich eine »Ich kann nichts dafür«-Haltung und damit eine passive Einstellung des Verkaufsteams. Es wurden nämlich wahllos Angebote gemacht, damit man sagen konnte: »Schau her, ich arbeite mir die Finger wund und mache Angebote ohne Ende, aber die Kunden sagen alle ab!« Natürlich mag das mitunter zutreffen, was mir daran aber missfällt, ist der Fokus. Es kommt doch nicht darauf an, wie viele Angebote ich mache, sondern dass ich die richtigen mache!

Wenn Sie Ihrem Kunden – und das ist branchenunabhängig! – aufrichtig zuhören und der Ihnen erzählt, dass das Weihnachtsgeschäft ganz von alleine läuft, dann wissen Sie, dass Sie ihm wirklich eine Freude mit antizyklischer Werbung machen. Den brauchen Sie dann zur Weihnachtsausgabe schon mal nicht anzurufen. (Es sei denn, Sie kriegen es hin, dass er Sinn und Zweck von Imagewerbung und rückwirkender Verkaufsbestätigung versteht. Wenn Sie ein gutes Verhältnis zu ihm haben, kann das die Krönung eines Verkaufsgespräches sein!)
Wenn Sie das beherzigen, dann sind Absagen keine Absagen, sondern nur ein Verschieben auf einen anderen Zeitpunkt. Sie ordnen für sich selbst dann ein Gespräch ohne Auftrag anders ein. Es ist keine Niederlage, sondern eine Wiedervorlage. Es ist wie der Reset-Knopf, aber mit einem Smiley drauf.
Und wenn mein Chef um die Ecke kam und fragte: »Hat der Kunde XY gebucht?«, war meine Antwort nicht: »Nein«, sondern: »Für die aktuelle Ausgabe nicht, aber danach kommen ja auch noch welche.«

Ich habe während dieser Zeit für mich folgende
STEHAUF-Regeln erkannt:

- Betrachte jeden Kunden, jedes Telefonat alleine für sich!
- Kunde Müller weiß nichts von Kunde Meier, und es interessiert ihn auch nicht!
- Gib jedem Telefonat die Chance, das beste an diesem Tag zu sein!
- Und dafür blende das von eben aus und denke noch nicht an das nächste!

Ihre eigenen STEHAUF-Regeln:

_____

_____

_____

_____

Erkennen Sie die letzte Regel?

Es ist eine der Regeln, die man am häufigsten liest und hört. So oft, dass man über deren Bedeutung oftmals einfach hinweggeht. Die wichtigste Regel im Leben, wenn Sie mich fragen, lautet: Carpe diem oder auch:

Mit dem Buckel von gestern und den Sorgen von morgen ist das Heute unbrauchbar

Lesen Sie die Überschrift am besten noch mal. Und noch mal. Nur um auf Nummer sicher zu gehen.

Jeder von uns ist vorbelastet. Der eine hatte eine schwere Kindheit, der andere musste vielleicht eine schmerzliche Trennung durchleben, wieder andere müssen einen schweren Verlust verarbeiten. Die Liste der Buckel ist lang, vielfältig und individuell. Kleine Niederlagen kratzen ebenso am Selbstbewusstsein wie große Schicksalsschläge die gesamte Welt ins Wanken bringen.

»Mama, da passt du doch niemals rein!«, warnt mich mein Sohn vom Rücksitz aus.

»Schatz, wenn du mal selber den Führerschein hast, dann darfst du deinen Senf gerne dazugeben«, gebe ich Phrasen-Mutter als Antwort von mir.

Ich bin mit den Kindern unterwegs zu einem mir noch unbekannten Schuhgeschäft und suche einen Parkplatz. Der ausgeschilderte Stellplatz kommt mir, zugegeben, auch sehr schmal vor, aber das Schild wird schon seine Berechtigung haben. Denke ich, während ein wirklich fieses Geräusch erklingt. Mein erster Gedanke: Krass, das klingt wie die Titanic, als sie den Eisblock rammte. Es war aber kein Eisblock und auch kein Luxusdampfer. Es war mein nigelnagelneues geleastes Auto, das gepflegt die weiße Steinmauer knutschte.

Ich fahre seit 2001 Auto, noch *nie* einen Neuwagen, immer bodenständige, gebrauchte und leicht verdöschte Japaner. Mit denen ist mir das *nie* passiert. Und dann habe ich einmal so ein schickes Teil unterm Hintern und schwups …

Max' Kommentar folgt sofort: »Ich sag da nix zu, Mama!«

»Besser nicht.«

Auch hier gilt natürlich die Regel: »Du kannst durchatmen, es ist schon passiert«, aber soll ich Ihnen was sagen: Regeln sind auch manchmal zum Brechen da.

Ich kann die Worte, die mir entglitten sind, gar nicht aufschreiben, vermutlich würden Sie sie auch gar nicht verstehen, denn sie waren in tiefstem Kölsch, und die Lektorin würde sie sofort wieder löschen. Aber ich sage es Ihnen ganz ehrlich: Ich habe mich so geärgert! Auch noch ein Leasing-Fahrzeug. Ja, ja, Vollkasko, werden Sie jetzt sagen. Stimmt ja alles, aber ich habe mich trotzdem geärgert.

Und als wirklich erfahrene Vielfahrerin, was für eine Schmach! Eine Wand! Beim Rückwärtseinparken! Das erfüllt wirklich jedes Klischee. So was passiert mir einfach nicht.

Was macht so was mit einem? Oder falsch, was macht das mit mir?

Ich war für eine gewisse Zeit tatsächlich unsicher im Einparken. Bilde ich mir normalerweise ein, ein gutes Augenmaß zu haben, war ich durch meine kleine Niederlage eingeschüchtert und verunsichert. Eine Zeit lang habe ich mich nicht mehr in enge Parklücken getraut, von Steinmauern ganz zu schweigen.

Ich finde, dies ist ein gutes Beispiel, was Scheitern mit uns macht. Genauer: was unsere eigenen Gedanken mit uns machen. Denn aus meinem Umfeld kamen ausschließlich Kommentare wie: »Ist mir auch schon passiert«, oder: »Ärgerlich, aber das passiert jedem mal.« Hat mir nicht geholfen, es völlig abzuschütteln.

Mit dem Buckel von gestern und den Sorgen von morgen ist das Heute unbrauchbar. Gestern bin ich gegen die Mauer gefahren. Heute habe ich den Schaden, muss in die Werkstatt, dem Leasingpartner Bescheid geben … alles kleine Alltagssorgen. Und die Angst vor morgen, dass mir das wieder passiert.

Ein harmloses Beispiel. Es geht nur um ein Auto. Nicht um Leben und Tod.

Für immer Angst?

Es war der einzige Termin, vor dem ich wirklich keine Angst hatte. Ich würde sogar so weit gehen, dass es ein Tag war, dem ich mit Freude entgegensah: dem Abschlussgespräch im Brustzentrum. Nach Chemotherapie, Mastektomie und Bestrahlung der letzte Termin mit meinem behandelnden Arzt. Miss Naiv dachte nämlich, dass es sich so zutragen würde:
»Die Behandlung hätte besser nicht laufen können, und Sie waren so tapfer. Sie sind sicher und bekommen nie mehr Krebs! Wir wünschen Ihnen ein schönes Leben. Auf Nimmerwiedersehen.«
Dementsprechend locker und leichtfüßig betrat ich zusammen mit meiner Mutter – die komischerweise so gar nicht leichtfüßig unterwegs war – das Behandlungszimmer.
Ich kann das Gespräch nicht im Wortlaut wiedergeben, weil ich mich nach einer Minute gedanklich ausgeklinkt habe. Als ich die Worte »Oberbauchschmerzen … Lebermetastasen … Knochenschmerzen … gefährlich …« hörte, wollte ich fluchtartig den Raum verlassen. Meine Mutter ergriff irgendwann das Wort: »Herr Doktor, Sie müssen das sagen, oder? Auch wenn es gänzlich unwahrscheinlich ist, oder?«
»So ist es. Wir gehen nicht davon aus, weil ja alles super verlaufen ist, aber ich muss Sie ja auch aufklären.«
Mit Tränen in den Augen und gebeugtem Rücken verließen wir die Praxis, und es sollte viele Tage dauern, ehe ich mich wieder aufrichtete.
Meine Mutter kannte diese Art der Gespräche von ihrem Berufsalltag und war daher nicht so überrascht wie ich. Ich hingegen war geschockt. Natürlich weiß ich um die Gefahr einer Brustkrebserkrankung, aber ich will sie doch bitte nicht hören.
Und da ist es wieder: mit dem Buckel von gestern …
Meine Welt war mit der Diagnose in Trümmern, nichts war von da an mehr so wie vorher. Und natürlich hat man täglich

Sorgen, Ängste und Nöte. Wenn die Zukunft dann aber auch noch in eine dunkle Wolke gehüllt wird, wie soll man denn dann morgens aufstehen? Wie soll man denn nur einen einzigen Tag noch genießen können? Unbeschwert, glücklich, angstfrei?

Also ging ich auf die Suche nach einer Stehauf-Regel für die Buckel von gestern. Und ich ging nicht alleine auf die Suche. Ich holte mir professionelle Hilfe in Form einer ganz wundervollen Therapeutin. Und richtig gute Therapeuten kommen nicht mit Ratschlägen um die Ecke, die lassen einen selber darauf kommen. Mit Anleitung.

Jetzt bin ich ja bekanntermaßen keine Therapeutin, aber eine gute Beobachterin, und daher möchte ich, dass Sie jetzt erst einmal selber überlegen, was es für Möglichkeiten gibt, seine Buckel von gestern nicht mit ins Morgen zu nehmen.

Ich verrate Ihnen erst später, welche Techniken ich gefunden habe.

Ihre eigenen STEHAUF-Regeln:

_____

_____

_____

_____

Gehör schenken oder nicht

Es war ein knappes Jahr nach abgeschlossener Behandlung, und ich war mit meinem ersten Buch *Brüste umständehalber abzugeben* auf Lesereise. Ein großes Brustzentrum hatte mich zu einem Vortrag eingeladen.

»Ach, wie schön, dass Sie auch hier sind«, ertönt eine überaus freundliche Stimme neben mir. Es war die Vorsitzende einer Selbsthilfegruppe, die als Aussteller an diesem Patiententag teilnahm. Wir hielten einen kleinen Small Talk von Betroffener zu Betroffener, bis sie plötzlich sagte: »Aber jetzt sagen Sie mal, wie lebt es sich denn mit so einem Damoklesschwert, das über einem schwebt?«

Da konnte die Schlagfertigkeitsqueen mal zeigen, was sie kann: nämlich nix! Baff war ich. Und irgendwie getroffen. Sie musste mir das angesehen haben, und trotzdem oder vielleicht sogar gerade deswegen schoss sie noch einmal nach: »Na ja, ich meine wegen dem BRCA-Gen. Da kann man sich ja nie, aber wirklich nie sicher sein, wo gerade wieder was wächst.«

Das Verrückte an der Sache war: Sie war selber Trägerin dieses Brustkrebs-Gens, aber sie sprach darüber, als ob sie aus der ganzen Geschichte raus sei.

Ich hatte meinen Schutzschild ganz entspannt zu Hause liegen lassen, und daher traf mich dieser Satz mitten ins Herz. Die ganze frisch verheilte Wunde riss wieder auf, und ich spürte diesen Angstkloß im Hals.

Als Damoklesschwert hatte ich – Frau Schönrednerin – nämlich das Gen noch nie gesehen. Eher als Geschenk. Denn mit diesem Gen kommen ein paar Lösungsansätze, wie zum Beispiel die Möglichkeit zur Mastektomie, frei Haus.

Ich rief mir das Gespräch mit der Fachärztin in Erinnerung und versuchte verzweifelt, mich daran zu erinnern, ob ich irgendwas vergessen hatte. Hatte sie mir damals auch was von anderen Krebsarten gesagt? Brust- und Eierstockkrebs ja, aber habe ich sonst noch ein höheres Risiko? Habe ich was verpasst? Sollte ich, statt auf einer Lesung, vielleicht lieber bei der Darmkrebsvorsorge sitzen? Ganz automatisch merke ich meine Finger über alle spontan erreichbaren Lymphen gleiten. Frau Dr. Staudinger tastet sich selber ab. Drei Minuten vor ihrem Auftritt. Ganz toller Zeitpunkt.

Ich habe den Vortrag zwar gut hinbekommen, aber ich habe ihn nicht genossen. Ich wollte nur weg. Am liebsten nach Hause, aber das ging nicht, die Lesereise hatte gerade erst angefangen.

Was war passiert?

Diese Dame hat mich – absichtlich oder nicht sei jetzt mal dahingestellt – an einem extrem wunden Punkt in einer extrem unpassenden Situation getroffen. Ein halbes Jahr nach so einer Geschichte ist die Seele noch sehr verwundbar und die direkte Konfrontation in einer klinischen Umgebung schwierig. Dazu kam, ich blöde Nuss gehe immer von mir aus. Wenn ich mit Betroffenen rede, versuche ich – ob es mir gelingt, weiß ich nicht – immer, Mut und Zuversicht zu vermitteln. Weil ich weiß, wie wichtig das in einer solchen Situation ist. Und gleichzeitig würde ich niemals Kommentare zur Behandlung oder Prognose abgeben, ich bin doch kein Arzt. Naiverweise wünsche ich mir dies natürlich auch von meinen Gesprächspartnern, und noch naivererweise hätte ich gedacht, dass die Vorsitzende einer Selbsthilfegruppe das von Natur aus weiß. Wusste sie nicht. Zumindest nicht für meine Ohren.

Ich stürzte in ein so tiefes Loch, dass ich nach jedem Strohhalm griff, der mir in die Quere kam. Ich rief eine befreundete Leidensgenossin an und fragte sie, ob sie etwas von weiteren Risikogruppen wüsste. Negativ.

Schlussendlich schickte ich aus dem Hotelzimmer eine E-Mail an meine Ärztin aus dem Gen-Institut. Sie rief mich direkt zurück und sprach die erlösenden Worte: »Ach, Mensch, wer hat Sie denn da so durcheinandergebracht?«

Ich erzählte ihr alles und fragte zum Schluss: »Wissen Sie, bei unserem Gespräch damals, vielleicht war ich da so durch den Wind, dass ich was nicht mitbekommen habe. Ich will nichts versäumen, wissen Sie …«

»Sie versäumen nichts, und Sie haben alles richtig mitbekommen. *Wir* informieren Sie, sobald wir aus der Forschung neue Ergebnisse haben. Frau Staudinger, Sie haben alles gemacht, und jetzt kommt der wichtigste Part: das Leben genießen.«

Ihre Worte wirkten wie ein Schnuller auf mich. Ich sog an ihnen wie ein Baby und spürte, wie dieser Druck von meiner Seele genommen wurde.

Meine STEHAUF-Regel:

• Überprüfen Sie die Personen, denen Sie Gehör und Glauben schenken!

Mir sollten ähnliche Situationen noch zuhauf passieren, aber keine von denen schickte mich zurück in das Loch. Dank dieser Technik konnte ich so etwas ab sofort besser einordnen.

Übrigens, Sie bekommen auch mit dieser Technik keine Antwort darauf, warum derjenige das jetzt gerade gesagt hat. Das interessiert mich bei Personen, die mir nichts bedeuten, aber auch nicht. Ich muss an dieser Stelle leider so egoistisch sein und auf mein eigenes kleines Seelenheil achtgeben.

Ihre eigene STEHAUF-Regel:

_____

_____

_____

_____

Der feine Unterschied: Vom Umgang mit Kritik

Wenn ich dir einen Rat geben darf: Lies nichts über dich«, riet mir eine befreundete Autorin, mit der ich auf dem Weg zu einer gemeinsamen Lesung war.

»Nee, natürlich nicht«, grinste ich sie halb überzeugt an. »Sag mir nicht, dass du das schaffst.«

»Doch, mittlerweile schon«, antwortete sie. »Mich machen schlechte Kritiken immer so fertig.«

»Keine Ahnung, was du meinst. Als ich die letzte schlechte Bewertung gelesen habe, habe ich nur drei Tage zum Tränentrocknen gebraucht«, antwortete ich ihr ironisch.

Da sind wir wieder bei: Überprüfe die Menschen, denen du Gehör und Glauben schenken willst.

Stellen Sie sich bitte Folgendes vor: Sie halten in Ihrem Job eine nicht unwichtige Präsentation. Sie arbeiten in einem großen Konzern, und Ihr Publikum besteht aus nicht weniger als hundert Zuhörern. Ihr Vortrag ist super. Fantastisch. Ihre Kollegen, so sehen Sie das zumindest, sind begeistert. Ein paar Stunden später bekommen Sie auf dem Flur folgendes Gespräch mit: »Das war ja ganz nett, aber ist dir schon mal aufgefallen, dass sie immer den gleichen Gag am Anfang benutzt? Das nervt so dermaßen.«

»Ach stimmt«, sagt der Kollege, »jetzt, wo du es sagst ...«

Was geht dabei in Ihnen vor? Bitte seien Sie ehrlich zu sich. Ich vermute, Ihr Gefühl hängt stark von Ihrem Geschlecht ab.

Liebe Damen, Hand aufs Herz, wenn Sie ganz ehrlich zu sich selbst sind, glauben Sie, Sie würden diesen Gag – denn Sie wissen genau, welcher gemeint ist, der Gag, von dem Sie glaubten, er sei lustig – noch mal benutzen? Und damit wären wir beim Casus knacksus. Das macht Kritik mit uns. Sie verunsichert.

Sie haben zwei von hundert Kollegen gehört. Ich bin keine Leuchte in Mathe, aber ich weiß, dass das rein prozentual echt wenig ist. Ich vermute, dass Wissenschaftler sagen würden: eine verschwindend geringe Menge. Aber Sie haben es gehört. Und es bleibt in Ihrem Kopf. Vergessen sind die achtundneunzig anderen, denen der Gag gefiel. Der Fokus liegt jetzt auf den ein bis zwei, die es vielleicht nicht so lustig fanden. Überlegen Sie sich gut, wem Sie Gehör schenken. Und das fängt schon damit an, dass Sie vorher selektieren müssen, wem Sie zuhören. Das ist das, was meine Freundin mit »Lies nichts über dich« meinte. Ich kann mit anonymer vernichtender Kritik ganz schlecht umgehen. Mit konstruktiver Kritik schon. Wenn Sie von Menschen kommt, von denen ich weiß, dass sie mir nichts Böses wollen und mir wohlgesinnt sind. Wenn meine Lektorin zum Beispiel sagt: »Toll, das Manuskript hat schon sehr viel Gutes.« Und sie schickt mir meinen Text mit vierhundert Anmerkungen – pro Seite (!) –, dann ist das eine Kritik, die mich nach vorne bringt. Sie ist weder destruktiv noch verletzend. Und: Niemand ist unfehlbar. Natürlich müssen wir kritikfähig bleiben. Aber eben nur, wenn die Kritik von Menschen kommt, die uns etwas bedeuten oder die uns weiterhelfen wollen.
Alles andere bringt uns nur zum Scheitern. Und es schwächt unser Bauchgefühl. Denn dieses Bauchgefühl war nach Ihrem Vortrag doch super. Die zwei Kollegen, denen Sie zugehört haben, die sind schon rein statistisch gesehen nicht relevant. Geschweige denn, wenn Sie von den anderen beklatscht wurden. Nach einem TV-Auftritt habe ich mal den großen Fehler gemacht und habe mir die Facebook-Kommentare zur Sendung angesehen. Ganz ehrlich? Das geht für mich gar nicht. Ich lese nicht die Hunderten netten Sachen, nein, ich sehe den einen Kommentar: »Die sollte lieber mal über den BMI statt über Schlagfertigkeit reden!« (O-Ton). (Sie sehen, ich habe es nicht vergessen!) Es hat mich verunsichert und natürlich an der Achillesferse getroffen. Schade, denn ich habe mich eigentlich

während des Auftritts sehr wohlgefühlt, und von geplatzten Bildröhren ist mir auch nichts bekannt.

Ich habe es abgeschüttelt – aber nicht vergessen! Der kleine Funke im Hinterkopf bleibt. Auch wenn der Kollege »Der Gag geht gar nicht« sagt.

Das Problem bei vernichtender Kritik ist: Sie führt dazu, dass Sie unter Ihren Möglichkeiten bleiben und sich nicht trauen zu fliegen. Und je mehr Menschen Sie erreichen, desto mehr Menschen wird es geben, die Sie doof finden. Zwei Prozent von hundert sind nur zwei Menschen, zwei Prozent von tausend sind aber schon zwanzig.

Meine STEHAUF-Regel bei vernichtender Kritik:
- Weghören. Wegsehen. Löschen.
- Und die weise Erkenntnis: Es wird nur der angegriffen, der den Ball hat!

Zum Abschuss freigegeben

Kennen Sie noch die guten alten TV-Formate mit Rudi Carrell oder Peter Alexander? Da ging bei uns zu Hause nix mehr. Das Telefon wurde ausgehängt, und die nächsten neunzig Minuten saßen wir wie festgeklebt vor den Bildschirmen.

Jetzt versetzen Sie sich bitte mal in Peter Alexander. Der hat seine – Sie merken, ich bin grenzenlos nostalgisch und kitschig – Show gemacht, wurde vom Publikum beklatscht, ging heim und bekam am nächsten Tag die Quoten. Dann kam vielleicht der Senderchef und hat entweder »super« oder »nicht so super« gesagt. Vielleicht hat sich der ein oder andere Zuschauer auch die Mühe gemacht, an den Sender einen Brief zu schreiben, wenn er etwas auf der Seele hatte. Das wurde dann mit Sicherheit erst von der Redaktion gefiltert, ehe es der Herr Alexander zu lesen bekam.

Das führte dazu, dass so große Künstler völlig aus sich heraus agierten. Rudi Carrell hat das Fernsehen zu seiner Zeit geprägt, und sein Bauchgefühl hat dabei bestimmt eine große Rolle gespielt. Ich glaube nicht, dass er jedem Kritiker zugehört hat. Und wenn tolle Menschen Tolles entwickeln, dann kommt dabei Tolles heraus. Zumindest für die jeweilige Zielgruppe. Das Produkt sucht sich die Zielgruppe. Wem es gefällt, der schaut hin, wem nicht, der schaltet ab. Wenn es ganz schlecht läuft, dann wird die Sendung eingestellt.

Wissen Sie, wie es heute ist? Heute werden die Entertainer (falls es denn noch welche gibt) zum Abschuss freigegeben. Jeder Hanswurst kann dank der anonymen sozialen Netzwerke seinen Senf dazugeben. Immer und zu jeder Zeit. Die Hanswurste gab es natürlich schon immer, aber die hatten kein Sprachrohr. Der Künstler hat sie nicht gehört. Heute bekommen Menschen in der virtuellen Welt eine Stimme, die in der realen gar keine haben.

Ich habe kein Insiderwissen oder so, aber mir kommt es so vor, als würde mancher Künstler aus Angst vor Kritik mit angezogener Handbremse unterwegs sein. Jeder hat Angst davor, jemand anderem auf die Füße zu treten. Political Correctness ist das Gebot der Stunde. Ich behaupte, dass dahinter die ständige Angst vor dem Scheitern steht. Immer auf der Hut zu sein, dass es jemandem nicht gefallen könnte. Anstatt sich auf diejenigen zu konzentrieren, denen es gefällt.

Übrigens: Wenn Sie sich jetzt zurückgelehnt haben und sagen: »Genau! Immer diese böse Kritik. Die ist schuld daran, dass ich nicht über mich hinauswachse«, dann gehen Sie bitte mal ins Badezimmer vor den Spiegel. Schauen Sie der Person, die Sie jetzt sehen, tief in die Augen und fragen Sie sie ehrlich: Wie oft habe ich denn schon Menschen kritisiert? Meinen Mann, Kollegen oder meine Kinder?

Bitte seien Sie ehrlich zu sich …

Ihre eigene STEHAUF-Regel:

_____

_____

_____

_____

Heute so, morgen so

Nicht schon wieder eine blöde Eins!«
»Hahaha, Mama würfelt nur Einsen!«
»Oh, Mann«, meckerte ich bei der nächsten Eins, »ich brauche
mal so drei Sechsen hintereinander!«
Familie Staudinger beim *Mensch ärgere dich nicht*-Spielen. Die
Sechsen kamen auch, allerdings erst, als ich mit der letzten
Spielfigur ein Feld vor dem Ziel stand.
»Das darf doch nicht wahr sein! Jetzt brauche ich keine Sechs
mehr! Jetzt hätte ich gerne die Eins von vorhin.«

STEHAUF-Regel:
• Bedürfnisse ändern sich!
• Oft innerhalb von Minuten!

Ich sage beim besten Willen nicht, dass dieses Hü-hott-Verhal-
ten für die anderen leicht ist, ich möchte nur sagen: Es kann bei
Menschen in einer Extremsituation (oder wenn Sie Sternzei-
chen Zwilling sind) vorkommen. Nehmen Sie es uns nicht
übel. Mal braucht man eben eine Sechs. Mal eine Eins. Bedürfnisse ändern sich.

Der Glaube versetzt Berge?

Sie erinnern sich an meine Freundin Maria? Die kurz nach mir erkrankte? (Es geht ihr übrigens wieder sehr gut!) Maria ist Italienerin und hat eine sehr enge Bindung an ihren Glauben. Wie sehr habe ich sie dafür bewundert! Sie konnte bei ihrem Gott Trost und Halt finden. Ich konnte das nicht.

Ich bin zwar kein ungläubiger Mensch, aber ich habe mir meinen Glauben passend gemacht. Soll heißen, ich bin katholisch getauft, habe aber leider so viele Bücher gelesen, dass ich nicht wirklich hinter der Kirche im klassischen Sinn stehen kann. Also habe ich mir das umgeformt. Denn ich glaube durchaus an eine höhere Instanz, und ich glaube auch fest an ein Leben nach dem Tod. Ich durfte meine Oma im Sterbeprozess begleiten, und nach dem, was ich gesehen habe, *glaube* ich nicht nur an ein Jenseits, ich *weiß* einfach, dass da etwas Höheres ist.

Auch meine Familie ist individuell gläubig. Soll heißen, keiner von uns findet sich sonntags in der Kirche ein, aber wir stellen regelmäßig Kerzen auf. Müssen Sie nicht nachvollziehen oder für gut befinden, ist aber so.

Als meine Oma starb, ist in mir einiges zerbrochen. Einer Frau, die im Leben nie auf Rosen gebettet war, immer hart arbeiten musste und einen wirklich großen Rucksack zu tragen hatte, war es nicht vergönnt, so richtig schön alt zu werden. Und mit »richtig schön alt« meine ich: jeden Tag ein Stück Sahnetorte, im Schaukelstuhl sitzen und die Urenkel beobachten. Ihr Kopf ließ sie nach vielen Jahren anspruchsvoller Arbeit viel zu früh im Stich, und sie wurde dement. Ihren Urenkel Max konnte sie schon nicht mehr richtig einordnen, hat ihn oft mit mir verwechselt und baute zusehends ab. Für meine selbstbestimmte Oma wäre das kein Dauerzustand gewesen, daher war ihr schwaches Herz in diesem Fall wohl eher ein Segen. Fast täglich habe ich nach ihrem Tod mit ihr »da oben« gesprochen, und sie wurde dort quasi zu meiner Ansprechpartnerin. Ich habe also nicht im klassischen Sinn gebetet, sondern meine Oma stets gebeten, auf die Familie, insbesondere die Kinder, achtzugeben.

Als dann die Diagnose kam, war ich sauer. Anders kann ich das nicht beschreiben. Denn meine Oma hat immer alles für mich getan – wie konnte sie jetzt zulassen, dass ich so krank wurde? Ich habe mit ihr geschimpft und habe sie auch antworten gehört: »Schatz, meinst du im Ernst, ich hätte das zugelassen, wenn ich es hätte verhindern können? Aber ich sorge dafür, dass alles wieder gut wird. Versprochen.« Ich war trotzdem sauer. Diese tiefe Ur-Enttäuschung führte so weit, dass ich nicht mehr in der Lage war, ihr Grab zu besuchen.

Ich habe seit der Diagnose weder eine Kerze aufgestellt noch gebetet, geschweige denn eine Kirche besucht. Bei jeder Frau, die ich kannte, die den Kampf verlor, verschloss ich mich immer mehr. Es kann keinen Gott geben, der so etwas zulässt. Einem kleinen Kind seine Mama nimmt, es alleine lässt.

Auch heute noch fehlen mir darauf die Antworten, und auch heute bin ich niemand, der oft in die Kirche geht. Aber es gab einen entscheidenden Wendepunkt für mich.

»Auf keinen Fall!«, sagte ich.

»Warum denn nicht?«, wollte mein Mann wissen.

»Weil ich nicht hinter diesem Verein stehe, ganz einfach.«

»Aber wir haben ihn doch auch getauft«, versuchte er mich davon zu überzeugen, dass unser Sohn zur Kommunion angemeldet würde.

»Ja, und ich weiß eigentlich auch nicht, warum. Patrick, die Kirche hat so viel Blut vergossen. Und die Rolle der Frau, der Homosexuellen, du kannst mir nicht sagen, dass du dahinterstehst?«

»Nein, natürlich nicht. Aber man kann das auch anders sehen. Ich habe damals in der Kirchengemeinde so schöne Momente

erlebt. Zusammenhalt, Trost, all das. Er kann doch selber entscheiden, wie weit er den Weg gehen will. Aber ich finde, er
sollte die Chance dazu bekommen.«

Damit hatte er mich. Ich gab mich geschlagen und lenkte zumindest insoweit ein, als ich zum ersten Elternabend ging und
mir die ganze Sache mal anhörte. Positiv überrascht war ich,
dass die Referentin eine Frau war. Ist ja nun in der katholischen
Kirche keine Selbstverständlichkeit. Und es war eine tolle Frau,
so offen, so direkt und so gar nicht klischeehaft. Sie erzählte,
was die Kinder in der Vorbereitungszeit erleben würden, welche Schwerpunkte gesetzt würden und worauf es in der Ge-
meinde ankäme. Meine anfänglich verschlossene Körperhaltung, verschränkte Arme und Beine, fing ganz langsam an, sich
zu lösen.

»So, und zum Abschluss würde ich mich freuen, wenn wir jetzt
noch in der Kirche für die Kinder ein Gebet sprechen würden«,
forderte sie uns auf.

»Danke, kein Interesse. Kirchen geben mir nichts. Gebete
schon gar nicht. Ich geh dann schon mal heim«, schoss es mir
spontan durch den Kopf.

Weil aber alle blieben und es ja auch für die Kinder war, gab ich
mir einen Ruck. Was dann passierte, sollte ich so schnell nicht
wieder vergessen. Die ganze Kirche war dunkel, und der Gang
zum Altar war in ein Lichtermeer aus Kerzen gehüllt. Es wurde
wunderschöne, so gar nicht kirchentypische Musik gespielt,
und wir gingen nach vorne und sprachen für unsere Kinder ein
Schutzgebet. Beziehungsweise die anderen sprachen, ich konnte nicht, denn bei mir brachen alle Dämme. Es fühlte sich an,
als hätte sich ein Gefühl – für das ich noch keinen Namen gefunden habe –, das ich jahrelang unterdrückt hatte, hier und
jetzt seinen Weg nach außen gebahnt. Und mein Bauch sprach
immer nur: Es ist okay. Du darfst das. Es darf was mit dir machen. Auch als emanzipierte, selbstständige und nicht gerade
kirchenbegeisterte Frau darf es mit dir was machen.

Schon immer mochte ich den Satz »Du kannst nie tiefer fallen als in Gottes Hände«, auch wenn ich persönlich nichts mit ihm anfangen konnte. Jetzt konnte ich es.

Ich verstand, warum es andere schafften, in ihrem Glauben Trost zu finden. Einfach, weil sie es zuließen. Ich ließ es, an diesem Abend zumindest, auch zu; hatte aber noch lange an diesem Gefühl zu knabbern.

»Wir melden Max zur Kommunion an, Hase«, war mein einziger Kommentar, als ich an diesem Abend nach Hause kam.

Ich ließ mich darauf ein und nahm mir fest vor, der Kirche noch mal eine Chance zu geben. Es war nicht einfach. Mehrfach wurde ich auf die Probe gestellt. Meist bei den Sonntagsmessen. Es tut mir leid, aber ich finde auch heute noch, dass die Kirche als Institution mit einer unvergleichlichen Doppelmoral vorgeht. Wie hilfreich wäre es, wenn das, was von der Kanzel gepredigt wird, auch für die Kirche gelten würde. Nicht selten bekam ich vor Wut Herzrasen, sodass ich die Messe verlassen wollte. Weil ich es nicht richtig fand. Ich kann mich an einen Ausspruch ganz bewusst erinnern: »Wenn du siehst, dass Unrecht geschieht, dann wünsche ich dir die Kraft, deine Stimme zu erheben.« Ja, finde ich auch. Aber finde ich eben auch für die Kirche.

Meinem Mann flüstere ich zu: »Darf man hier eigentlich aufzeigen und sich zu Wort melden?«

»Nein!«

»Siehst du, das meine ich! Das geht doch nicht. Ganz ehrlich, wir könnten ja jetzt noch mal gerade über das Dritte Reich sprechen. Wo war die Kirche denn mit ihrer Stimme, als da ›Unrecht‹ geschah?«

Und so ging das in jeder Messe. Für mich war es eine Geduldsprobe, und nicht selten habe ich einfach auf Durchzug geschaltet. Nicht mitgesprochen und so still und leise meinem Unmut Ausdruck verliehen.

Ich vermisste dieses Gefühl, das ich an jenem Abend gehabt hatte. Es kam einfach nicht mehr auf. Irgendwann erzählte ich meiner Freundin davon, und sie sagte mir: »Weißt du, alles, was da schiefläuft in der Kirche, ist von Menschenhand gemacht. Nicht von Gottes Hand. Versuch es so zu sehen und pick dir die Rosinen raus.«

Rosinen picken ist ja echt mein Ding. Und sie hatte recht. Die Predigten, die Worte, selbst die Bibel ist ja nur von Menschenhand gemacht, und wenn eins so sicher ist wie das Amen in der Kirche, dann, dass Menschen Fehler machen.

Ich blendete also alles, was ich doof fand, aus und nahm nur das mit, was mir gefiel. Ähnlich wie ich es bei der Stehauf-Regel »Blumen pflücken« beschrieben habe, ging es auch in der Kirche. Und soll ich Ihnen was sagen? Es ging ganz problemlos. Ich fühlte mich, trotz meiner kritischen Einstellung, hier willkommen.

Langer Rede, gar kein Sinn, was will ich Ihnen mit dieser Geschichte sagen?

Ich fand ganz neue STEHAUF-Regeln für mich:

- Gib bereits abgehakten Sachen eine neue Chance!
- Der Geschmack ändert sich! Wie bei Chicorée. Oder kennen Sie ein Kind, das Chicorée mag?
- Du musst nicht alles grenzenlos gut finden, um darin Halt zu finden.

Und ganz konkret zum Thema Glaube:

- Du musst es nicht so glauben, wie es dir vorgepredigt wird.
- Die Zehn Gebote sind eine tolle Sache!
- Du darfst dir aus der Kirche Dinge wie Trost, Schutz und Zuversicht holen, ohne dass du zum Austausch was mitbringen musst.
- Auch hier findet man nicht alle Antworten.

- Singende Kinder sind etwas Wundervolles.
- Vielleicht spendet der Glaube mehr Trost, als ich es wahrhaben möchte.

Übrigens, die Kommunion war ein wunderbares Fest, und mein Sohn fand seinen eigenen Zugang zum Thema Glaube, ohne dass ich meinen Senf dazugeben musste. Kinder sind nämlich von Natur aus ganz wundervolle Rosinenpicker.

Ihre eigenen STEHAUF-Regeln:

_____

_____

_____

_____

Nur nicht aufgeben:
Die Geschichte von Melanie Raabe

Es war einmal ein kleines, glückliches Mädchen, das in einem abseits gelegenen Dorf bei liebevollen Eltern aufwuchs. Die Mama war Friseurin, der Papa Elektriker, und sie hatte einen nur ein Jahr jüngeren kleinen Bruder. Alle vier lebten ein zufriedenes Leben. Dieses Mädchen, sie hieß Melanie, war schon in ganz jungen Jahren der Literatur verfallen. Sie las alles, was ihr in die Finger kam: von Plakatwerbung über Rezepte bis hin zu Gedichten und Mickymaus-Heften. Seit dem Tag, als Melanie das Schreiben gelernt hatte, schrieb sie ihre eigenen Geschichten.

»Mathe und Physik haben mich nie interessiert, es sei denn, die Lehrer verpackten es in Geschichten. Es waren immer nur die Storys drum herum, die mich begeistern konnten«, erzählt mir Melanie ihr hollywoodreifes Märchen bei einem Kaffee.

»Schreiben war für mich wie Essen, Trinken und Laufen. Ein ganz natürlicher Prozess, der irgendwie zu meinem Leben gehörte. Die Möglichkeit, Schriftstellerin zu werden, hatte ich allerdings nicht auf dem Schirm. Vielleicht weil meine Familie mit Kunst nicht viel am Hut hatte.«

Und so wurde Schreiben für Melanie mehr ein Hobby als ein ernst zu nehmender Berufswunsch. Ihrer Leidenschaft kam sie mit Tagebuchschreiben, Gedichten und Kurzgeschichten nach. Nach dem Abitur entschied sie sich für ein Studium der Literaturwissenschaften, denn sie wollte Journalistin werden. »Mit dem Schreiben habe ich nie aufgehört. Ich hatte immer meine Geschichten im Kopf, die mich nie verlassen haben.«

Nach dem Studium startete sie ein Volontariat als Journalistin und informierte sich nun erstmals, wie man überhaupt vorgehen musste, wenn man ein eigenes Buch veröffentlichen wollte.

»Zu dieser Zeit wuchs der Wunsch in mir, dass meine Geschichten gelesen werden. Ich fing plötzlich an, die ganze Sache ernster zu nehmen, weil ich von meinem Schreiben wirklich überzeugt war«, erzählt sie mir. Also schrieb Melanie selber die Verlage an, von denen sie glaubte, sie könnten zu ihr passen.

»Es kamen natürlich nur Absagen. Standardschreiben. Ich glaube nicht, dass irgendeiner mein Manuskript überhaupt gelesen hatte.«

»Wie hat sich das damals angefühlt?«, möchte ich von ihr wissen.

»Natürlich hatte ich die stille Hoffnung, als neuer Stern am Himmel entdeckt zu werden, aber mir war auf der anderen Seite auch klar, dass die Wahrscheinlichkeit verschwindend gering war. Aber durch die Absagen merkte ich erst, wie wichtig mir das Schreiben wurde. Jetzt wollte ich es erst recht!«

Melanie änderte ihre Taktik und suchte sich einen Agenten. Sie schrieb Literaturagenturen an und bekam erneut Absagen. Nur einer erläuterte sein Schreiben noch mit: »Wenn Sie wissen wollen, warum, rufen Sie mich an!«

Das tat sie, und die beiden telefonierten erst lange, bevor sie sich zum ersten Mal trafen. Die Chemie stimmte sofort, auch wenn der Agent kein Interesse an ihrer Vermarktung hatte. Er gab ihr viele hilfreiche Tipps zu ihrem Manuskript, und Melanie setzte sich hin und verbesserte es. »Das war so eine konstruktive, tolle Kritik. Damit konnte ich echt was anfangen. Ich veränderte meine Geschichte und konnte den Agenten überzeugen, sie sich noch einmal anzuschauen. Das machen die für gewöhnlich nämlich nicht.«

»Und was hat er gesagt?«

Melanie strahlt, als sei es erst gestern passiert: »Ja, hat er gesagt. Ich möchte Sie gerne vertreten!«

»Das war nach den Absagen bestimmt Balsam für die Seele, oder?«

»Ich bin geflogen! Ich hatte einen Agenten. Wie cool ist das denn?«

Der Agent ging total motiviert an die Arbeit und war von Melanies neuem Manuskript völlig hin und weg. Melanie hat und hatte bis heute absolutes Vertrauen in ihn und seine Arbeit. Er bot das Buch guten Verlagen an und …

»Er rief mich Wochen später an und sagte: ›Frau Raabe, es will keiner machen.‹«

»Wie hast du dich gefühlt?«

»Ich war geknickt wie eine Butterblume und habe erst mal eine Runde geheult.«

»Hast du überlegt, das Schreiben aufzugeben?«

»Das ging ja nicht.«

»Wie?«

»Das ist, als würdest du sagen: Stell das Atmen ein. Das geht einfach nicht. Schreiben ist mein Elixier. Und auch nur hier fand ich Trost. Diese Erkenntnis, dass mir das keiner nehmen kann. Das Schreiben bleibt mir für immer. Ob das jetzt jemand lesen will oder nicht.«

Mit dieser Absage war Melanies Ehrgeiz noch mehr geweckt. Sie reduzierte ihre Stelle als Journalistin, arbeitete nur noch freiberuflich, sodass sie so viel Zeit wie möglich für das Schreiben hatte.

»Ich wohnte in einer WG und habe nur so viel gearbeitet, dass ich finanziell gerade über die Runden kam. Alle Zeit, die ich hatte, investierte ich in das zweite Buch.« Sie stand also unmittelbar nach der ersten Absage wieder auf und schrieb weiter.

»Das war eine tolle Zeit«, strahlt sie mich an. »So intensiv und so unmittelbar. Nur ich und mein Text.«

Aus Melanie sprüht während unseres Gesprächs die Energie. Obwohl sie schon ein paarmal »gefallen« war und keine Aussicht auf Veröffentlichung hatte, brannte ihr Feuer weiter. Mit dem fertigen Buch ging sie zu ihrem Agenten, und dieser war außerordentlich angetan.

»Er war ein sehr kontrollierter und erfahrener Mann. Gefühlsausbrüche kannte ich nicht von ihm. Daher war sein ›Frau Raabe, das ist ein sehr starker Text‹ ein unglaubliches Kompliment.«

»Und dann?«, gucke ich sie aufgeregt an.

»Dann kam der Anruf: ›Keiner will Ihren Text.‹«

Die zweite herbe Enttäuschung für sie.

»Natürlich war ich enttäuscht und sauer und auch phasenweise am Boden. Aber ich habe mich geweigert, mich als ›gescheitert‹ zu sehen. Mein Freund, einer der wenigen, die überhaupt in diesen Prozess eingeweiht waren, sagte: ›Du wirst das noch schaffen! Ich weiß das!‹«

Trotz zwei böser Tiefschläge war Melanie von ihrem Tun und ihrer Leidenschaft überzeugt.

»Wie ging es dann weiter?«

»Ich änderte die Taktik. Ich hatte zwar volles Vertrauen in meinen Agenten, aber ich wünschte mir, selber auch einmal die Chance zu bekommen, in einem Verlag vorzusprechen. Also recherchierte ich Literaturpreise, in deren Jury Lektoren saßen. So stieß ich auf den Kurzkrimipreis, durch den ich das erste Mal mit dem Genre ›Spannung‹ in Berührung kam. Meine anderen Bücher waren klassische Romane. Mein Plan ging voll auf, denn ich gewann den Preis und lernte so eine namhafte Lektorin in einem großen Verlag kennen. Wir mochten uns, und ich dachte: ›Super, jetzt hast du einen Kontakt. Die will meine Bücher bestimmt.‹«

Währenddessen schrieb Melanie an ihrem dritten Buch. Die Bestätigung durch den Kurzkrimipreis motivierte sie zusätzlich, und so schrieb sie, was das Zeug hielt, an ihrem neuen Werk.

»Aller guten Dinge sind drei, dachte ich. Und ich versuchte mich jetzt an einem Thriller, weil mir diese Spannungselemente so viel Freude machten. Außerdem dachte ich an diesen neuen Kontakt zu der Lektorin und war mir meiner Sache ziemlich sicher«, erzählt sie mir mit einem Grinsen.

Wieder sind der Agent und Melanie von ihrem Buch überzeugt und bieten es allen großen Verlagen an, darunter auch der Lektorin, die Melanie mit dem Preis ausgezeichnet hatte.

»Jetzt wird es klappen, Frau Raabe. Ich weiß das«, sagt ihr Agent, und die beiden stellen quasi schon den Champagner kalt.

»Tja, schade. Nix hat geklappt. Wieder sagten alle ab, und die Lektorin, die ich kannte, antwortete erst gar nicht.«

Acht Jahre waren seitdem vergangen, und wer denkt, dass Melanie nach dieser Erfahrung das Schreiben nur noch privat verfolgte, der irrt. Ein weiterer herber Tiefschlag kam dazu: Ihr Agent löste seine Agentur auf und ging zurück zu einem Verlag.

»Ich stand wieder vor dem Nichts. Das war sehr hart für mich. Aber er ließ mich nicht im Stich und empfahl mich einem guten Kollegen.«

Als »Sorgenkind« stellte sie sich in der neuen Agentur vor und wurde mit offenen Armen empfangen. »Nix Sorgenkind! Du bist ein Star, der noch nicht entdeckt wurde«, beschreibt sie die dortige Resonanz auf ihren ersten Besuch. Mit frischem Wind, neuen Ideen und einem neuen Agenten schrieb Melanie Buch Nummer vier.

»Ich fand es wieder toll. Wenn ich ehrlich bin, fand ich alle Bücher toll. Natürlich habe ich stets an mir gearbeitet, habe mich weiterentwickelt, aber auch mein erstes Buch ist keins, für das ich mich schämen würde. Aber mit Buch Nummer vier, da war ich mir sicher, wird Großes geschehen.«

Melanie wurde auf Buchmessen präsentiert, Shakehands hier, Küsschen links, Küsschen rechts, und alle waren sich sicher: Der Durchbruch steht kurz bevor.

»Die vierte Absage war hart. Aber wenigstens lasen die Verlage jetzt mein Manuskript, und eine Lektorin schrieb uns: ›Das Buch passt nicht zu uns. Aber wenn die Autorin noch mal etwas schreibt, bitte schicken Sie es uns.‹ Das war ein Meilenstein. Aber eben trotzdem eine Absage.«

Melanie nahm den Verlag beim Wort und schrieb ein weiteres Buch binnen kürzester Zeit. »Dieses Mal einen Psychothriller. Und der floss einfach so aus mir heraus. Ich musste nicht lange überlegen, sondern schrieb die neue Geschichte einfach so runter.«

»Und was passierte dann?«

»Wir haben dem Verlag eines Abends das Exposé und eine Leseprobe geschickt, und am nächsten Morgen hatte ich tatsächlich ein Angebot über zwei Bücher in meinem E-Mail-Postfach.«

Die Falle erschien zehn (!) Jahre nach Melanies erstem, nicht veröffentlichten Buch. Es wurde in einundzwanzig Länder übersetzt, und Hollywood sicherte sich sofort die Filmrechte. Ein Jahr später kam *Die Wahrheit* auf den Markt und konnte an den Erfolg des Erstlings anknüpfen.

Melanie Raabe ist heute auf der ganzen Welt zu Hause und eine gefeierte Schriftstellerin. Keiner würde vermuten, dass sie zehn Jahre lang mit ihren Büchern »gescheitert« ist.

Melanies STEHAUF-Regeln:

- »Unabhängig glücklich
  Natürlich war ich zwischendurch down und traurig, dass keiner meine Geschichten lesen wollte. Aber den Großteil der Zeit hatte ich einfach nur Spaß am Schreiben. Ich habe mein Glück nicht von einer Veröffentlichung abhängig gemacht. Die Zeit mit meinen Texten, dem Jobben, dem Zu-mir-selbst-Finden, die habe ich einfach genossen.

- Dankbar
  Ich war dankbar dafür, dass ich mir das Schreiben ausgesucht hatte, denn das bedarf keiner großartigen Investition. Ich habe eine Freundin, die mit Öl malt. Alleine die Materialien sind so teuer, dass sie ihre Kunst oft vom Geldbeutel abhängig machen muss. Oder eine andere Freundin schauspielert. Sie ist davon abhängig, ob anderen Menschen ihr Gesicht gefällt. Wie anstrengend … Ich kann und konnte schreiben, wann immer ich wollte. Dafür bin ich sehr dankbar.

- Motivation
  Schreiben ist mein Leben. Dass jetzt der Erfolg dazukommt, ist großartig, aber es ist nur ein Bonus. Die Motivation zu schreiben war schon vorher da. Ein Vollblutmusiker wird auch immer Musik machen, ob er jetzt in den Charts ist oder nicht. Und ein Mensch, der gerne läuft, hört nicht damit auf, weil er noch keine Medaille gewonnen hat.

- Wer weiß, wofür es gut ist
  Ich glaube, ich musste diesen Weg gehen. Wenn ich vor zehn Jahren diesen Erfolg gehabt hätte, weiß ich nicht, was das mit mir gemacht hätte. Und wenn heute die Kritiker kommen und sagen: ›Der Druck ist ja jetzt beim zweiten Buch

besonders hoch‹, dann lehne ich mich zurück und sage:
›Mag sein, aber das ist ja schon mein sechstes.‹
• Formulierungen
Ich habe mich selber nie als ›gescheiterte Autorin‹ bezeichnet. Ich war immer auf dem Weg. Ich als Mensch bin doch
ein Erfolg, ob ich nun Bücher veröffentliche oder nicht.
• Grenzenloser Optimismus
Ich dachte wirklich bei jedem Buch, dass es klappen würde.
Trotz der vielen Absagen zweifelte ich nie an mir. Dass es
jetzt letztlich geklappt hat, zeigt mir nur, dass es sich lohnt.«

Liebe Leserinnen, was würde Pessimismus denn auch bringen?
Wenn Sie mit der Einstellung »Das klappt doch eh nicht« an
die Dinge herangehen, dann können Sie es sich gleich sparen.
Melanies Optimismus hat nicht direkt dazu geführt, dass sie
ein Buch veröffentlichte, aber das hätte Pessimismus auch
nicht. Der Optimismus führte dazu, dass sie es immer und immer wieder versuchte – und das ist eigentlich das Entscheidende: dass sie die Zeit des Versuchens genießen konnte! Und
dann ergibt zumindest rückblickend alles einen Sinn.
»Umwege erhöhen die Ortskenntnis.«
Diesen Ausspruch finde ich ganz wundervoll.
Melanie Raabe hat viele Umwege in Kauf genommen, sie aber
in dem Moment gar nicht als solche wahrgenommen. Sie hatte
ja keinen wirklichen Plan. Sie hatte einen Wunsch, einen
Traum, aber der Weg dahin war bestimmt nicht der direkteste.
Ihre Geschichte ist für mich unglaublich inspirierend, und zugleich wirft sie auch einige Fragen auf: Können wir »besser«
scheitern, wenn wir mit Leidenschaft bei einer Sache sind?
Oder tut es gerade dann besonders weh? In *Der kleine Prinz*
heißt es: »Du bist ewig für das verantwortlich, was du dir vertraut gemacht hast. Du bist für deine Rose verantwortlich.«
»Ich glaube, selbst wenn mir einer ins Gesicht gesagt hätte: ›Du
kannst nicht schreiben‹, hätte ich nicht aufgehört.« Sie erin-

nern sich an meine Erkenntnis, Bedenkenträger müssen gut ausgewählt sein? Melanie hat von ihren Versuchen nur ihrem engsten Freundes- und Familienkreis erzählt, um die kritischen Stimmen möglichst leise zu halten. Dennoch ist sie mit Kritik vorbildlich umgegangen und hat sie für sich genutzt. Heute ist sie dankbar für all die Erfahrungen, die sie machen durfte und musste.

Was nehmen Sie aus dieser Geschichte an STEHAUF-Regeln mit?

_____

_____

_____

_____

Underdressed

Kennen Sie diese Kindersuchspiele in Rätselheften: »Was passt nicht ins Bild?«

Ist Ihnen das schon mal passiert? Dass Sie auf einem Event oder zu einem Termin völlig unpassend gekleidet waren? Das ist ja auch eine Art des Scheiterns, weil man sich wünscht, die Erde würde sich auftun und man könnte sich dort ganz schnell umziehen.

Ich war so ungefähr vierundzwanzig Jahre alt, als ich einen sehr wichtigen Termin in einer Mediaplanagentur hatte. Meine Aufgabe war es, die Planer davon zu überzeugen, dass ihr Kunde wirklich gut in unsere Magazine passt. Dies war mein erster Termin dieser Art, und ich sollte ihn zusammen mit meinem

Chef wahrnehmen. Es war ein Tag im August, und bei gefühlten neunundvierzig Grad im Schatten ist es nicht ganz so einfach, ein passendes Businessoutfit zu finden. Ich entschied mich für eine weiße Leinenhose mit passender Leinenbluse. Ich fand mich schick und passend gekleidet. Auch aus heutiger Sicht.

Was mir damals keiner sagte, obwohl es alle wussten, war, dass es in der Agentur einen Dresscode gab. Zwar natürlich nur für die Menschen, die dort arbeiteten, aber so als Richtung wäre das ja trotzdem hilfreich gewesen. In dieser Agentur gab es nur Schwarz oder ganz Schwarz. Wir hatten einen Termin zum Mittagessen und liefen in einem ganzen Pulk aus Mitarbeitern in die Kölner Altstadt. Alle in Schwarz und, raten Sie, genau, eine einzige Dame in Schneeweiß. »Was passt nicht ins Bild?« war jetzt nicht so schwer zu lösen. Mit vierundzwanzig war ich nicht so selbstsicher, dass ich mir das hätte zu eigen machen können. Ich habe mich ziemlich unwohl gefühlt, zwar den Termin bestimmt gut gemacht, aber ich blieb unter meinen Möglichkeiten.

Heute sehe ich das alles ein bisschen anders. Kennen Sie das Zitat von Albert Einstein? »Um ein tadelloses Mitglied einer Schafherde zu sein, musst du vor allem ein Schaf sein.«

Noch Jahre später sagte die Planerin zu mir jedes Mal am Telefon: »Ach, die Lady in White!« Den Kunden hatte ich bekommen, und in Erinnerung blieb ich auch.

STEHAUF-Regeln:
- Nimm es mit Humor!
- Betrachte es als persönliche Note.
- Scheiter heiter!

Jahre später, um nicht genau zu sein, gerade neulich durfte ich zu Gast auf einem Ladies Event in München sein. Ich konnte mir da, um ehrlich zu sein, nicht viel drunter vorstellen, eben ein Event nur mit Ladys. Und darin bin ich eigentlich erfahren. Ich weiß nicht, wie es Ihnen geht, aber im Verkleiden bin ich nicht so gut. Und ich gehöre leider nicht zu den Frauen, die in Pumps mit Zwölf-Zentimeter-Absätzen graziös und stilsicher laufen können. Ich gehöre eher zu denen, die barfuß noch umknicken. Und außer im Karneval habe ich auf Verkleiden keine Lust mehr. Aus mehreren Gründen.

- Weil ich mich auf der Bühne grenzenlos wohlfühlen muss, und das bedeutet, dass ich die Klamotten gar nicht spüren darf.
- Nix weiter. Weil ich das sage und das Rechtfertigen vor langer Zeit aufgehört habe.

Wenn Sie mich also mal irgendwann live sehen sollten, werden Sie mich meist in Hose und Bluse mit flachen Schuhen sehen. Wenn es hochkommt, auch im Blazer. Und so ging ich eben auch an diesem Tag zu besagtem Ladies Event.
Soll ich Ihnen was sagen? Ich bin keine Lady. Der Vortrag war in einem Hotel mitten in der Münchener Innenstadt. Einem solchen, in dem Ihnen die Autos von extrem schicken Herren in Anzügen geparkt werden, wenn Sie verstehen, was ich meine.
Beim Betreten des Saales sah ich echte Ladies. Meine Gastgeberinnen. Zwei zweifelsohne wunderschöne Frauen in Kleidungsstücken, wie ich sie nur aus Hochglanzzeitschriften kenne, und Absätzen bis in den Himmel.
»Zu wem möchten Sie?«, fragte mich eine von ihnen höflich.
»Zu dem Ladies Event«, gab ich freundlich zurück.
»Liebes«, fragte die eine Lady die andere, »weißt du, wo sich die Servicekräfte treffen?«
»Ich muss Sie enttäuschen, ich gehöre nicht zum Service, ich bin heute Ihre Rednerin.«
Dank diverser Behandlungen konnten die Gesichtszüge der

Damen nicht mehr so stark entgleisen, aber das blanke Entsetzen machte sich in ihren Augen breit.

Tja, mein Vortragsthema war ja Schlagfertigkeit – und so konnte ich direkt zeigen, was ich draufhabe.

Es kamen hundertzwanzig Ladys, alle im gleichen Stil. Wieder war es ein »Was passt hier nicht rein?«-Rätsel, aber dieses Mal hat mich das nicht aus der Fassung gebracht. Denn selbst wenn ich gewusst hätte, was das für ein Schaulaufen ist, hätte ich nicht mitgespielt. Ich habe schlicht und ergreifend keine Lust mehr auf die Verkleidungsspiele. Ich will den Ladys nicht unterstellen, dass sie sich verkleidet haben, das glaube ich gar nicht. Sie fühlten sich bestimmt sehr wohl. Super. Aber ich fühle mich eben in anderen Sachen wohl. Und genauso wenig, wie ich versuche, jemanden auf meinen Planeten zu ziehen, genauso wenig möchte ich von anderen auf deren Planeten gezogen werden.

STEHAUF-Regel:

- Verlassen Sie sich auf Ihr Bauchgefühl und bleiben Sie sich selbst treu!

PS: Der Vortrag, die Ladys und der ganze Vormittag waren übrigens wundervoll!

Ihre eigene STEHAUF-Regel beim
»Was passt nicht ins Bild?«-Szenario:

_____

_____

_____

_____

Licht aus, Spot an!:
Vom Umgang mit Stärken
und Schwächen

Aber wir haben doch so viel gelernt«, sagte mein Vater in einem wirklich ungläubigen Tonfall.

»Mmh«, murmelte ich in meinen nicht vorhandenen Bart.

»Ich verstehe es wirklich nicht.«

»Ich auch nicht, Papa. Aber irgendwie war alles aus meinem Kopf verschwunden.«

Mein Vater und ich am Küchentisch. Wir schreiben das Jahr 1995. Ich besuche die siebte Klasse eines Gymnasiums, und mit Mathe läuft es nicht so gut. Und das ist nicht erst seit gestern so.

Es kristallisierte sich bereits im vierten Schuljahr heraus, dass Mathe nicht zu meinen Stärken gehören würde. Auf eine Textaufgabe, die ungefähr so lautete: »Herr Müller schenkt seiner Frau acht Rosen. Er bezahlt 16 Mark. Wie teuer war eine Rose?«, antwortete ich: »An einem schönen Sonntagmorgen dachte sich Herr Müller: ›Ach, meine Frau würde sich bestimmt über ein paar Rosen freuen.‹ Er spazierte durch die Gegend und sah den Rosenverkäufer. ›Hallo, ich möchte bitte acht Rosen für meine Frau.‹ Der Rosenverkäufer antwortete: ›Sehr gerne.‹ Herr Müller ging heim und schenkte seiner Frau die Blumen. Sie freute sich sehr.«

Ende. Keine Lösung, keine Rechnung – nix. Meine sehr verständnisvolle Lehrerin schrieb mir damals: »Was für eine schöne Geschichte. Leider finde ich die Antwort nur nicht darunter.« Das war 1992.

Drei Jahre später änderten sich zwar die Aufgaben, aber mein Verständnis für Mathe leider nicht. Erst in der Oberstufe, als die Lehrerin etwas von »Kurvendiskussion« sagte, wurde ich hellhörig. Endlich gab es was zu diskutieren! Dachte ich zumindest. Was folgte, waren irgendwelche für mich bis heute unerklärlichen Dinge über Ableitungen oder so.

Was man mir in meiner Schullaufbahn nicht vorwerfen konnte, war Sprunghaftigkeit oder großartige Überraschungen. Ich begann in der fünften Klasse mit einer Fünf in dem Zeugnis und hielt diese konstant bis zur zwölften Klasse. Manchmal auch eine Fünf minus. Gott sei Dank durfte ich dieses Fach zum Abitur noch abwählen, sonst hätte ich erst gar nicht anzutreten brauchen.

Für meinen Vater als gelernten technischen Zeichner und mit einem gottgegebenen mathematischen Verständnis nicht nachvollziehbar.

»Aber Schatz, jetzt guck doch mal hier. Das sieht man doch mit einem Blick, dass das nicht stimmen kann«, forderte er mich freundlich, aber kopfschüttelnd auf.

»Woran denn, Papa?«

Meine Eltern versuchten alles. Nachhilfe, Lerngruppen, Good Cop & Bad Cop, alles. Bis irgendwann auf irgendeinem Elternsprechtag die Lehrerin sagte: »Wissen Sie was? Lassen Sie es einfach so. Sie soll sich auf die anderen Fächer konzentrieren. In den Sprachen ist sie ja außergewöhnlich gut.«

Und damit hatte ich dann meine Ruhe. Ich machte in Mathe ein freundliches Gesicht, bei Klausuren schrieb ich in Schönschrift meinen Namen drauf und wartete die neunzig Minuten, bis die anderen fertig waren. Denn, und das war mir schon früh klar: Wenn du keine Leistung bringst, back besser mal kleine Brötchen. In den Fächern, die mir lagen, da agierte ich durchaus gerne mal als Pausenclown oder nahm mir Sachen raus, die man sich eben nur leisten kann, wenn man Leistung bringt. In Mathe hätten Sie mich nicht wiedererkannt.

Das Problem war, ich habe in diesem Fach keinen Sinn gesehen, und wenn ich ehrlich bin, sehe ich ihn bis heute nicht. Ich verstand einfach nie, was das mit mir zu tun hatte und wo ich es später anwenden könnte. Ich scheiterte also streng genommen die gesamten neun Jahre auf dem Gymnasium. Jede Klausur, jeder Test, jedes Mal Hausaufgaben, alles setzte ich in den Sand.

Ich müsste lügen, wenn ich sagen würde, dass ich jemals darunter gelitten hatte. Ich empfand es einfach als nervig, meine Zeit mit einem Fach zu verschwenden, für das ich einfach keine Antennen hatte. Und das geht mir bis heute so. Wenn ich mir vorstelle, wie produktiv es wäre, wenn wir ein Schulsystem hätten, das sagen würde: Was interessiert dich denn? Erdkunde? Prima. Dann bekommst du Extrastunden darin. Wenn wir ein System hätten, das unseren Kindern bereits verdeutlicht, dass sie nicht in jedem Fach gut sein müssen, geschweige denn, dass sie es können. Was wäre das für eine glückliche Kindheit, und mit welchem Selbstverständnis könnten die Kinder das machen, wofür ihr Herz schlägt?

Ich brauche heute keine Mathematik. Oder sagen wir mal so, ich brauche kaufmännisches Rechnen. Und das kam ja später in der Berufsschule, und siehe da, als ich es praktisch anwenden konnte, als ich errechnen konnte, wie viel Geld bleibt mir vom Brutto, da hatte ich dann einen Lauf in Mathe. Meine Ausbildung schloss ich in kaufmännischem Rechnen mit einer Eins (!) ab.

Wer weiß, was für ein Sprachgenie aus mir hätte werden können, wenn ich all die Zeit, die ich mit Mathematik vergeudet habe, dort investiert hätte?

Es gibt ganz wenige Universalgenies in unserer Welt. Viele zwar, die sich dafür halten, aber ich glaube, die tatsächliche Zahl ist sehr gering. Menschen, die alles können. Kennen Sie so jemanden? Ich nicht. Leonardo da Vinci vielleicht. Aber den kenne ich nicht persönlich. Jeder hat Stärken, jeder hat Schwächen. Ich glaube, die Kunst im Leben ist es, das zu finden, worin man wirklich gut ist und wofür man eben brennt.

Meine persönliche Stehauf-Regel, die ich aus meinem mehrjährigen Mathe-Desaster gelernt habe: Licht aus, Spot an!
Wir sind alle ein großes Haus mit verschiedenen Zimmern. Das Zimmer, das nicht so schön ist, da machen Sie einfach das Licht aus. Aber das, das echt toll aufgeräumt und geputzt ist, da werfen Sie das Flutlicht an.
Das funktioniert nicht nur bei den Fähigkeiten, die jeder von uns so mitbringt. Es funktioniert auch in der Gefühlswelt. In meinen Zimmern »Angst« und »Verzweiflung« brennt nur ganz selten mal das Licht zum Aufräumen. Dann mache ich es schnell wieder aus. Dennoch sind die Zimmer da, ich akzeptiere sie …

Ihre STEHAUF-Regel:

_____

_____

_____

_____

Die Gedanken sind frei …

Leider, möchte man sagen. Denn es sind unsere eigenen Gedanken, die uns Grenzen setzen. Und es sind unsere eigenen Gedanken, die uns in Verzweiflung stürzen können.
»Ich vermute, es sind Knochenmetastasen«, teile ich meinem Arzt mit gefasster Stimme mit.
»Aha. Wie kommen Sie darauf?«, entgegnet er wenig überzeugt.
»Es tut seit zwei Tagen weh. Was soll es sonst sein?«, erkläre ich ihm, nun in einer nicht unerheblichen Panik.

»Könnte es nicht sein, dass Sie sich verrenkt haben?«

Ups. Doch, da war was. Ich war am Telefon gewesen, und währenddessen musste ich die Nudeln abschütten. Meine Damen, Sie alle haben jetzt das Bild vor Augen. Und ich meine, mich dunkel daran erinnern zu können, dass ich noch dachte: »Aua, jetzt hast du dich aber verrenkt.«

»Na ja, vielleicht. Aber vielleicht sind es auch Metastasen.«

Es waren keine Metastasen. Es war nur ein verknackster Rücken.

Vielleicht kann diese Angst nur ein Betroffener verstehen. Kopfschmerzen sind eben nicht mehr nur Kopfschmerzen. Sie bekommen eine andere Bedeutung.

»Frau Staudinger, ein Schnupfen ist auch kein Nasenkrebs«, sagte mein Hausarzt sehr mitfühlend und dennoch treffend. Es dauert eine Zeit lang, bis man diese omnipräsente Angst abschütteln kann. Mit der Zeit ist es bei mir besser geworden. Viel besser, aber nur weil ich bestimmte Techniken für mich erkannt habe.

Der Schlüssel sind die eigenen Gedanken. Es liegt in meiner Hand, ob ich mir Sorgen mache oder nicht. Es liegt nicht in meiner Hand, ob ich noch mal krank werde. Das kann weder durch mich noch durch die Intensität meiner Sorgen beeinflusst werden.

Die Gedanken sind frei. Sie sind für Ihre Gedanken verantwortlich. Also ändern Sie sie.

Ich sehe das immer als Bild vor mir. Wenn ein Angstschub kommt, in welcher Form auch immer, dann schiebt er sich wie eine dunkle Wolke vor meine Gedanken. Früher dachte ich, ich wäre verpflichtet, mich dieser Wolke anzunehmen. In den unterschiedlichsten Formen: Ich besuchte den Komplementärmediziner für einen Immunstatus, trank Schwarzkümmelöl (bäää!) mit Karottensaft, nahm Kurkuma-Kapseln (auf die ich einmal versehentlich draufbiss und mich dann fast übergeben musste) und trank Unmengen von Ingwerwasser. Ich dachte, ich sei es dem Krebs schuldig, ihm auch noch im Nachgang genügend Aufmerksamkeit zu schenken und mir immer ein bisschen Sorgen zu machen. Und ich dachte, ich könne so der Angst und der daraus resultierenden Hilflosigkeit entfliehen und vor allem meine Kontrolle über das Schicksal wiederbekommen.

Hat nichts gebracht. Ich möchte nicht sagen, dass all diese Dinge unsinnig sind, aber mir ganz persönlich haben sie für mein Seelenheil nichts gebracht. Also habe ich die Wolken anders angenommen. Nämlich gar nicht. Ich habe sie einfach weggeschoben. Die Angst kam, ich merkte sie als Welle, und dann habe ich mich gefragt: »Hast du jetzt Lust darauf, dir darüber Gedanken zu machen? Was bringt dir das?« Diese Schübe kamen nämlich meist zu Zeitpunkten, in denen ich sowieso nichts hätte machen können. Im Sommerurlaub in Kroatien beispielsweise meinte ich, ein auffälliges Muttermal gesehen zu haben. Etliche Kilometer von zu Hause entfernt, in einem Urlaub, auf den sich die ganze Familie gefreut hatte. Wenn ich mich meiner Angst hingegeben hätte, und glauben Sie mir, ich war kurz davor, dann hätte ich uns den ganzen Urlaub versaut.

Also habe ich mich gefragt: »Hast du da jetzt Lust drauf? Du kannst hier im Urlaub eh nix machen, außer ihn zu genießen. Also dann, liebe Sorgenwolken, tschüs!«

Sie können sich Sorgen machen, aber Sie sind nicht dazu verpflichtet. Wozu ich allerdings mir selber gegenüber verpflichtet bin, ist, das Leben zu genießen. Die dunklen Wolken verdecken nämlich die Sicht auf die Sonne.

STEHAUF-Regeln:
- Schiebe die dunkle Wolke einfach beiseite!
- Die Gedanken sind frei! Vor allem in die positive Richtung!
- Du bist nicht verpflichtet, dir Sorgen zu machen!
- Die Angst korrespondiert nicht mit dem Befund!

Und das passt wunderbar zur Regel »Mit dem Buckel von gestern und den Sorgen von morgen …«

Denn wenn wir wegen des Buckels von gestern nicht mehr in der Lage sind, den Urlaub von heute zu genießen, dann ist der Moment gekommen, in dem der Buckel die Übermacht gewonnen hat.

Verschiedene Korrespondenzen

Auf die letzte Regel würde ich gerne noch einmal kurz eingehen: »Die Angst korrespondiert nicht mit dem Befund.« Ein Satz, den mir meine Therapeutin mitgegeben hat. Erinnern Sie sich an das vorhin beschriebene Haus? In unserem Haus gibt es viele unterschiedliche Zimmer: Freude, Verunsicherung, Scham, Zuversicht, Humor und so weiter. Aber eben auch Angst. Wenn Sie Glück haben, dann wurde in Ihrem Angst-Zimmer noch nie das Licht angemacht. Natürlich, mit der Taschenlampe waren wir alle schon mal drin. Jeder von uns kennt das Gefühl der Angst. Aber Todesangst, die ist noch mal etwas anderes.

Und wenn das Licht einmal an war, dann wird es nie mehr ausgehen. Es wird schwächer, aber es bleibt hell in diesem Zimmer.

Ich empfand den Satz »Die Angst korrespondiert nicht mit dem Befund« hilfreich, und er sollte mir zumindest Aufschluss darüber geben, warum ich im März 2015 so panisch reagiert hatte.

»Ich freue mich so sehr, Sie zu sehen«, strahlt mich meine Gynäkologin im Behandlungszimmer an. »Und die kurzen Haare! Wie toll! Geht's Ihnen gut?«

»Danke, ja, es geht mir sehr gut«, strahle ich sie zurück an. Meine Ärztin hatte ich während der Behandlung nicht besucht, da ich ja im Brustzentrum rundum betreut wurde.

»Nächste Woche also ist die OP?«

»Ja, genau. Ich wollte es direkt weghaben, wissen Sie. Irgendwann muss da ja auch mal ein Abschluss her«, erkläre ich ihr
meine Entscheidung zur Eierstockentnahme.

»Das verstehe ich gut. Und gemessen an dem, was Sie hinter
sich haben, ist das ein Klacks. Wir schauen jetzt nur schnell, ob
alles okay ist«, erklärt sie mir, während ich mich auf den ach so
geliebten Stuhl setze. Nach der Tastuntersuchung ändert sich
der Tonfall der Ärztin merklich. Er geht ungefähr acht Oktaven
höher, und betont lässig, geradezu beiläufig sagt sie: »Ach, Sie
haben hier eine gaaaaanz unauffällige, völlig harmlose und extrem normale Zyste.«

Ich richte mich in dem Stuhl auf, und mein Tonfall ist schon
nicht mehr so entspannt: »Aha?!«

»Ja, wir schauen jetzt mal, ob man die auch im Ultraschall so
gut erkennen kann«, guckt sie mich freundlich an, während sie
schon mit der Aufnahme startet. »Ja, da ist sie. Schauen Sie
mal«, sagt sie und dreht den Bildschirm in meine Richtung.
Was dann passiert, würden Fachleute wahrscheinlich als »Trig-
gern« bezeichnen. Was sich vor meinen Augen auftut, ist ein
Sono-Bild mit einem großen schwarzen Schatten. Wie am
17. Juni 2014.

Meine Ärztin bekommt das augenblicklich mit und versucht,
mich zu beruhigen. Ich kann mich an kein einziges Wort von
ihr erinnern. »Das kann nicht sein! Nicht schon wieder«, ging
es mir durch den Kopf. Ich weiß noch nicht mal, wie ich die
Praxis verlassen habe, geschweige denn, wie ich nach Hause
gekommen bin. Auch damals sagte man mir: »Sieht aus wie
eine Zyste … klar abgrenzbar …«

Und wieder einmal stürzte ich in ein unglaublich tiefes Loch,
aus dem ich nur mit einer Zweitmeinung rausgekommen bin.
Denn meine Ärztin rief auf der Stelle bei dem Arzt an, der
mich ein paar Tage später operieren sollte, und erzählte ihm
davon mit dem Hintergedanken, dass man diese Zyste direkt
mit entfernen könne. Ein paar Tage später saß ich also erneut

auf meinem Lieblingsstuhl, und auch hier hörte ich: »Ganz unauffällig ...« So richtig beruhigt allerdings war ich erst, als mir
nach der OP gesagt wurde, dass es wirklich eine ganz normale
Zyste gewesen sei.

In der Situation selbst habe ich keine wirkliche Stehauf-Regel
finden können. Aber heute weiß ich, dass ich diesen »Rückfall«
anders einordnen kann und dass die aufkommende Angst eben
nicht mit dem Befund (denn den gab es ja nicht) zusammenhängt.

STEHAUF-Regeln:

- Sei nicht so hart zu dir selbst!
- Hab keine Angst vor der Angst! Sie ist nur ein Zimmer von
  vielen in deinem Haus. Sie gehört einfach dazu!

Ihre eigenen STEHAUF-Regeln:

_____

_____

_____

_____

Übrigens, kennen Sie den wunderbaren Film *Alles steht Kopf?*
Okay, es ist ein Kinderfilm, aber er ist so wundervoll und lehr-
reich. Und meine kitschige Ader dürften Sie ja schon zur Genüge kennengelernt haben ...

Spätes Erwachen aus der
eigenen Kindheit

Ob es uns gefällt oder nicht, die eigenen Eltern prägen uns. Unsere Kindheit hat einen maßgeblichen Einfluss auf unser späteres Leben. Wenn einem Mama und Papa nicht beibringen, »Guten Morgen« zu sagen, wird das später nur schwer aufzuholen sein. Wenn einem zu Hause gesagt wird, dass es in Ordnung ist, bei Tisch laut zu schmatzen, dann wird das der kleine Horst-Kevin auch später mit den Kollegen beim Geschäftsessen machen.

Politische Einstellung, das Frauenbild, ob man die Schuhe vor der Haustür auszuziehen hat, ob man bis zum Schluss am Tisch sitzen bleiben muss oder ob man ungefragt Freunde mitbringen darf, all das sind Sitten und Regeln, die jeder zu Hause auf unterschiedliche Art und Weise vermittelt bekommt.

Spannend wird es dann, wenn sich zwei Menschen zusammentun. Zwei Menschen, die auf völlig unterschiedliche Art und Weise erzogen worden sind und die jetzt ihr Leben miteinander verbringen wollen.

Eine gute Freundin von mir berichtet mir, wie das Zusammenführen bei ihr und ihrem Mann so gar nicht funktioniert hat: »Ich erinnere mich gut, dass mein damaliger Freund – und heutiger Mann – mich nach dem ersten Zusammentreffen mit meinen Eltern fragte: ›Sag mal, drückt ihr euch immer?‹ – ›Wie bitte?‹, fragte ich verständnislos nach. ›Na, ob ihr euch immer drückt, wenn ihr euch seht?‹, erklärte er.« Es dauerte einen Moment, bis sie ihren Freund verstanden hatte. Sie war gerade frisch von zu Hause ausgezogen, und wenn sie ihre Eltern besuchte, umarmten sie sich kurz. Eine für sie völlig normale Geste. »Ähm, ja«, antwortete sie also. »Wie begrüßt du denn deine Eltern?«

Seine Antwort: »Per Handschlag.« Okay, dachte sie. Ist ja vielleicht als junger Mann normal. Für sie klang es jedoch befremdlich.

Und es sollte nicht bei diesem einzigen Unterschied bleiben. In ihrer Familie wurde selbstverständlich am Esstisch gesprochen. Ihr Mann hingegen sagte lange Zeit bei Tisch kein Wort. Das wiederum war befremdlich für sie. Fühlte er sich unwohl? Schmeckte es ihm nicht? Oder fand er ihre Familie am Ende doof?

Erst als sie das erste Mal zu ihm mit nach Hause ging, ergab das Ganze einen Sinn. Was für ihren Mann eine völlig normale Stimmung zu Hause war, fühlte sich für sie an wie eine Eishölle. Als sie versuchte, bei Tisch ein Gespräch zu starten, raunte ihr nur ein »Das ist ein Esstisch und kein Sprechtisch!« entgegen. Mit anderen Worten: Es trafen zwei Welten aufeinander. Sie wollte ihre Schwiegereltern nicht gleich verurteilen, aber für sie war die Atmosphäre dort schwierig. Und für ihre Schwiegereltern war sie selbst als zukünftiges Familienmitglied noch schwieriger. Sie war eine junge, selbstständige Frau mit eigener Arbeit und eigener Meinung. In den Augen ihrer Schwiegereltern war sie damit der Antichrist.

Für ihren Mann war es noch komplizierter. Für ihn geriet die ganze Welt ins Wanken. War er zu Hause immer nur kleingehalten und nicht ernst genommen worden, so erlebte er in ihrer eigenen Familie plötzlich Wertschätzung und ehrliches Interesse.

Das war die positive Seite der Medaille. Aber ein solcher Prozess, nämlich zu erkennen, dass die eigenen Eltern eben auch Fehler machen, ist ein schmerzhafter. Und es macht einen großen Unterschied, ob man es nicht gut findet, dass die Eltern den *Tatort* früher gerne mal im Beisein der Kinder geschaut haben, oder aber ob man erkennen muss, dass die eigene Kindheit eine »Zeit der Demütigung« (so nannte es der Therapeut des Mannes meiner Freundin) war.

»Mein Mann wurde von seinen Eltern ständig herumge-schubst«, erklärt meine Freundin. »Das hätte ich nicht länger mit ansehen können. Als er dann von selbst einen Schlussstrich zog, war ich mehr als glücklich.«

Wenn es miteinander nicht mehr geht …

»Diese zwei Welten haben sich nicht vertragen«, erzählt sie weiter. »Und mein Mann hatte sich, insbesondere als er selbst Vater wurde, dazu entschlossen, es anders zu machen. Er wollte seine Kinder ohne Demütigungen und Zwang großziehen.«

»Viele Dinge sind für mich heute noch unverständlicher«, er-zählt er mir, als ich ihn selbst dazu befrage. »Jetzt, wo ich selber Papa bin, steht für mich das Glück meiner Kinder an oberster Stelle. Für meine Eltern war das immer anders.«

Mit seinen eigenen Eltern zu brechen ist wohl mit das Schlimmste, was einem Menschen passieren kann. Aber bei je-dem Familienfest eine Faust in der Tasche zu machen, Herzra-sen vor jedem Aufeinandertreffen zu haben und Tage mit Strei-ten zu verbringen ist ein ebenso grauenhafter Prozess. Manch-mal ist es daher vielleicht wirklich besser, einen Schlussstrich zu ziehen, damit jeder in seiner Welt glücklich werden kann.

Ihre STEHAUF-Regeln:

_____

_____

_____

_____

Gesund, aber schwabbelig

Punkt. Eigentlich gibt es zu dem Kapitel nichts weiter zu sagen. So ist es halt. Und ja, natürlich bin ich über die Maßen dankbar und glücklich, wieder gesund zu sein. Aber das wäre ich ein bisschen schlanker auch.

Dieses Kapitel beschäftigt sich also mit dem ewigen Scheitern in Bezug auf die eigene Figur.

Ich war noch nie eine Elfe. Niemand hätte mich wahrscheinlich jemals in meinem Leben als »zart« beschrieben. Weder als Baby noch als Kleinkind und auch nicht als junge Erwachsene. Aber ich war immer knackig. Stabil, aber stramm. Und ich gehörte schon immer zu den Personen, die aufpassen mussten. Ich will nicht sagen, dass die Drüsen oder der starke Knochenbau für das Desaster verantwortlich sind, es gilt bei jedem und so auch bei mir: Jedes Pfündchen geht durchs Mündchen. Aber ich gehörte halt nie zu den klassischen guten Futterverwertern. Um einigermaßen ansehnlich zu bleiben, musste ich schon immer hart arbeiten. Und da hatte ich mal mehr und mal weniger Lust drauf.

Seit der Entnahme der Eierstöcke und dem Start der Hormontherapie kann ich allerdings ackern wie ein Gaul: Es tut sich nichts! Gar nichts! Irgendwann hat sich mein eh schon nie so dolles Bindegewebe still und heimlich verabschiedet und hat Platz für den Schwabbel gemacht. Und dabei hat es noch etwas mitgenommen: den funktionierenden Stoffwechsel. Dafür hat es mir Hitzewellen, Dellen am Hintern und Winke-Arme hinterlassen, die noch Stunden später von alleine schwingen.

»Sag mal, bist du das auf dem Foto hier?«, will ein Bekannter von mir wissen.

»Nee, ich stelle mir wildfremde Hochzeitsbilder hin«, antwortete ich zugegebenermaßen leicht gereizt auf die für mich völlig überflüssige Frage. Ich war zu diesem Zeitpunkt mitten in der Chemotherapie. Mit aufgedunsenem Gesicht und ohne Haare empfand ich diese Bemerkung als ziemlich unpassend.

Es gab Tage, da habe ich den Blick auf die Fotos von früher wirklich kaum ertragen. Da war zum einen der Verlust meiner Unbeschwertheit von damals, aber es war auch in aller Deutlichkeit zu sehen, dass ich mich optisch verändert hatte. An ganz schlechten Tagen habe ich die Fotos mit dem Gesicht nach unten gelegt. Aus den Augen, aus dem Sinn.

»Es kommt doch alles wieder«, tröstete mich meine Familie, und sie sollten recht behalten. Die Haare, Wimpern, Augenbrauen kamen alle wieder. Die Figur leider nicht. Noch mal: Natürlich bin ich dankbar, und die Frauen, die ich habe gehen sehen, wären froh, sie dürften sich noch einmal über einen zu dicken Hintern Gedanken machen. Aber ich möchte ganz ehrlich zu Ihnen sein: Es gibt Tage, da ertrage ich den Blick auf die alten Fotos immer noch nicht.

»Frau Doktor, ich habe mir sogar eine Personal Trainerin gegönnt, und mein megatolles Fitness-Trampolin habe ich auch. Und ich sehe immer noch so aus«, erzähle ich meiner Ärztin bei einer Nachsorge.

»Es ist gemein, ich weiß.«

»Aber sagen Sie mir bitte, dass es besser wird.«

Sie sagte gar nichts und lächelte nur. Ja, es ist für mich eine Art des Scheiterns. Nicht mehr in meine wunderschönen Sachen zu passen, mit dem Blick in den Spiegel nicht so wirklich einverstanden zu sein und – und das vor allem – dagegen fast machtlos zu sein. Ich sage bewusst »fast«, denn es ist bestimmt noch Luft nach oben. Wenn ich mich selbst noch mehr kasteien, jedem Genuss entsagen und noch mehr Sport machen würde, dann wäre bestimmt noch mehr drin. Aber dem steht mein dringender Wunsch nach Lebensfreude entgegen. Und ich gebe zu, ein gutes Essen, ein guter Wein – das bedeutet für mich mehr Lebensfreude als eine Stunde Joggen im Wald.

»Ich wäre gerne noch mal so schlank wie damals, als ich dachte, ich sei fett«, denke ich, als mich Facebook mit dieser blöden Erinnerungsfunktion an eine Party von vor fünf Jahren erinnert. Damals hatte ich echte, weiche und gefühlvolle Brüste, lange, blonde Haare und Hosengröße 38.

Ich bin Weltmeisterin im Thema Selbstliebe, ist sie doch die Basis von Schlagfertigkeit, und dennoch gebe ich zu, dass mich das Thema Figur mal mehr, mal weniger beschäftigt. Weniger, wenn ich in einer terminfreien Zeit und nur von porträtgroßen Spiegeln umgeben bin, mehr, wenn ich mich selber im Fernsehen sehen darf beziehungsweise muss.

Ich habe für mich folgende STEHAUF-Regeln gefunden:

- Du darfst das ab und an blöd finden, aber du darfst deswegen nicht unter deinen Möglichkeiten bleiben! Soll heißen, ich würde wegen meinem dicken Hintern *niemals* eine Chance nicht wahrnehmen und zum Beispiel eine Talkshow absagen.
- Es gibt Wichtigeres! *Viel* Wichtigeres!
- Nicht aufgeben!

Bedeutet, ich gebe nicht auf. Die Zeiten der Crash-Diäten sind vorbei, aber ich teste alles Neue an Fitnesstrends, was ich so mitbekomme. Vor nicht allzu langer Zeit bin ich beim Durchzappen auf irgendeinem Teleshoppingsender hängen geblieben. Dort wurde ein einzigartiger, innovativer Bauchtrainer vorgestellt. Nach nur zwei Minuten hing ich am Telefon und bestellte die Weltsensation. Diese Sensation fungiert heute als Kleiderständer. Neben dem sensationellen Oberarmtrainer, dem Rudergerät und dem Stepper.

Aktuell versuche ich mich an so einer wahnsinnigen Dreißig-Tage-Fitness-Challenge, von der ich nach nur einem Tag einen solchen Muskelkater hatte, dass ich daran zweifelte, ob das wohl so gesund sein kann. Und während ich das schreibe, merke ich, dass ich wirklich an meiner Disziplin arbeiten muss. Demnächst.

Bis dahin notiere ich noch die
weltmeisterlichen Schönrede-STEHAUF-Regeln:
- Du hast schöne Zähne!
- Auf die inneren Werte kommt es an!
- Das Leben ist zu kurz: Iss den Kuchen!

Eigene STEHAUF-Regeln für die Jo-Jo-Geplagten
unter Ihnen:

_____

_____

_____

_____

Wenn dir Gutes widerfährt …: Susis Geschichte

… dann ist das nicht nur einen Asbach Uralt wert, sondern vor allem, dass wir uns gänzlich drauf einlassen. Ich erhalte eine Nachricht aus unserer WhatsApp-Gruppe »Grömitz Tussen«:
Susi: »Ach Mädels, ich bin soooo verliebt! Es fühlt sich so gut an!«
Nadine: »Susi, ich freu mich so sehr für dich!«
Silvi: »Meeeeeeeega!!!! Zeig Foto!«
Ich: »Großartig, meine Liebe! Das hast du dir verdient.«
Das hat sie wirklich. Denn Susi hat einen wirklich großen

Rucksack vom Leben aufgesetzt bekommen. Wir vier sind »Schwestern« und haben gemeinsam nach der Erkrankung eine Kur in Grömitz er- und überlebt. Wir vier haben uns nicht immer regelkonform verhalten, aber dafür hatten wir eben auch Spaß. Drei Wochen haben wir mit unseren Kindern – und teils Männern – gemeinsam verbracht, haben gelacht, viel geweint und uns auf ewig ins Herz geschlossen.

Während Nadine, Silvi und ich am Wochenende Besuch von unseren Männern bekamen, blieb Susi mit ihrem kleinsten Sohn »allein«. Denn Susis Mann starb ganz überraschend nur eine Woche nach ihrer Diagnose an einem Herzinfarkt.

Der Teufel scheißt nie auf einen kleinen Haufen, sagt man. Bei Susi hat es gestimmt. Als wäre die Diagnose als zweifache Mama nicht Herausforderung genug, nimmt ihr das Schicksal oder das Universum oder der Zufall, nennen Sie es, wie Sie wollen, ihre große Liebe und den Vater ihrer Kinder. Einfach so. Aus dem Nichts. Einen jungen, eigentlich kerngesunden Mann.

Susi ist wieder aufgestanden. Sie hat die Chemo durchgezogen, ist gesund geworden mit dem Wissen, dass sie wegen ihrer Kinder überhaupt gar keine andere Option hatte.

An den Abenden in der Kur haben wir – verbotenerweise bei einem Glas Wein – viel gequatscht, und ich erinnere mich, dass Susi sagte: »Weißt du, ich hatte keine Wahl. Meine Kinder hatten ihren Vater verloren, ich musste es einfach schaffen. Ich hab halt die Arschbacken zusammengekniffen und bin da durch. Und ich habe eine ganz wahnsinnig tolle Schwester, die mich in allem und jedem unterstützt hat.« Ich würde die Stehauf-Regel »Arschbacken zusammenkneifen und durch« gerne einfach so stehen lassen wollen. Natürlich hatte sie Löcher, und natürlich gab es schlimme Tage, aber am Schluss steht das Ergebnis. Ja, es mag bestimmt tiefenpsychologisch nicht die optimale Lösung sein, und vielleicht schlägt der ein oder andere Profi auch die Hände über dem Kopf zusammen, aber es hat funktioniert.

Trotz dieser wirklich schlimmen Schläge, erst der Krebs, dann der überraschende Verlust des Mannes, steht Susi heute wieder fest im Leben und ist ihren Kindern eine ganz wundervolle Mama.

Aber zurück zu unserer WhatsApp-Diskussion. Susi war also, vier Jahre nach der Katastrophe, wieder frisch verliebt. Es war vielleicht nicht der Mann fürs Leben, aber es reichte für reichlich Schmetterlinge.

Es ging ihr gut. Längst verschollen geglaubte Gefühle kamen wieder hoch, und immer erzählte sie uns: »Den hat mein Markus mir geschickt.« Die Liebe zu ihrem ersten Mann wird ja nicht durch eine neue Liebe geschmälert.

Ein paar Tage später bimmelt mein Handy:

Grömitz-Tussen-Runde (Original-Text):

Susi: »Oje, ich habe einen Knoten in der linken Brust, rechts war betroffen, sieht man auch von außen!

Kann das sein???

Ist doch ausgetauschtes Gewebe.«

Ich: »Warst du nicht gerade bei der Nachsorge?«

Susi: »Vor drei Monaten beim Schallen. Da war nix! Ist klein und sehr gut tastbar. Es fühlt sich genau soo an!!! Ich habe so eine Angst!«

(…)

Wir mischten uns alle ein und versuchten verzweifelt, sie zu beruhigen. Wir sind untereinander immer der erste Strohhalm, nach dem wir greifen. Und es gelang uns auch ein wenig, sie zu beruhigen, aber ihr Tag war natürlich im Eimer, denn sie fiel. Wie schon so oft zuvor. Wie damals, als sie so unendlich glücklich war mit ihrem Markus und ihren zwei Jungs. Wie damals, als sie dachte, das Leben liefe einfach rund für sie und ihre Familie. Und wie das Schicksal dann so arg zuschlug.

Ich weiß nicht, wie es Ihnen geht, aber ich kann es meiner Freundin so unglaublich gut nachempfinden. Wer einmal vom

Leben eine so herbe Klatsche abbekommen hat, der hat Probleme, das Gute wieder grenzenlos zu genießen. Aber wenn dir Gutes widerfährt, dann lass es zu! Denn das Schicksal, sofern es eins gibt, weiß das alles nicht.

Susi ging am nächsten Tag zum Arzt, und es begleiteten sie Gedanken wie »Wenn ich schon so ein schlechtes Gefühl habe, dann muss das ja was Schlimmes sein!«. Und sie achtete auf jedes Zeichen, das ihr in die Quere kam. Wie zum Beispiel der Leichenwagen, den sie an einer Kreuzung wahrnahm, und die Musik im Aufzug *Dieser Weg wird kein leichter sein*. Passt, ne? Schlechtes Bauchgefühl, dunkle Vorzeichen, da muss ja was im Busch sein. Das magische Denken und seine Folgen …

Nix war da im Busch! Außer Susi selbst, die sich nicht getraut hat, einfach nur glücklich zu sein. Denn der vermeintliche Knoten war ein nicht aufgelöster Faden, der sich verkapselt hatte.

Susi darf glücklich sein. Sie dürfen glücklich sein! Sie sind es diesem Glück nur dann auch schuldig, dass Sie es erkennen und grenzenlos genießen und nicht hinterfragen.

Die Grömitz-Tussen-STEHAUF-Regel:

* Wenn dir Gutes widerfährt, so ist das nicht nur einen Asbach wert, sondern so viel mehr!

Ihre STEHAUF-Regel:

_____

_____

_____

_____

Glück, Unglück oder Zufall?
Wer keinen Rucksack hat,
der sucht sich einen!

Die allermeisten Menschen, die ich kenne, hätten allen Grund, strahlend durchs Leben zu gehen. Gesund und ohne Schmerzen aufzustehen, zur Arbeit zu fahren, ihren Lebensunterhalt zu verdienen, die gesunden Kinder abzuholen, dabei nicht von Bomben getroffen zu werden, kurz in den Supermarkt, um sich was zu essen zu kaufen, und dann in ein Zuhause fahren. Aber sehr viele Menschen antworten auf die Frage, wie es ihnen geht, mit: »Na ja, es muss ja!«, oder aber: »Du kennst das ja! Immer dieser Alltagsstress!«

Nö, kenne ich nicht. Wirklich nicht. Das Wort »Alltag« klingt in meinen Ohren nämlich schon wie Musik, und »Stress« kenne ich schon mal gar nicht, sondern wenn, nur »knackig«. Und knackig impliziert, dass ich den Tag schaffe, ohne hundert Pausen einlegen zu müssen, weil eine Chemo mich zum Ausruhen zwingt.

Und manchmal, ja manchmal, da kann ich es einfach nicht mehr hören. Da möchte ich den Leuten ins Gesicht brüllen und sagen: »HALLO? Warum bist du so unzufrieden? Schau doch mal hin! Weißt du denn nicht, wie gut es dir geht? Und wenn du angeblich so viel Stress hast, dann ändere es doch einfach!«

Woran liegt das? Hören sich die Menschen gerne selber jammern? Fühlen wir uns verpflichtet, uns kleinzuhalten? Oder sind wir einfach nicht in der Lage, den Fokus richtig auszurichten?

Ein Beispiel: Entfernte Bekannte von mir haben sich ein zweites (!) Haus im Süden als Altersruhesitz gekauft. Das »Alter« ist aber noch fünfzehn Jahre hin, aber sicher ist sicher. Ein ganz wundervolles Häuschen, nicht weit weg vom See, das ihnen zurzeit mehr noch als Wochenendhaus dient.

Vor einiger Zeit haben wir uns per Zufall getroffen, und ich machte den großen Fehler, sie zu fragen, wie oft sie denn dort seien und ob alles so sei, wie sie sich das wünschten.

»Hör mir doch auf! Hast du eine Ahnung, wie viel Arbeit das ist? Jedes Mal, wenn wir da sind, haben wir erst mal Stunden im Garten zu tun. Und das Schlimmste: Draußen vor der Tür gibt es keine Laterne. Es ist soooo dunkel. Also bisher sind wir nur am Ackern …« Den Rest erspare ich Ihnen. Und dazu stellen Sie sich bitte einen Tonfall und einen Gesichtsausdruck vor, der an Leid und Kummer kaum zu überbieten ist.

Seien Sie mir bitte nicht böse, aber da bin ich raus. Aber so was von raus. Da kommen in mir ganz böse Gefühle hoch. Ich empfinde solche Äußerungen als undankbar und unsäglich. Es fiel mir schwer, mich in dieser Situation zu beherrschen, und so war das Einzige, was ich sagte: »Aha.«

Und damit beendete ich das Gespräch. Ist für mich Zeitverschwendung. Da aber ja jeder Jeck anders jeck ist, steht es mir nicht zu, mit dem erhobenen Zeigefinger zu reagieren, aber es steht mir zu, mich umzudrehen und zu gehen. Später dachte ich: Wie kann man denn sein eigenes Glück so wenig sehen und wertschätzen? Ach ja, vielleicht wegen der fehlenden Laterne! Diese Menschen sind tatsächlich unglücklich. Und dabei haben sie doch alles, was es zur Zufriedenheit braucht.

Wie der Zufall es wollte, traf ich unmittelbar danach eine weitere entfernte Bekannte auf einem Supermarktparkplatz. Eine schwer kranke Frau, deren Lebenszeit drastisch verkürzt wird.

»Wie schön, dich hier zu sehen«, begrüße ich sie aufrichtig erfreut.

»Das gebe ich gerne zurück«, strahlt sie mich geradezu glücklich, wenn auch geschwächt an.

»Ich weiß, die Frage nervt, aber darf ich dich trotzdem fragen, wie es dir geht?«

»Na klar! Heute ist ein guter Tag, und den nutze ich aus«, antwortet sie mir.

Wir reden noch lange, und sie erzählt mir, wie dankbar sie für ihre Ärzte, die medizinische Betreuung und die Möglichkeiten zur Schmerztherapie in der heutigen Zeit sei. »Es gibt so viele Menschen auf diesem Planeten, die diesen Zugang nicht haben, weißt du.«

»Ja, das weiß ich. Aber es gibt noch mehr, die das nicht zu schätzen wissen.«

Es kann unmöglich ein Zufall gewesen sein, dass ich beide Frauen so kurz hintereinander getroffen habe.

Die eine, mit allem ausgestattet, was man sich vorstellen kann: Gesundheit, finanziellem Spielraum, Zeit, Familie. Und die andere mit einem derart schweren Rucksack, dass einem vom bloßen Zusehen schon schwindelig wird.

Der feine Unterschied zwischen Glück und Unglück, zwischen Zufriedenheit und Unzufriedenheit liegt nicht im Materiellen oder Finanziellen, scheinbar noch nicht mal in Gesundheit und Krankheit. Der feine Unterschied liegt einzig und allein in der eigenen Sichtweise, der eigenen Einstellung und den eigenen Gedanken.

In *Der Maler des Verborgenen,* einem Roman über Leonardo da Vinci, fand ich die Aussage, dass Zufriedenheit immer abhängig sei von unseren Bedürfnissen. Sind unsere eigenen Bedürfnisse zu groß? Warum? Weil wir sie immer an denen der anderen messen? Weil wir uns ständig mit anderen vergleichen? Eigentlich braucht es zum Lebensglück nicht viel, das kann ich Ihnen aus eigener Erfahrung heraus sagen.

Wenn Sie also selber mal wieder einen schlechten Tag haben, aus welchem Grund auch immer, dann versuchen Sie doch einfach mal, den Blick auf die Dinge zu verändern. Das soll ja nicht heißen, dass Sie wie ein Honigkuchenpferd auf Ecstasy durch die Gegend laufen, aber Sie könnten anfangen, für Ihre »Probleme« dankbar zu sein! Oder Sie fangen an, Ihre Zufrie-

denheit von nichts abhängig zu machen: von keinem Mann, keinem Geld und auch keiner Bügelwäsche.
Starten Sie damit hier und jetzt.

Scheinbares Problem:
»Ich bin ja nur Mama-Taxi! Den ganzen Tag fahre ich die Kinder von A nach B!«
Lösung:
»Ich habe gesunde Kinder, die am Leben teilnehmen können, und ein Auto und die Zeit, die es mir ermöglicht mitzumachen!«

Scheinbares Problem:
»Neee, der Urlaub war nix! Dat Essen!! Katastrophe!«
Lösung:
»Juhuu, wir durften dieses Jahr alle zusammen in den Urlaub fahren.«

Jetzt Sie!

Scheinbares Problem:
»Ich habe Rücken! Seit Jahren habe ich Rücken! Die Ärzte können nix machen!«
Lösung:

_____

Scheinbares Problem:
»Also ich bin ja froh, wenn die Weihnachtszeit vorbei ist! Immer dieser Stress!«
Lösung:

_____

Scheinbares Problem:
»Immer diese Handwerker! Lassen sich Zeit ohne Ende, und wir sitzen in der Baustelle fest.«
Lösung:

Scheinbares Problem:
»Ich habe doch dieses Jahr tatsächlich kein Weihnachtsgeld bekommen! So eine Frechheit!«
Lösung:

Musik ist Trumpf

Hey, da müsste Musik sein«, singt Wincent Weiss, und ich finde, er hat recht. Mit Musik ist alles leichter. Es gibt Momente, da bleibt einem nichts weiter, als die Dinge stehen zu lassen und zu verdauen. Schwere Kost lässt sich leichter mit guter Musik verdauen. Nicht unter Androhung der schlimmsten Strafe würde ich meine Lieblingsmusik für schwere Zeiten verraten. Sie würden das Buch vermutlich angewidert in die Ecke werfen und rufen: »Das hätte ich nicht von ihr gedacht!«, und deswegen verrate ich Ihnen nur: Helene Fischer ist es nicht!

Mich hat interessiert, was die Wissenschaft über die heilenden Kräfte der Musik sagt, und dafür frage ich Frau Prof. Dr. Susanne Bauer. Sie ist Leiterin des Musiktherapiezentrums in Berlin.

Sie erklärt mir: »Uns ist bei der Musiktherapie wichtig, dem Patienten seine Selbstbestimmtheit wieder zurückzugeben.«

»Können Sie das an einem Beispiel festmachen?«

»Ich habe mal einen Rockmusiker im Rahmen eines Forschungsprojekts kennengelernt. Es ging darum, wie und wofür Menschen in schweren Lebenssituationen Musik benutzen. Der Mann war ein Vollblutkünstler mit einem unheilbaren Hirntumor. Er ertrug irgendwann die harten Klänge seiner schweren E-Gitarre nicht mehr und war tief getroffen, seiner Leidenschaft nicht mehr nachgehen zu können. Die Patienten sind ihrer Krankheit hilflos ausgeliefert, und wenn sie einem dann noch das Liebste nehmen, dann verlieren viele den Mut.«

»Was hat der Mann gemacht?«

»Er erkannte, dass er sein geliebtes Instrument nicht mehr spielen konnte, und suchte selbstbestimmt nach Alternativen. Er musizierte von da an nur noch zu Hause und erkannte eine ganz neue Richtung für sich. In der Musiktherapie können sich die Patienten im geschützten Raum ausprobieren. Das Instrument, das sie wählen, ist ihnen überlassen, es ist wie eine Art Sprachrohr der Seele. Der Rockmusiker fand so seine Begeisterung für die Klassische Musik. Die nahm er auf und hinterließ sie seinen Kindern.«

»Gestorben ist er trotzdem …«, werfe ich ein.

»Ja, wir können das nicht ändern. Wir versuchen nur, dem Patienten das Gefühl der Selbstbestimmtheit zurückzugeben. Das Schicksal können wir nicht ändern, aber wie wir unsere restliche Zeit gestalten, schon.«

Da ist es wieder. Der Schlüssel zum Glück scheint in zwei wesentlichen Punkten zu liegen: den Unterschied zwischen »Das ist so« und »Das kannst du ändern« zu erkennen und die Möglichkeit zur Selbstbestimmtheit.

Bei meinen Internetrecherchen suche ich nach Menschen, die »vor Kummer gestorben« sind. Ob es so etwas überhaupt gibt und was vorher passiert ist. Immer wieder stoße ich auf Fallbeispiele, in denen es um den Verlust der Selbstbestimmtheit geht. Menschen, denen man die Möglichkeit nimmt, ihre eigenen

Entscheidungen treffen zu können. So gab es beispielsweise eine Gruppe älterer Damen, denen man sinngemäß gesagt hat: »Du kommst morgen ins Altersheim. Das Zimmer ist rot und gelb eingerichtet, und zu essen gibt es dreimal am Tag.«
Einige Damen waren am nächsten Tag tot.
Wenn man ihnen die Wahl gelassen hätte, in welches Heim sie kommen oder welche Gardinen dort am Fenster hängen, hätte man das vielleicht verhindern können.
Ich gehe nur von mir aus: Ich hasse es über alle Maßen, fremdbestimmt zu sein. Ich bekomme schon einen Anfall, wenn ich das Auto per Fernsteuerung öffne, nicht schnell genug da bin und es wieder zugeht. Was fällt dem denn ein? Von der Hilflosigkeit in den Fängen einer Chemo mal ganz zu schweigen. Bei meinen Kindern versuche ich genau aus diesem Grund, auf die Formulierung »Du musst« zu verzichten. Daher finde ich den Ansatz der Musiktherapie so unglaublich logisch.
»Gibt es Töne und Klänge, von denen man weiß, dass sie besonders wohltuend sind?«, möchte ich noch von Frau Prof. Dr. Bauer wissen.
»Nein, das ist sehr individuell. Wir ermuntern die Patienten, sich in diesem geschützten Raum auszuprobieren. Ein Mensch, der scheinbar immer sehr harmonisch ist, kann sich hier mal an disharmonischen Klängen versuchen und merkt dann, dass das so schlimm gar nicht ist. Wenn alles gut läuft, dann nimmt er diese Erkenntnis in den Alltag mit.«
»Was raten Sie Eltern? Können wir bei unseren Kindern was ›falsch‹ machen?«
»Auch in jungen Jahren gilt das Prinzip der Selbstbestimmtheit. Lassen Sie das Kind das Instrument aussuchen. Zwingen Sie ihm nichts auf.«
»Frau Professor, zum Schluss noch: Was hören Sie selbst an doofen Tagen?«
»Ich brauche gute Texte. Konstantin Wecker oder Reinhard Mey versüßen mir den Tag.«

Übrigens, mehr aus einem Zufall heraus entdeckte ich für mich, dass Singen auch wunderbar hilft, um die eigene Angst unter Kontrolle zu bekommen. Auf dem Weg zu einer wichtigen Untersuchung lief im Autoradio eines meiner Lieblingslieder. Aus voller Kehle sang ich mit. Aus reiner Gewohnheit und ohne Plan. Viel später erst fiel mir auf, wie sehr es gegen die Angst geholfen hat. So als ob der Körper eine Spannung aufbaut, die sich so den Weg nach draußen bahnt. Versuchen Sie es einfach mal!

Verletzliche Kinderseelen

Nicole, hast du mal Zeit? Wir müssen über Constantin reden.«
Augenblicklich werde ich bleich, und ein ganz ungutes Gefühl macht sich in mir breit.
»Ja, jetzt«, antworte ich Sabine, der Kita-Leiterin, die mir mittlerweile eine liebe Freundin geworden ist.
»Eigentlich dachte ich an nächste Woche in Ruhe«, grinst sie mich an.
»Sabine, wie gut kennst du mich?« Ich nehme schon ungefragt auf ihrem Bürostuhl Platz. »Was ist los?« Wenn mich Sabine schon zu einem Gespräch bittet, dann muss etwas vorgefallen sein. Seit der Diagnose hat sich unser Kontakt intensiviert, weil sie natürlich mit Argusaugen auf die Kinder geachtet hat. Zuerst noch auf beide, aber Max kam dann in die Schule, sodass jetzt nur noch Constantin in Obhut des großartigen Teams ist. Das Thema Brustkrebs ist zu diesem Zeitpunkt für uns schon weiter entfernt, immerhin ist die Behandlung bereits über zwei Jahre her.

»Okay, mir ist schon klar, dass du jetzt beunruhigt bist, aber das musst du nicht. Wir kriegen das alles hin«, beginnt sie mit einem sehr warmherzigen Tonfall.

Mein Herz setzt aus. »WAS IST PASSIERT?« Ich hatte den Kleinen schon beim Spielen entdeckt, also konnte es kein Unfall oder Ähnliches sein.

»Wir haben mit den Kindern ein kleines Experiment gemacht. Sie sollten uns ganz alleine unter vier Augen eine Fantasiegeschichte erzählen, die wir für sie aufgeschrieben haben.«

Mein Puls sollte sich kurzfristig ein bisschen erholen. »Okay?«, frage ich zaghaft.

»Constantins Geschichte ist allerdings sehr auffällig.«

»Heißt?«

»Heißt, dass du nicht lebend in ihr vorkommst.«

Augenblicklich schießen mir die Tränen in die Augen.

»Bitte?«

»Er erzählt uns, mit wem er spielt, zählt alle Kindernamen auf, und jeder zweite Satz ist: ›Und die Mama, die ist schon tot.‹ Wir haben ihn daraufhin Bilder malen lassen, und du bist auch hier nicht mehr zu sehen.«

Es fühlt sich an, als würde mir einer den Hals zudrücken.

»Aber … ich verstehe das nicht.«

»Wir haben, weil ich wusste, dass das in deinem Interesse ist, schon mit einer Psychologin gesprochen. Er hat größere Verlustängste, als wir alle geahnt hatten.«

Ja, das kann man so sagen. Nichts habe ich diesem kleinen Strahlemann angesehen. Gar nichts. Keiner. Hatte ich noch großkotzig in jedem Interview erzählt, wie gut die Kinder die Erkrankung überstanden hatten, war ich nun völlig vor den Kopf geschlagen.

»Sprich weiter. Was bedeutet das?«

»Es scheint, als hätte er dich noch nicht wieder als vollständige Bezugsperson angenommen. Aus Angst, du könntest weggehen«, und mit »weggehen« meinte sie sterben.

Tränen kullern mir die Wangen runter.

»Ich wusste, dass dich das mitnimmt, aber wir kriegen das wieder hin. Sei froh, dass wir das Experiment gemacht haben, denn das hat auch keiner von uns hier gesehen.«

Noch heute spüre ich diesen tiefen Schmerz in mir, der mich an diesem Nachmittag durchbohrt hat. Wie kann ein kleines fünfjähriges Kind eine solche Fassade an den Tag legen? Und wie kann ich als Mutter das nicht erkennen?

Neben diesen Schmerz gesellt sich automatisch das schlechte Gewissen: Du warst zu oft weg. Du hattest zu viele Termine. Hast das Kind zu oft beim Papa gelassen. Hast zu viel gelacht und ihm damit unbewusst signalisiert, dass man nicht auch mal weinen darf …

»Ich weiß, was du jetzt denkst«, liest Sabine meine Gedanken. »Aber wenn du dich jetzt auf ihn stürzt und ihn erdrückst, dann erreichen wir gar nix.«

»Und was soll ich machen?«

Wir reden lange, und sie gibt mir Tipps und gewollte Ratschläge, wie ich das Vertrauen wieder aufbauen kann. »Wenn du weg bist, sage ihm, wo du bist und wie lange genau du fort bist und wie gut es dir geht.« Augenblicklich muss ich an die Tage während der Chemo denken, in denen ich nachts mit hohem Fieber ins Krankenhaus kam und die Kinder morgens keine Mama aufgefunden hatten. Natürlich haben wir darüber gesprochen und trotzdem anscheinend nicht kindgerecht und oft genug. Zudem musste ich mir eingestehen, mehr Augenmerk auf meinen größeren Jungen gelegt zu haben. Er war bei der Diagnose bereits fast sechs, Constantin erst zwei. Er bekommt nicht so viel mit, hatte ich fälschlicherweise gedacht.

Das Loch, in das ich fiel, war unbeschreiblich. Voller Sorge, Schuldgefühle und Trauer. Was hatte ich meinen Kindern nur angetan mit dieser Erkrankung?

Ich führte unmittelbar ein paar neue Regeln ein. Dazu gehörten:

- Nur zwei Außer-Haus-Termine pro Woche!
- Wenn ich über Nacht weg war, bekamen die Kinder eine Schatztruhe mit Seifenblasen, Kreide oder Ähnlichem. Dazu eine kleine Magnetzahl, die für die Anzahl der Nächte stand, die ich weg war.
- Wenn ich ging, erzählte ich ihnen noch mehr, wohin und warum, und wir ersetzten meine Person in dieser Zeit durch eine andere weibliche Bezugsperson: die Oma. War ich nicht da, war sie es. Denn, so gut der Papa auch ist, Sabine erklärte mir, wie wichtig jetzt die weibliche Bezugsperson sei.

Ich beobachte meine Kinder immer noch mit Argusaugen, und glauben Sie mir, wenn ich Ihnen sage, dass mich dieses Kapitel viele Tränen gekostet hat. Außerdem stehen wir immer im engen und unmittelbaren Kontakt zu den Erziehern und Lehrern. Ich bin nicht unfehlbar, und meine Kinder haben und hatten mehr Angst um mich, als ich es mir jemals hätte eingestehen können.
Aus dieser Einsicht lernte ich:

STEHAUF-Regeln:
- Du bist keine Über-Mutter und brauchst daher ab und an Hilfe.
- Wie gut, dass es diese Hilfe in Form von aufmerksamen und lieben Erzieherinnen und Erziehern gibt.
- Wie gut, dass wir so ein enges Verhältnis haben, dass man diese Sachen überhaupt ansprechen kann.
- Du kannst es ändern! Und du hast die Pflicht, es zu ändern! Ich beziehungsweise mein Mann und ich sind für diese zwei Zauberwesen verantwortlich. Und wenn es den Kindern nicht gut geht, dann muss ich alles in meiner Macht Stehende tun, um dies zu ändern.

- Ich konnte nichts für den Krebs. Weiß ich zwar, muss ich mir aber trotzdem manchmal in Erinnerung rufen.
- Hab Vertrauen in dich als Mama. Auch wenn du es nicht gesehen hast, jetzt weißt du es, und du kannst dir das Vertrauen des kleinen Mannes zurückerobern.
- Wozu doch »Kunst« fähig sein kann!

Heute tauche ich wieder in Constantins Bildern auf. Aber ich bin nie mehr so groß geworden, wie ich mal war (dafür ein bisschen dicker). Das schmerzt mein Mama-Herz immer noch und zeigt mir gleichzeitig, dass die Vertrauensarbeit ein lebenslanger Prozess ist.

Ihre eigenen STEHAUF-Regeln:

_____

_____

_____

_____

Es lebe der Sport!

Wenn Sie jetzt denken, es kommt das Kapitel, in dem ich Ihnen erzähle, wie ich den Zugang zum Sport fand, dann muss ich Sie enttäuschen. Den habe ich bis zum heutigen Tage nicht gefunden.

Ja, mir hilft eine Walking-Runde durch den Wald, um den Kopf frei zu bekommen oder lästige Angstattacken abzuschütteln. Das hat aber weniger mit der sportlichen Betätigung als vielmehr mit der Natur zu tun. Ich könnte diese Kraft auch aus dem Wald schöpfen, wenn ich mich mit einem Glas Wein still-schweigend in die Ecke setzen würde. Da aber Sport einen nachgewiesenen positiven Effekt auf die Rezidiv-Rate bei Brust-krebs hat, mache ich ihn. Manchmal grimmig und manchmal ganz grimmig. Danach allerdings muss ich gestehen, geht es mir gut. Nur das Dazwischen finde ich eben blöd.

In diesem Kapitel geht es mehr um ein unsportliches Kind, das sich in seiner gesamten Schullaufbahn im Sportunterricht zum Affen machen musste. Für mich war Schulsport nicht nur un-angenehm, sondern tatsächlich der blanke Horror. Schlaflose Nächte und Übelkeit am Morgen waren die Folge. Und auch heute noch, wenn ich den Geruch einer Sporthalle in die Nase bekomme, fühle ich die Panik von damals in mir aufsteigen.

Ich hatte im Gymnasium von der fünften Klasse an eine sehr ehrgeizige Lehrerin, Frau P., für die Sport der gesamte Lebens-inhalt war. Auf die Idee, dass es von Geburt an schlicht unsport-liche Menschen geben könnte, kam sie nicht. Wer ein Rad schlagen oder einen Felgaufschwung konnte, der stieg bei ihr im Ansehen. Demzufolge bewegte sich meine Wenigkeit ir-gendwo im Keller zwischen Ameisen und Asseln.

Ab der siebten Klasse kamen großartige Disziplinen wie Bo-denturnen und Kastenspringen auf den Lehrplan. Und schein-bar hatte sie Spaß daran, mich scheitern zu sehen.

»Wer möchte uns denn mal ein Rad vormachen?«, fragte Frau P. in die Runde.

Mindestens zehn Finger gingen in die Höhe. Meiner natürlich nicht.

»Nicole, du vielleicht?«

Äääh, nee! Bestimmt nicht. Dieses Schwungholen und die Arme auf den Boden aufzusetzen, das erschloss sich mir schon nicht.

»Eigentlich nicht«, gab ich schüchtern zurück, und alle Blicke richteten sich auf mich. In der siebten Klasse hatten wir noch gemischten Sportunterricht, und vor den Jungs wäre mir das ja noch peinlicher gewesen.

»Oooooh doch. Wir sind gespannt auf dein Rad!«, war ihre gehässige Antwort.

Es liest sich heute vielleicht lustig, aber glauben Sie mir, damals war es das nicht wirklich.

Aber die Genugtuung, dass ich weinend weglief, die wollte ich ihr nicht geben.

Also ging ich nach vorne zur Matte und zeigte ein … na ja … ein Rad war es nicht, es hatte mehr was von einem kranken Breakdancer.

Die Jungs kringelten sich vor Lachen, und auch einige Mädchen mussten grinsen. Ich kann es ihnen bis zum heutigen Tag nicht verübeln.

Frau P. hatte ihr Ziel erreicht und grinste: »Aha, vielen Dank. Wer zeigt uns jetzt ein richtiges Rad?«

Es gab leider nicht eine einzige Sportart, die mir lag. Keine. Weder Leichtathletik noch Brennball, geschweige denn Geräteturnen. Das Einzige, was bei mir nicht zu Schweißausbrüchen führte, war Weitwurf. Nicht dass ich darin gut war, aber ich konnte mich in dieser Disziplin zumindest nicht blamieren.

Irgendwann in einer höheren Klasse wurden dann ganze Parcours aufgebaut: Schwebebalken, Böcke, Reck, Ringe, Bodenmatten und so weiter. Ganz ehrlich, Sie hätten mir da auch Alligatoren, Löwen und Giftspinnen hinstellen können, das wäre für mich ein ebenso unüberwindbares Hindernis gewesen.

Nichts von dem habe ich geschafft. Ich kam über keinen Bock, hing wie ein nasser Sack am Reck, und vom Schwebebalken runterfallen konnte ich nicht, ich kam erst gar nicht auf ihn drauf. So vergingen die Jahre voller Schmach. Natürlich gehörte ich irgendwann zu den klassischen Turnbeutelvergessern oder Menstruationsgeplagten und schummelte mich so das ein oder andere Mal am Sport vorbei.

Aber was hat das als Kind mit mir gemacht?

Die Tage, in denen Sport auf dem Stundenplan auftauchte, waren im Eimer, ehe sie angefangen hatten. Lag Sport in der Mitte des Tages, so konnte ich mich auf die Fächer davor – auch wenn sie mir gut lagen – nicht konzentrieren, weil ich schon einen Kloß im Hals hatte.

Darf das sein? Darf ein Fach, Entschuldigung, liebe Sportlehrer, das nicht gerade weltverändernd ist, solche Auswirkungen auf ein Kind haben? Darf Schule an sich ein solches Gefühl bei Kindern hervorrufen? Und wie hätte man es vielleicht anders gestalten können?

Ich bin kein Fan davon, sich zu drücken, und natürlich ist Bewegung für Kinder ohne Zweifel wichtig. Aber hätte die Lehrerin es mir nicht anders vermitteln können, es als Pädagogin gar müssen? Durfte sie mich jahrelang in dem Glauben lassen, dass ich minderwertig sei, weil ich keinen Flickflack konnte? Ich finde das keinen guten Ansatz. Es war weder motivierend, noch sorgte es dafür, dass ich als Schülerin ein gutes Gefühl hatte.

Der Wandel kam dann in der Oberstufe. Denn hier hatte ich das große Glück, einen neuen Lehrer zu bekommen. Herr G. war mittleren Alters, ur-kölsch, witzig und total gelassen. Natürlich sah er sofort, dass ich keine Sportskanone war, aber er behandelte mich trotzdem respektvoll und führte mich nicht vor. Beim Turnen kam er irgendwann zu mir und sagte: »Ist nicht so deins, oder?«

»Nee«, gab ich schüchtern von mir.

»Muss es ja auch nicht.«

Ich guckte ihn überrascht an.

»Würde mir auch keinen Spaß machen, wenn ich ehrlich bin. Was machst du denn gerne?«

»Wenn ich das wüsste. Bisher habe ich noch nichts gefunden.«

»Vielleicht Volleyball?«, fragte er mich.

»Habe ich noch nie gespielt.«

In der nächsten Stunde packte er das Volleyballnetz aus, und wir Mädels erlernten diese Sportart quasi von Grund auf. Ich war bestimmt nicht die beste Spielerin, aber ich konnte das allererste Mal behaupten, dass mir im Sportunterricht etwas Spaß gemacht hatte. Weil Herr G. mit Humor an die Sache heranging. Er war nicht verbissen und gab keinem, insbesondere mir nicht, das Gefühl, gut sein zu müssen. Im Fokus stand der Spaß. Von diesem Tag an sollte sich mein Leben in Bezug auf den Sportunterricht ändern. Weil ich das erste Mal lernte, Akzeptanz zu erfahren, auch wenn ich etwas nicht konnte. Und durch diese Akzeptanz dann doch Freude an einer Sache zu haben, die ich nicht wirklich gut kann.

Sollte so nicht immer Schule sein?

Zeigen Sie mir mal einen Schüler, der in jedem Fach gleich gut ist? Das kann es nicht geben. Aber ist es nicht die Aufgabe von Lehrern und auch von uns Eltern, den Kindern zu vermitteln, dass das völlig okay ist, wenn man etwas nicht kann? Und dass man trotzdem Spaß daran haben kann, auch wenn man von der Perfektion weit entfernt ist?

Die Zeit des Vorgeführtwerdens und des sich Schämens war wirklich schlimm für mich, und damals war mein einziger Ausweg oft, dass ich mich gedrückt habe. Das ist keine richtige Stehauf-Regel, sondern mehr eine Notlösung aus der Hilflosigkeit heraus.

Erst mit dem Lehrerwechsel sollte ich erkennen:

- Ich kann nicht in allem gut sein, aber deswegen bin ich ein genauso liebenswerter Mensch wie jeder andere auch. Die anderen sind nämlich genauso wenig in allem gut.
- Man kann auch Spaß an Sachen haben, die man nicht perfekt kann.
- Kinder vorzuführen und absichtlich in peinliche Situationen zu bringen führt dazu, dass sie unter ihren Möglichkeiten bleiben und nicht über sich hinauswachsen können.

Ihre STEHAUF-Regeln:

_____

_____

_____

_____

Kinderaugen

Vielleicht meinte es meine Sportlehrerin damals gar nicht böse, vielleicht hat sie nur im Laufe der Jahre den Blick dafür verloren, wie gewisse Dinge auf Kinder wirken.

Vielleicht sollten wir alle einmal wieder darüber nachdenken, wie unser Verhalten auf Kinder wirkt. Wie es bei unseren Kindern ankommt, wenn wir schlecht über Menschen reden, den ganzen Tag am Handy hängen oder arglos Müll wegwerfen. Vielleicht sollten wir öfter hinschauen, was für Kinder ein »Scheitern« ist und ob wir uns in ihre Gefühlslage überhaupt hineinversetzen können.

Um Ihnen auf die Sprünge zu helfen, habe ich meine eigenen Sprösslinge und Kinder in meiner Umgebung gefragt, was für sie so richtig doofe Momente sind.

Julius, 9 Jahre alt

Ich möchte von ihm wissen:

»Julius, hattest du schon mal einen richtig doofen Tag?«

»Ja.«

»Weißt du noch, warum?«

»Ja.«

Ich liebe Jungen in dem Alter. Sie sind so gesprächig.

»Magst du mir erzählen, was passiert ist?«

»Der Kai hat mich mal nicht in die Fußballmannschaft gewählt.
Er sagte, ich wäre nicht gut. Dabei stimmt das gar nicht.«
»Und dann?«
»Habe ich auf der Bank gesessen.«
»Wie hast du dich gefühlt?«
»Blöd.«
»Was hat dir geholfen, damit du dich nicht mehr blöd gefühlt
hast?«
»Ich habe ihn das nächste Mal auch nicht gewählt.«
Grinst mich an und geht weiterspielen.

Nina, 7 Jahre alt

»Nina, was findest du so richtig blöd?«
»Wenn Papa immer sagt: ›Gleich‹, und dann doch nicht ›gleich‹
kommt.«
»Was machst du dann?«
»Nix. Ich warte. Aber ich finde das doof.«
»Hast du das dem Papa schon mal gesagt?«
»Ja.«
»Und?«
»Er sagt immer, er müsse arbeiten. Dabei sitzt er nur am
Handy.«

Marius, 8 Jahre alt

»Ich finde es voll doof, wenn ich was essen soll, was ich nicht
mag.«
»Kann ich verstehen. Wer sagt das?«
»Mama. Immer muss ich probieren.«
»Aber woher willst du auch wissen, dass du es nicht magst,
wenn du nicht probiert hast?«
»Das sieht man doch, ob das schmeckt.«
»Ach so. Was wünschst du dir von der Mama?«
»Dass ich der Bestimmer übers Essen bin.«

Constantin, 5 Jahre alt (mein Sohn)
»Wenn ich einen Albtraum habe. Das ist doof.«
»Warum?«
»Weil ich so Angst habe dann.«
»Und was hilft dir?«
»Zu euch ins Bett kommen.«

Max, 9 Jahre alt (auch mein Sohn)
»Wann ärgerst du dich am meisten?«
»Wenn du sagst, ich hätte angefangen, und dabei war es mein
Bruder.«
Aus dem Hintergrund ertönt Constantins Stimme: »Stimmt
doch!«
»Oh, Constantin, kann ich mal in Ruhe mit deinem Bruder
reden, bitte?«
»Aber er hat angefangen!«
Wir schließen die Tür.
»Also, wenn du dich ungerecht behandelt fühlst?«
»Ja«, sagt Max traurig, und ich muss mir wahrscheinlich einge-
stehen, dass es das ein oder andere Mal bestimmt vorgekom-
men ist.
»Und was hilft dir dann?«
»Wenn wir abends noch mal in Ruhe reden. Dann kann ich dir
das erklären.«

Soll also heißen, dass auch mein Sohn sich schon Strategien
zurechtgelegt hat, wie er am besten an mich herankommt. Es
liegt mir fern, ein Kind dem anderen vorzuziehen, das können
Sie mir glauben, aber trotzdem fühlt es sich für ihn manchmal
so an. Wir vereinbarten ein Codewort, das er beim nächsten
Mal, wenn er sich ungerecht behandelt fühlt, sagen soll. Ein
Codewort nur für ihn und mich.
Natürlich müssen Kinder mit Regeln und Erziehungsmaßnah-
men zurechtkommen. Aber ich finde es trotzdem hilfreich,

zwischendurch mal hinzuschauen, wie etwas bei ihnen ankommt und was sie bewegt. Nur weil es für uns eine Lappalie
ist, ist es für unsere Kleinen ein vielleicht schwerwiegendes Problem.

Auftritt der Dramaqueen

Natürlich. Dieses Buch heißt *Stehaufqueen,* und Sie und ich,
wir wissen, dass wir das können: nach einem Problem,
Tiefschlag oder einfach nach einem schlechten Tag wieder auf-
stehen und weitermachen. Auf jedes Problem die passende
Antwort haben, sich durch nichts und niemanden aus der
Ruhe bringen lassen.

Und das wieder klingt so wahnsinnig perfektionistisch und dis-
zipliniert. Ich weiß nicht, wie das bei Ihnen ist, aber ich wende
auch ganz oft ganz primitive »Lasst mich doch alle in Ruhe, ich
will mich da jetzt reinsteigern«-Regeln an. Denn, wie meine
Oma schon gesagt hat: Wer viel kann, muss viel machen. Und
wenn Sie eine Stehaufqueen sind, dann haben Sie eine ganze
Reihe von Menschen um sich herum, die Sie wieder mit hoch-
ziehen sollen. Gibt es in der Familie ein Problem? Ist das Kind
schon in den Brunnen gefallen? Man wird Sie angucken. Sie
sollen das Ganze wieder richten. Ganz nach dem Motto: Sie
weiß doch immer, was zu tun ist.

Na klar wissen wir das! Aber manchmal möchten wir eben auch
diejenige mit dem fragenden Gesicht sein. Sich einfach mal
fallen lassen und von jemand anderem hören: »Wir schaffen
das schon.« Die Rolle der Stehaufqueen ist nicht immer leicht
und oftmals anstrengend.

Liebe Queens, soll ich Ihnen was sagen? Ich liege auch oft am

Boden und habe einfach keine Lösung. Dann wende ich die Neandertaler-Strategie an, die immer geht: schimpfen, fluchen, Türen knallen, Schokolade, Chips und Wein. Und shoppen. Dank Internet geht ja alles zugleich.

Sie müssen nicht immer die Starke sein! Sie dürfen auch mal fluchen: »Verdammte Kacke! Was ein Mist! Da fällt mir jetzt auch nix zu ein.«

Ja, wir dürfen verzweifelt sein, und das, obwohl wir ganz genau wissen, dass es schlimmere Probleme gibt! Ihren Kindern darf auch mal das Essen nicht schmecken, obwohl in Afrika Kinder verhungern.

Und wenn der Moment gekommen ist, packen Sie die Stehauf-queen in den Keller, schließen ab und holen die Dramaqueen raus. Die will nämlich auch mal an die frische Luft und zeigen, was sie kann. Wenn Sie sie schon lange nicht mehr rausgelassen haben, kann es sein, dass die Menschen um Sie herum erschrocken reagieren. Aber keine Sorge, die kommen damit zurecht … Lassen Sie sie raus mit allem, was dazugehört. Vielleicht will sie heulen oder schreien. Aber eines will sie bestimmt nicht: vernünftig sein und eine von den Klugscheißer-Stehauf-Regeln befolgen.

Und nach einer Weile des Wehklagens, Jammerns, Trinkens und was weiß ich nehmen Sie eine Aspirin, verabschieden sich höflich von der Dramaqueen und sagen: »Tschüs, Madame. Schön, dass es dich gibt, und wie schön, dass du mal wieder da warst. Jetzt musst du aber gehen, denn ich will wieder aufstehen und weitermachen.«

Ihre STEHAUF-Regel:

_____

_____

_____

_____

Gewitter reinigen die Luft

Ein E-Mail-Verkehr zwischen einer ehemaligen Arbeitskollegin und mir:

Ich: »Das kann doch nicht sein Ernst sein?«

Anne: »Ich fürchte doch!«

Ich: »Aber wie sollen wir das in den Produktionsplan bekommen? Weder die Grafik noch die Redaktion, geschweige denn die Media hat dafür noch Luft.«

Anne: »Du kennst ihn doch. Da macht er sich keine Gedanken drum.«

Eine bestimmt nicht ungewöhnliche Diskussion zwischen Kolleginnen mit einem gemeinsamen Feindbild: dem Chef! Obwohl unser Exemplar ein wirklich netter war, geriet ich bei fachlichen Fragen manches Mal mit ihm aneinander.

In diesem Fall ging es darum, dass er über unsere Köpfe hinweg weitere Magazine mit in die Jahresplanung aufgenommen hatte, ohne mit uns Rücksprache zu halten. Ein Verhalten, das ich tatsächlich auch Jahre später nicht nachvollziehen kann. Und meine Kollegin und ich, jeweils die Leiterinnen der betroffenen Abteilungen, sollten das Kind quasi aus dem Brunnen ziehen. Wir waren beide not amused und schrieben uns spätabends noch vom Homeoffice aus E-Mails.

Ich: »Dann wird es aber jetzt wirklich mal Zeit, dass er sich für die internen Abläufe interessiert! Es kann doch nicht sein, dass wir ihm das sagen müssen.«

Wir schaukelten uns zugegebenermaßen gegenseitig hoch. Es war kurz vor Mitternacht, wir waren wütend und fühlten uns sicher. Und wie das so ist, wir schrieben dann irgendwann Sachen, um Dampf abzulassen. Aber das sind Dinge, die man natürlich niemals in der Realität seinem Chef ins Gesicht sagen würde.

Zum Schluss schrieb ich: »Aber ist ja klar. Der Herr lässt sich jetzt im Urlaub noch die Sonne auf den Allerwertesten scheinen und macht die Jahresplanung vom Strand aus. Weißt du, was das ist? Das ist unverschämt und anmaßend! Ich mache das nicht mehr mit (...)«

Schrieb ich und schickte die Mail ab.

Aber nicht an meine Kollegin. Sondern an meinen Chef. Kurz nach Mitternacht. Mit der gesamten vorherigen Konversation. Und glauben Sie mir, die allerschlimmsten Sachen habe ich hier gar nicht erwähnt.

Ich weiß bis heute nicht, wie dieser Fauxpas passieren konnte, vielleicht war es eine freudsche Fehlleistung ...

Ich bemerkte den Fehler binnen Sekunden und ging in die gesendeten Nachrichten. Zweifelsohne, mein Chef hatte alle Mails von mir bekommen.

Mich würde mal eine Fachmeinung interessieren, was in so einem Moment für Hormone ausgeschüttet werden. Mir brach der Schweiß aus. Ich bekam hektische Flecken und schlug vor lauter Schreck den Laptop zu. Machte ihn wieder auf, googelte panisch »E-Mail zurückrufen«, fand aber nichts. Erweiterte den Suchbegriff auf »PC aus der Ferne zerstören« und fand auch nichts. Kurz dachte ich darüber nach, meinem Chef hinterherzureisen, ins Hotelzimmer einzubrechen, den Laptop zu klauen und in Frieden weiterzuleben. Ich verwarf den Plan, holte tief Luft, dann rief ich meine Kollegin an, die ja auch mit in dem Schlamassel hing, wenngleich ihre verbalen Ausschreitungen längst nicht so schlimm waren wie meine. Begeistert war sie nicht, aber so panisch wie ich auch nicht.

Es war passiert. Die Mail war weg. Ich konnte nichts mehr tun. Also ging ich irgendwann ins Bett und, glauben Sie mir, so eine Nacht ist lang. Ich hatte viel Zeit, mir einen Plan zurechtzulegen. Zwischen ein Uhr und zwei Uhr dachte ich, die beste Lösung wäre, zu sagen: »Ach, Chef, damit warst doch nicht *du* gemeint!!! Wir meinten einen ganz anderen!!«

Ab drei Uhr fand ich diese Lösung unpassend und schwenkte um auf: »Ach, Chef, ich hatte Unmengen von Wein getrunken … Du weißt doch, wie das ist.«

Um vier Uhr überlegte ich mir, wo ich mich überall neu bewerben könnte, und dann schlief ich ein. So eine halbe Nacht schlafen bewirkt bekanntlich wahre Wunder. Am nächsten Morgen war ich klarer, irgendwie aufgeräumter und sah die Sache nicht mehr so dramatisch.

Ja, das hätte nicht passieren dürfen, und ja, ich hatte mich im Ton vergriffen. Aber in der Sache blieb ich bei meiner Meinung. Ich war nur einfach zu feige, zu meinen Worten zu stehen, und das wollte ich ändern. Also trat ich die Flucht nach vorne an und schrieb meinem Chef eine SMS: »Ich glaube, wir müssen reden.«

Und man konnte ihm viel vorwerfen, aber nachtragend oder unfair, das war er nie. Relativ schnell kam die Antwort: »Ja, machen wir. Aber erst, wenn ich wieder da bin.«

So hatte jeder von uns zwei Wochen Zeit, den eigenen Ärger abzubauen und ein bisschen Gras über die Sache wachsen zu lassen.

Diese Art des »Scheiterns« nennt man dann wohl: sich blamieren bis auf die Knochen! Und daraus sollte ich für mich einiges lernen:

- Rede oder schreibe niemals etwas über einen Menschen, das du dich nicht trauen würdest, ihm persönlich zu sagen.
- Schreibe niemals berufliche E-Mails nach 22 Uhr.
- Steh zu deinen Fehlern.
- Eine Entschuldigung bricht dir keinen Zacken aus der Krone.
- Gewitter reinigen die Luft.

Nach seinem Urlaub ging ich sofort zu meinem Chef, schloss die Tür, setzte mich und redete ohne Punkt und Komma: »Es tut mir leid … du weißt doch, wie das ist … das hätte nicht passieren dürfen … aber ganz ehrlich, so können wir auch nicht arbeiten … bla, bla, bla …«

Er hörte sich alles geduldig an, bis er ganz ruhig zurückgab: »Bist du fertig?«

»Ja.«

»Gut, dann sage ich dir mal was: Während ich mir die Sonne auf meinen Allerwertesten habe scheinen lassen, habe ich mir Gedanken um *meine* Firma gemacht, in der du für mich arbeitest. Wenn du ein Problem mit meiner Arbeitsweise hast, steht es dir frei zu gehen, was ich sehr schade fände. Und natürlich kenne ich die Abläufe hier, und genau aus dem Grund habe ich auch diese und jene Entscheidung getroffen. Hast du ein Problem damit?«

»Ehrliche Antwort?«

»Ja!«

»Ja …«, sagte ich, »habe ich.«

Und es folgte ein sachlicher Austausch über die getroffenen Entscheidungen. Wir einigten uns nach einer Stunde auf einen Kompromiss und gingen zusammen ein Kölsch trinken. Ja, manchmal reinigen Gewitter die Luft.

Ihre STEHAUF-Regeln:

_____

_____

_____

_____

Die Berge besteigen,
wenn sie da sind

Wir alle kennen die Sorgen von morgen. All die Dinge, die noch in weiter Zukunft liegen, in dunklen Stunden aber gerne schon einmal hochkommen.

Die Sorgen um die Kinder. Ob sie auf dem richtigen Weg sind, ob sie später mit beiden Beinen im Leben stehen werden, ohne auf andere angewiesen zu sein. Ob sie sich in dieser harten Welt zurechtfinden werden und ob die eigene Erziehung die richtige ist.

Die Sorgen um die eigene Existenz. Ob die Rente ausreichen wird, ob man die Rate für das Häuschen und die Riester-Rente aufbringen kann.

Oder auch die Sorge um die nächste große Untersuchung, die zwar noch in weiter Ferne ist, aber immer näher kommt.

Wozu führt dieses ewige Grübeln, das wir im Übrigen vorzugsweise nachts an den Tag legen? Dann, wenn alle Katzen grau sind und die Probleme riesengroß erscheinen. Sagen wir mal so, das Grübeln hilft zumindest nicht, all diese Dinge zu lösen. Das Grübeln führt nur dazu, dass wir das Heute nicht genießen können.

Als ich so ungefähr fünfzehn Jahre alt war, saß ich mit meiner Oma an ihrem Küchentisch. In dieser wundervollen, uralten Wohnküche, die mir, wenn ich nur an sie denke, ein ganz wohliges Gefühl gibt.

»Schatz, was ist denn los mit dir? Ich spüre doch, dass dich was bedrückt«, wollte meine Oma wissen.

Sie davon zu überzeugen, dass nichts ist, wäre sinnlos gewesen, also rückte ich direkt damit raus. »Da ist diese Fete. Und Christian, du weißt, *der* Christian ist da auch. Aber ich bin da mit Mama und Papa im Urlaub. Und dann hat Sabrina freie Fahrt«, erzählte ich ihr von den größten Sorgen, die man als Fünfzehn-jährige haben kann.

»Wann ist die Fete?«, fragte meine Oma nach.

»In gut sechs Wochen.«

Ihre Antwort im Original-Ton: »Ach du leeven Jott! Bis dahin kack noch su manch Vüjelche, wat hück noch jar kei Füttche hät!« Ich übersetze für die Nicht-Kölner: »Bis dahin kackt noch so manch Vögelchen, das heute noch gar keinen Popo hat!«

Damit wäre eigentlich auch alles gesagt. Sie brachte es auf den Punkt.

Es nutzt rein gar nichts, sich über Dinge in der Zukunft Sorgen zu machen. Mit etwas Glück arbeitet die Zeit einfach für Sie. (Nach vier Wochen übrigens interessierte mich der Schwarm nicht mehr die Bohne, und das »Problem« erübrigte sich von selbst.) Es reicht völlig, sich mit den Problemen auseinanderzu-setzen, wenn sie da sind. Und nicht, wenn sie vielleicht mal irgendwann kommen könnten.

Wenn Sie die Berge zu früh besteigen, sieht das albern aus! Und es bringt keinem etwas. Nicht dem Berg und schon gar nicht Ihnen. Denn der Weg, den Sie eingeschlagen haben, ist viel-leicht gerade ganz eben und voller Überraschungen, die Sie nicht sehen, weil Sie auf den Berg fixiert sind, der noch kilome-terweit entfernt ist.

Diese Erkenntnis ist doch eigentlich die Grundlage für Acht-samkeit, von der wir heute alle sprechen. Die Kunst, sich auf das Hier und Jetzt zu besinnen. Den Moment zu genießen. Carpe diem.

Irgendwie geht es doch immer weiter. Sich über die Zukunft den Kopf zu zerbrechen bringt nichts, weil es am Ende ja doch meistens anders kommt.

Wir haben bereits erkannt, wie wichtig es ist, Berge erst dann zu besteigen, wenn sie da sind. Erinnern Sie sich an den Ge-burtstag von Max mitten in dem Untersuchungsmarathon? Dazwischen war sein Ehrentag eine Art Ruhepause, und danach bestieg ich den Berg ja auch wieder. Aber an diesem Tag eben nicht. Zugegeben, das gelingt mal mehr und mal weniger gut. Weniger gut an den Tagen kurz vor der Nachsorgeuntersuchung.

Direkt nach der Behandlung habe ich versucht, immer ganz kurzfristig einen Nachsorgetermin zu bekommen. Morgens anrufen, nachmittags hingehen. Das gelingt aber natürlich nicht immer, und das Brustzentrum fand das für die Planung verständlicherweise nicht so gut.

Jetzt habe ich die Termine mindestens drei bis vier Monate im Voraus, und mir gelingt es, den Berg bis eine Woche vor dem Termin beiseitezuschieben. Und ab dann wird es schwieriger. Irgendwann begann die Zeit, die Wunden verheilen zu lassen, und ich erkannte, dass einmal gelassene Nerven nicht wieder nachwachsen. Eine Nachsorgeuntersuchung ist ein Berg. Und dieser Berg wird mich mein Leben lang begleiten. Wenn ich von nun an am Horizont immer nur sich auftürmende Berge wahrnehme, dann macht mir das Heute keinen Spaß mehr. Aber genau das ist wunderschön, und deshalb lasse ich es mir nicht mehr von möglicherweise weit in der Zukunft liegenden Bergen vermiesen.

Diese Stehauf-Regel lässt sich auf nahezu alles und jedes anwenden. Überlegen Sie doch mal, wie oft Sie sich über ungelegte Eier Gedanken machen und was passieren würde, wenn Sie es einfach nicht mehr tun würden.

»Man ist nur unglücklich, weil man Zeit hat zu überlegen, ob man unglücklich ist oder nicht«, sagte George Bernard Shaw. Er hat recht. Ich habe es eben schon erwähnt: Die dunklen Gedanken kommen meist nachts bei mir, wenn ich Zeit zum Grübeln habe. Da stellt sich unweigerlich die Frage: Wo liegt das Problem? In den Sorgen selbst oder im endlosen Grübeln? Müssen wir also immer abgelenkt und beschäftigt sein, um glücklich sein zu können? Nein, mit Sicherheit nicht. Aber pausenlos die eigenen Befindlichkeiten im Blick zu haben und sich schlichtweg zu lang mit dem Nachdenken darüber zu befassen tut uns nicht gut.

In diesem Buch haben wir schon häufiger gehört, wie Menschen in schwierigen Lebensphasen in ihrer Arbeit die nötige Ablenkung gefunden haben. Arbeit zwingt einen einfach dazu, sich mit anderen Dingen als mit sich selbst zu beschäftigen.

Noch während der Bestrahlung begann ich wieder, meine Seminare zu geben. Nicht weil ich Gott und der Welt zeigen wollte, wie toll ich bin, sondern weil das mein Weg zurück in die Normalität war. Und unmittelbar nach der Behandlung sollte ich lernen, dass das oft der einzige Weg aus der Angst ist. Zuvor hatte ich so genau in meinen Körper hineingehorcht, dass ich Dinge wahrnahm, die ich gar nicht wahrnehmen wollte. Alles schmerzte, alles ziepte, und überall spürte ich Wehwehchen, die ich für nicht normal hielt. Und das nur, weil ich Zeit hatte, mich um mich selbst zu sorgen. Also versuchte ich, mich mit Arbeit abzulenken.

Wenn ich in hektischeren Zeiten mit Kopfschmerzen wach wurde, hatte ich keine Zeit, mich darauf zu konzentrieren, denn ich musste zum nächsten Termin. Irgendwann stellte ich dann fest, dass sie von ganz allein weggegangen waren. Hätte ich grenzenlos Zeit gehabt, hätte ich vielleicht gegoogelt: Kopfschmerzen nach Mammakarzinom. Können Sie ja mal machen! Daneben tauchen die ersten Werbeanzeigen von Bestattern auf.

So beschloss ich für mich, dass Beschäftigung und Arbeit meine beste Medizin waren. Und wenn ich all die Kritik und negativen Bemerkungen, die ich dafür geerntet habe, aufschreiben würde, dann ergäbe das eine ganze Enzyklopädie:

»Dein Körper braucht Ruhe!« – »Du übernimmst dich doch!« – »Stress ist der Auslöser von Krebs!« – »Stress ist Stress! Ob positiv oder negativ!« – »Dass du dich das traust!«

Natürlich waren viele dieser Äußerungen gut gemeint und Ausdruck ehrlicher Sorge, aber ich glaubte zu wissen, was mir guttat. Und herumsitzen und in meinen Körper hineinhorchen gehörte definitiv nicht dazu.

Meine STEHAUF-Regeln:
- Manchmal ist es besser, man hat weniger Zeit, um sich mit seinem eigenen Körper auseinanderzusetzen.
- Sinnvolle Tätigkeiten sind so erfüllend, dass das Glücksgefühl darüber die meisten Sorgen wegwischt.

Aber was sind sinnvolle Tätigkeiten? Alle Welt behauptet von sich, wenig Zeit zu haben und ewig im Stress zu sein. Manch einer wähnt sich sogar in der »Rushhour des Lebens«. Aber bedeutet ein voller Terminkalender auch gleichzeitig ein ausgefülltes Leben? Oder geht nicht in Wahrheit viel zu viel Zeit mit unbedeutendem Kram über die Wupper?

Das sind Fragen, die sich jeder selbst beantworten muss. Aber aus eigener Erfahrung heraus kann ich sagen: Ewig im Hamsterrad zu laufen erfüllt mich nicht. Und es gibt verschiedene Formen des Hamsterrads. Sei es in einem Job, in dem man keine Erfüllung findet, oder in der Gesellschaft von Menschen, die einen emotional nicht bereichern. Das füllt zwar alles die Zeit aus, aber doch nicht so, dass wir abends zufrieden im Bett liegen können.

Aber seien wir ehrlich: Die meisten brauchen ihren Job, um ihren Lebensunterhalt zu verdienen. Viele leben in Umständen, die es ihnen nicht erlauben, ihrer wahren Leidenschaft nachzugehen und darin Erfüllung zu finden. Und dennoch gibt es die Möglichkeit, ein erfüllendes Leben zu führen, auch wenn man dieses Gefühl nicht aus seinem Beruf schöpft. Ich selbst probiere es immer wieder aus und kenne viele Menschen, die ebenso denken: Nichts ist erfüllender, nichts macht uns zufriedener, als jemandem eine Freude zu machen oder uneigennützig Hilfe anzubieten.

Ich behaupte, dass dies ein Geheimtipp für Resilienz ist, weil wir, indem wir uneigennützige Hilfe leisten, erfahren, was wir bewirken können. Und damit schließt sich wieder der Kreis zum Thema Selbstbestimmtheit.

Jeder kann es tun. Immer und überall. Sie alle haben Menschen in Ihrer Umgebung, denen das Leben vielleicht nicht gut mitgespielt hat. Oder die kurzfristig eine Pechsträhne haben. Sei es die Nachbarin mit dem gebrochenen Bein, die nicht für sich selbst einkaufen kann. Oder die Freundin, die einen kranken Säugling hat und nicht weiß, wie sie die Große aus der Schule abholen soll. Oder aber die Familie, die vielleicht durch Arbeitslosigkeit vor dem Nichts steht. Sie können und sollen nicht überall helfen, aber wenn jeder das tut, was er kann, dann kann die Welt anders aussehen.

Und auch wenn es für Sie selbst gerade keine roten Rosen regnet und Sie jetzt sagen: »Mir hat auch noch nie einer geholfen!«, dann können Sie doch den ersten Schritt machen. Das Einzige, was es dazu braucht: offene Augen und Ohren.

Ich durfte selber schon oft erleben, wozu eine Gemeinschaft in der Lage sein kann. Sei es, wenn es darum ging, eine Krankenversicherung in die Knie zu zwingen oder einer sterbenden Frau ihren letzten Wunsch zu erfüllen.

Sie sollen sich nicht bis zur Selbstaufgabe überschlagen, aber hier und da eine gute, uneigennützige Tat kann doch nicht schaden, oder?

Dann haben Sie es mit in der Hand, ob der andere einen schönen Tag hatte oder nicht. Tun Sie es für Ihr Gegenüber und nicht für sich, dann werden Sie echte Freude erleben, und die wird Sie mitreißen. Und dann liegen Sie abends im Bett und grübeln nicht, sondern grinsen vor Freude in sich hinein.

Aber Achtung! Der Neid der Menschen ist grenzenlos! Sie werden auch hier wieder Geschöpfe auf den Plan rufen, denen das nicht passt. Die sich negativ über Ihr Engagement äußern und versuchen, es schlechtzumachen. Lachen Sie drüber und nehmen Sie es als Kompliment!

Das Gras wird gebeten, über die Sache zu wachsen!
Das Gras, bitte!

Ja, ich nehme mir regelmäßig vor, die Berge erst zu besteigen, wenn sie da sind. Und ich nehme mir für jeden Tag vor, ihn grenzenlos zu genießen. Das Unwichtige auszublenden und den Blick auf die schönen Dinge zu lenken. Dankbar zu sein und die dunklen Wolken wegzuschieben. Es gelingt mir gut, meistens. Aber dann gibt es Tage, da leide ich unter enormen Angstattacken.

Es gibt Tage, da weine ich wie ein kleines Kind und bin umgeben von tiefschwarzen Gedanken: Ich will das alles nicht! Ich will keine zweifache Krebspatientin sein! Ich will auch nicht aussehen wie Frankenstein. Umgeben von tiefen Narben, innerlich wie äußerlich. Ich will auch nicht alle drei Monate in ein Wartezimmer und beten, dass bloß nichts gefunden wird. Und Angst haben, meine Kinder nicht groß werden zu sehen, das will ich auch nicht! Ich will meine Unbeschwertheit wieder zurück.

Vergessen sind in diesen Momenten all die schlauen Vorsätze und Stehauf-Regeln.

Zu Beginn der Diagnose und auch nach der abgeschlossenen Behandlung waren diese Tage sehr schlimm. Es war, als würde mir etwas von jetzt auf gleich die Kehle zuschnüren, und ich litt unter Luftnot. Ein ganz schreckliches Gefühl, das dazu führte, dass ich völlig bewegungsunfähig irgendwo saß und hoffte, dass es vorbeiging. Anfangs überkam mich dieses Gefühl oft in Wartezimmern oder auch wenn ich vom Tod anderer Frauen erfahren habe, wie zum Beispiel Miriam Pielhau. Das warf mich enorm zurück, und ich lag tief getroffen am Boden. Bis heute bleibt mir oft nichts anderes übrig, als diese Attacken anzunehmen. Natürlich, man hat mir Atem- und Klopftechniken beigebracht, die auch kurzfristig helfen. Aber das, was mir am meisten geholfen hat, sind tröstende Worte von Fachleuten oder von meiner Familie in den Arm genommen zu werden.

Meine Therapeutin sagte einmal: »Sie sind wie ein kleines Kind, das sich jetzt schon wieder traut, alleine zu laufen. Sie sind mutig und entdecken Ihre Welt. Aber zwischendurch kommen Sie zurück in Abrahams Schoß und nuckeln an Worten oder an Liebe wie an einem Schnuller.«

Was für ein schönes Bild, nicht wahr? Und wissen Sie, was mir dabei am meisten gefällt: die Art, wie man dabei selber mit sich umgeht. Ich würde niemals eines meiner Kinder ausschimpfen, wenn es ängstlich oder verunsichert ist. Natürlich nehme ich es in den Arm, tröste es und versuche, eine logische Erklärung für seine Sorgen zu finden. Dann ist es beruhigt, drückt mich fest und läuft wieder zurück in seine Welt. Kennen Sie Andreas Bouranis Lied *Hey*, in dem er uns dazu auffordert, nicht zu hart zu uns zu sein – und singt, dass es völlig in Ordnung ist hinzufallen? Ja, es ist okay, wenn Sie fallen! Selbst wenn Sie schon dachten, das Schlimmste hinter sich zu haben.

Von meiner Umwelt habe ich sehr häufig zu hören bekommen: »Du bist ja so stark.« Das mag stimmen, weil ich ja, genauso wie Sie, gar keine Wahl habe und hatte, aber glauben Sie mir, es gibt Tage, da würden Sie mich nicht wiedererkennen.

Dank der Stehauf-Regel »Sei nicht so hart zu dir selbst« gelang es mir, meine Angstattacken anzunehmen. Ich suchte mir meine Schnuller, die mich beruhigen oder ablenken. Und langsam, wenn Sie mich fragen, ein bisschen zu langsam, wächst Gras über die Sache.

Ihre STEHAUF-Regel:

_____

_____

_____

_____

Alles zu seiner Zeit

Und? Bist du aufgeregt?«, fragte mich meine Kollegin auf dem Weg zu einem Kunden.

»Es geht so. Ich bin so begeistert von unserer Idee und der Präsentation, dass ich wirklich sicher bin, wir bekommen den Kunden«, antwortete ich ihr gelassen.

Meine Kollegin Andrea und ich waren auf dem Weg zu einem großen Kinderwagen-Hersteller. Ich arbeitete zu der Zeit als Anzeigenleiterin in einem Lifestyle-Verlag, und wir wollten dieses Label als Kunden gewinnen. Die Vorzeichen standen mehr als gut. Seit Monaten waren wir an dem Kunden dran, und der Abschluss war eigentlich nur Formsache. Vor Wochen hatten wir den Hauptstandort in Italien besucht, dann auf diversen Messen gesprochen, und das Verhältnis war mittlerweile vertraut und familiär. Wir hatten viel Zeit, Arbeit und Leidenschaft in den Kunden investiert, alles Dinge, die man nur dann aufbringen kann und darf, wenn der Aufwand irgendwann zu einem wirklich großen Auftrag führt. Denn, so nett das alles war, in der letzten Konsequenz bestand mein Job nicht darin, mit Kunden nett zu plauschen und Kaffee zu trinken.

Die Präsentation sollte die Wünsche des Kunden optimal wiedergeben. Sozusagen die Krönung werden. Und ich sah es vor meinem inneren Auge schon vor mir: Standing Ovations und die Unterschrift am richtigen Fleck.

Demzufolge war ich siegessicher und von uns und mir doch recht überzeugt. Eine Haltung, die man als Verkäufer ja auch besser an den Tag legt, denn sonst braucht man erst gar nicht loszufahren.

Und alles lief nach Plan. Andrea und ich waren in unserem Element und präsentierten, was das Zeug hielt. Nur was ausblieb, waren der Applaus und die Standing Ovations. Der Kunde war zwar offensichtlich nicht unzufrieden, aber so wirklich vom Hocker gehauen schien er nicht.

»Ich danke Ihnen für alles. Sie hören von uns«, war sein doch recht nüchterner Kommentar.

Ich war geschockt. So hatte ich mir das nicht vorgestellt. Nach all der investierten Arbeit hätte heute – jetzt und hier – die Unterschrift erfolgen müssen. Und das machte doch aus meiner Sicht einen guten Verkäufer aus: nicht nur rumeiern, sondern es zum Abschluss bringen.

»Prima«, versuchte ich meine Enttäuschung zu überspielen. »Sollen wir Ende der Woche wegen der Details telefonieren?«

»Ich rufe Sie an«, reichte mir der Geschäftsführer die Hand und signalisierte uns so, dass das Gespräch beendet war.

»Was war das denn?«, fragte mich Andrea im Auto mindestens ebenso geschockt, wie ich es war.

»Du siehst mich sprachlos. Da war ja nichts von der Vertrautheit zu spüren. Das war ja, als stünden wir wieder ganz am Anfang.«

Wir waren beide fassungslos und richtig enttäuscht. Ich ließ dem Kunden die Zeit, die er sich erbeten hatte, und gab ihm vierzehn Tage, um sich von sich aus zu melden. Nichts geschah. Ich war von solchen Selbstzweifeln geplagt, dass ich in diesen zwei Wochen so gut wie gar keinen Auftrag an Land holte. Denn Verkäufer brauchen Erfolg und Bestätigung, da bildete ich keine rühmliche Ausnahme. Und nachdem dieser wichtige Kunde fest eingeplant war und sich nun nicht mehr meldete, ging mir das an die Substanz.

Nach gut zwei Wochen rief ich ihn an. Er war nett und freundlich wie immer, aber er kam schnell zum Punkt: »Die Präsentation war gut, aber wir kommen nicht zusammen.«

Aus meiner Sicht war das damals ein Scheitern der allerfeinsten Art. Denn natürlich musste ich die hohen Reisekosten und gemeinsamen Essen meinem Chef gegenüber rechtfertigen. Denn ich hatte ihm zuvor gesagt: »Das ist eine Investition.«

Und diese vielversprechende Investition gab mir jetzt einen Korb.

»Herr Müller, darf ich ganz ehrlich zu Ihnen sein? Ich bin irritiert«, gab ich ehrlich zurück.

»Warum?«, fragte er.

»Nennen Sie mich naiv, aber ich dachte wirklich, dass wir die letzten Monate dieselbe Sprache sprachen«, hörte ich mich sagen und merkte gleichzeitig, dass ich mich wie eine verlassene Ex-Partnerin anhörte.

»Wissen Sie, manchmal passieren unvorhergesehene Sachen. Melden Sie sich in einem halben Jahr wieder.« Schluss. Aus. Gespräch beendet.

Nach diesem Satz kam mir zum ersten Mal der Gedanke, dass die Absage vielleicht gar nichts mit uns zu tun hatte. Bis dahin war ich viel zu stark auf mich selbst und den Auftrag konzentriert gewesen. Jetzt fiel mir auf, dass der Kunde während der Präsentation irgendwie abwesend wirkte. Vielleicht war wirklich etwas vorgefallen, und es war einfach nur der falsche Zeitpunkt gewesen. Die Erklärung half mir zumindest insoweit, als ich so die Selbstzweifel ein bisschen beiseiteschieben konnte.

Unreif

Ich sollte aus dieser Geschichte viel lernen. Der Kunde war noch nicht reif. Aus welchen Gründen auch immer. Alles hat seine Zeit und kommt, wenn es so weit ist. Und was man dafür braucht ist: Geduld.

Und: Ich erkannte, dass ein Fehler auch bei mir zu finden war. Die Präsentation mochte gut gewesen sein, aber ich war währenddessen zu sehr bei mir selbst und hatte den Kunden außer Acht gelassen. Wenn ich mehr auf seine Reaktion geachtet hätte, hätte ich vielleicht gesehen, dass es ihm nicht gut ging. Und dann hätte ich intervenieren können, zum Beispiel mit dem

Vorschlag: »Wenn wir irgendwie ungelegen kommen, ist das kein Problem. Lassen Sie uns nach einem neuen Termin suchen.«

Eine Woche später wusste ich, was passiert war. Die ganze Branche wusste, was passiert war. Der Kunde hatte am Morgen der Präsentation die Nachricht erhalten, dass sein Produkt bei Stiftung Warentest als schlechtestes abgeschnitten hatte. Ein Super-GAU für die gesamte Firma.

Ich schrieb ihm eine Mail und entschuldigte mich für mein unsensibles Verhalten. Außerdem überlegte ich mir, wie ich ihm helfen konnte, und machte ihm einen Vorschlag. Knapp ein Jahr später wurde er mein größter und treuester Kunde, den ich zu der damaligen Zeit hatte. Alles kommt, aber eben zu seiner Zeit.

Ihre eigene STEHAUF-Regel:

_____

_____

_____

_____

Ich lass das so!

Die »Alles zu seiner Zeit«-Regel kann man noch weiter fassen. Und sie klingt doch so wesentlich schöner als »Aufschieberitis«.

Wenn mal irgendwann eine Olympiade ins Leben gerufen wird für Aufschieberitis, ich glaube, das wäre meine erste Goldmedaille. Im Aufschieben bin ich Weltmeisterin! Sie glauben gar nicht, wie lange ich unbequeme Dinge vor mir herschieben

kann. Und wenn Sie, so wie ich, nur eine Handvoll Inselbega-
bungen haben, dann gibt es eine Menge unbequemer Dinge.
»Ah, jetzt macht sie Fishing for Compliments«, werden Sie jetzt
sagen, aber ich muss Sie enttäuschen. Ja, ich stehe gerne auf der
Bühne, und ja, ich schreibe ebenso gerne Bücher. Ich verbringe
auch gerne Zeit mit meinen Kindern, und ich bin ein Natur-
talent im Klatsch-Memory. Sagen Sie mir aber: »Du denkst daran, den Brief für die Stadt fertig zu machen?«, verlieren Sie
mich. Papierkram und Postgänge sind für mich ein Graus. Da
schreib ich lieber fünf Bücher in der Zeit. Heißt es aber: »Du,
heute Abend ist eine Moderatorin ausgefallen, kannst du ein-
springen?«, da würde ich nicht mit der Wimper zucken.
Aber: Es gibt gute Tage. Da merke ich, heute kannst du dich
mal der Post widmen. Aber die sind seeehr selten. Manchmal
vergleiche ich mich mit einem Wasserrad. Wenn da viel Wasser
draufkommt, dann dreht es sich in Windeseile. Aber kommen
nur ein paar Tropfen, so bleibt es fast stehen. So ist das auch
mit mir. Je mehr ich zu tun habe, desto schneller geht alles,
aber es gibt Tage, da ist der Gang in den Keller für mich ein
unüberwindbares Hindernis. Ganz zu schweigen, wenn Steuer-
erklärungen oder Überweisungen anstehen.
Alle Menschen, die Aufschieberitis als Scheitern ansehen, ver-
weise ich auf das Kapitel »Was wirklich zählt«. Wer sagt denn,
dass wir alles sofort machen müssen? Wer sagt denn, dass es
nicht auch mal total wichtig fürs Hirn ist, einen Brief fünf Tage
liegen zu lassen? Ich durfte mir manchmal von meinen Eltern
anhören, wenn ich Hausaufgaben spätabends machte: »Immer
auf den letzten Drücker, muss das sein?« Ja! Anscheinend
schon. Und warum denn auch nicht? Denn wenn ich dann mal
in Fahrt bin, dann läuft es ja auch.
Ich durfte diese Erfahrung schon mehrfach machen. Damals,
kurz nach der Diagnose, musste ich für eine Versicherung einen wahnsinnig langen Antrag ausfüllen. Es ging um die Erkrankung, meine berufliche Tätigkeit und so weiter. Dieser

Antrag, das weiß ich noch genau, kam Montag. Da ging es mir entsetzlich, und die Seiten machten mich beim bloßen Hinsehen schon fertig. Ich fühlte mich nicht in der Lage, mit dem Fragebogen auch nur anzufangen. Dienstag, Mittwoch und Donnerstag immer noch die gleiche Gefühlslage. Ja, es gab eine Abgabefrist, aber das interessierte mich alles nicht. Freitag kamen gute Untersuchungsergebnisse, und das gab mir dann so viel Schwung, dass die Bogen binnen zehn Minuten ausgefüllt waren. Zack, zack. Alles hat eben seine Zeit.

Wenn Sie es sich leisten können – denn es gibt ja nun mal Dinge, die kann man nicht liegen lassen –, dann probieren Sie doch mal aus, welche Wirkung das auf Sie hat.

An meinen guten Posterledigungstagen, da fühle ich mich großartig. Da erwarte ich eigentlich vom Briefkasten eine Fanfare, wenn der Brief durch den Schlitz fliegt. Aber an meinen »Ich lass das jetzt mal so«-Tagen fühle ich mich nicht weniger gut.

Pause vor dem nächsten Berg

Dass »Aufschieberitis« manchmal tatsächlich notwendig ist, um sich überhaupt gewissen Herausforderungen zu stellen, das durfte ich auch bei anderer Gelegenheit am eigenen Leib erfahren.

Wie schon an früherer Stelle erwähnt, unterzog ich mich unmittelbar nach der Chemotherapie einer beidseitigen hautsparenden Mastektomie. Eine große und schwere OP, die mir aber eigentlich anders empfohlen wurde. Die Ärzte rieten mir von Beginn an, die Brust mit Eigengewebe aufzubauen, weil das Risiko einer Kapselfibrose mit daraus resultierenden Schmerzen nicht unerheblich sei. Ich entschied mich jedoch bewusst dagegen, weil das eine noch größere OP und eine anschließend wahnsinnig lange Genesungsphase bedeutet hätte. Ich hatte schlicht und ergreifend keine Lust darauf. Ich wollte schnell wieder auf die Beine, hatte genug von Krankenhäusern und davon, mich zu schonen. Nach einem halben Jahr Therapie war mein Wunsch nach Normalität zu groß. Die Ärzte hatten dafür hundertprozentiges Verständnis und meinten: »Das können Sie auch später noch machen.« »Später« klang wie Musik in meinen Ohren, und ich entschied mich für die (scheinbar) leichtere OP.

Ein gutes halbes Jahr später mussten die Implantate (für die Fachleute unter Ihnen: Es war ein Expander, den ich zu Beginn hatte) gewechselt werden, und wieder sagte meine liebe Ärztin: »Wollen« wir nicht das Eigengewebe einsetzen?« Ich ließ mich in einem langen Gespräch aufklären, und es fielen Worte wie: »mindestens zehn Stunden OP, drei Monate schonen«. »Nein«, sagte ich. »Ich nehme das Silikon.« Ich war einfach noch nicht so weit. Ich durfte das letzte Dreivierteljahr ohne Krankenhaus verbringen, und das Leben schmeckte einfach zu süß. Alleine die Vorstellung, eine Nadel gesetzt zu bekommen, ließ mich erschaudern.

Wieder schob ich die OP auf.

Und es passierte, was passieren musste: Ich bekam eine sehr schmerzvolle Kapselfibrose. Die Brust verzog sich, auch schon relativ schnell nach dem letzten Eingriff. Ich war aber eher bereit, das in Kauf zu nehmen, als mich wieder unters Messer zu legen. Weil meine Ärzte immer noch Verständnis hatten, verschafften sie mir mit einem Lipofilling kurzfristig Linderung.

Und dann, eines Morgens, gute zweieinhalb Jahre nach der Mastektomie, wurde ich wach und sagte zu meinem Mann: »Ich bin so weit«, nahm den Hörer in die Hand und organisierte mir einen OP-Termin für den sogenannten DIEP Flap. Ich spürte einfach, dass ich es jetzt schaffen würde.

Ich bekam einen Termin drei Monate später, für mich Zeit genug, alles zu organisieren. Der Gedanke an Spritzen, Drainagen und Co. war erträglich geworden. Die »Aufschieberitis«

hatte dafür gesorgt, dass ein bisschen Gras über die Sache gewachsen war.

Die DIEP-Flap-Operation war heftig, aber sie hat sich gelohnt. Es rissen viele alte Wunden auf, und ich kam nicht tränenlos durch diese schwere Zeit. Aber diesen Anspruch habe ich auch nicht mehr an mich.

Meine eigene STEHAUF-Regel aus dieser Zeit:
- Vielleicht nicht für das Finanzamt, aber für die Seele ist Aufschieberitis eine tolle Sache!

Ihre STEHAUF-Regel:

_____

_____

_____

_____

Herzschmerz

Mama, Jenny hat mit Marco Schluss gemacht«, erzählt mir mein Sohn mittags nach der Schule. Er besucht die dritte Klasse, und Jenny (aus Sicherheitsgründen sind die Namen geändert) ist seine große Liebe.

»Aha. Und was heißt das?«, frage ich vorsichtig nach, was wohl »miteinander gehen« in der dritten Klasse bedeuten mag.

»Sie gucken sich nicht mehr an«, gibt er völlig selbstverständlich zurück.

»Soll das bedeuten, dass sie sich vorher ›nur angeguckt‹ haben?«

»Ja, was denn sonst?«

Na klar, was denn sonst.

»Und was willst du jetzt machen?«, möchte ich von ihm wissen, überaus dankbar dafür, dass er mir so etwas überhaupt erzählt.

»Ich dachte, ich schreibe ihr einen Liebesbrief«, antwortet er.

Mein Mama-Herz springt in alle Richtungen.

»Brauchst du Hilfe?«

»Nein.«

»Wenn du Hilfe brauchst, sag Bescheid.«

Später zeigt er mir tatsächlich seinen handgeschriebenen Brief, und ich bin zu Tränen gerührt. Ob er Jenny mal zum Eis einladen dürfte und ob sie ihn so liebt wie er sie.

Ein paar Tage später kommt ein handgeschriebener Umschlag mit unzähligen Stickern darauf per Post zurück. Ich bete und hoffe, dass sie ihm keinen Korb gibt.

»Und? Magst du mir verraten, was sie geantwortet hat?«

»Eis essen ja, aber für eine neue Beziehung ist sie noch nicht bereit«, gibt er todernst von sich.

»Ist das okay für dich, mein Schatz?«

»Na klar, ich geh rüber zu Lisa, tschööö!«

Thema beendet. Zugegeben, ich hätte gerne noch mehr über die Gefühlslage der jungen Dame, die die eine »Beziehung« gerade beendet hatte und ihrem Herz noch Zeit vor dem Neuanfang lassen wollte, erfahren. Aber mein Sohn nicht.

Wirklich schade, dass ich meinen Sohn noch nicht kannte, als ich siebzehn war, denn er hätte mir bestimmt gute Tipps in Sachen Liebeskummer geben können. Denn in diesem zarten Alter sollte der mich zum ersten Mal so richtig heftig erwischen.

Simon hatte mit mir Schluss gemacht, und zwar genau mit der gleichen Begründung wie Max' »Freundin« knapp zwanzig Jahre später. Nur dass Simon sein Gefühlsdilemma erst bemerkte, als wir schon zwei knutschende Nachmittage verbracht hatten. Und Hand in Hand über den Schulhof spaziert waren. Für mich war es der erste Freund aus derselben Schule, und es sollte auch der letzte gewesen sein.

Diese Schmach!! Montag und Dienstag das In-Paar der Stufe, und Mittwoch guckten wir uns nicht mehr mit dem Allerwertesten an.

Meine Erklärungsversuche bei meinen Freundinnen klangen immer gleich: »Ja, weißt du, er hat ja gerade eine so lange Beziehung hinter sich. Er schafft das einfach noch nicht. Verstehe ich voll«, nahm ich ihn sogar noch in Schutz.

Den Todesstoß verpasste er mir dann, als er nur eine Woche später mit Christine über den Schulhof stolzierte. (Zu seiner Ehrenrettung bleibt zu sagen: Sie haben später sogar geheiratet und ein Kind bekommen.)

Wissen Sie noch, wie man sich als Siebzehnjährige fühlt? Ich habe nächtelang ins Kissen geweint und mir dazu bestimmt hundertmal den Film *La Boum* angemacht und immer wieder die Szene angeschaut, in der sich Vic heulend vor Liebeskummer in den Schlaf weint. Und ähnlich wie in dem Kultfilm brachte auch hier meine Oma die Rettung mit den Worten: »Weißt du, Schatz, es gibt zwei Dinge, denen darfst du im Leben nicht nachlaufen: Straßenbahnen und Männern! Beide kommen in regelmäßigen Abständen wieder.« Wie recht sie hatte.

Aber warum tut Liebeskummer so weh? Ist es »nur«, weil wir einen scheinbar geliebten Menschen vermissen, oder ist es doch die damit einhergehende Zurückweisung der eigenen Person. Und leiden Männer eigentlich auch so wie Frauen?

Ich habe mal meinen Mann gefragt, ob er schon mal Liebeskummer hatte.

»Was?«

»Na, Liebeskummer?«

»Nö. Wegen wem?«

Das war der Moment, in dem ich beinahe die Scheidung eingereicht hätte.

»Na, vielleicht wegen mir??«

»Nee, aber ich war mal schrecklich in eine Mitschülerin ver-knallt, als ich in der Oberstufe war. Aber sie entschied sich für meinen Kumpel«, rückte er dann raus.

»Und, wie hast du dich getröstet?«, möchte ich gerne wissen.

»Ich bin abends einen trinken gegangen«, und damit ist das Thema für ihn beendet. Vielleicht empfinden Männer nicht die Art der Zurückweisung, die Frauen empfinden, oder aber sie verdrängen das einfach besser.

Als Siebzehnjährige kam mir dieser Kummer auf jeden Fall sehr groß vor, und wenn ich rückblickend überlege, was mir gehol-fen hat, so muss ich gestehen, dass nur das Aufpolieren des Selbstwertgefühls Linderung verschaffte. Also um es deutlich zu sagen: Ich brezelte mich auf und checkte meinen Markt-wert.

Ich wünschte, ich könnte Ihnen eine selbstbewusstere oder geistig reifere Lösung präsentieren. Dass ein gutes Buch oder gar gute Gespräche geholfen hätten, aber das wäre gelogen. Ich tröstete mich, indem ich heftig mit anderen Männern flir-tete.

Aber wie ist das, wenn der Liebeskummer härter ist? Wenn eine langjährige Liebe in die Brüche geht? Und mit ihr vielleicht das eigene Urvertrauen. Was passiert mit uns, wenn eine Ehe plötz-lich vor dem Aus steht?

Alles auf Anfang: Utas Geschichte

Uta und Daniel waren seit achtzehn Jahren zusammen und fünfzehn davon verheiratet. Sie hatten zwei Kinder, wohnten in einer Vorstadt und hatten dort vor Jahren ihr eigenes Häuschen gebaut. Die Kinder waren dreizehn und zehn Jahre alt, im Prinzip aus dem Gröbsten raus, und Uta und Daniel hatten endlich wieder Zeit für sich.

Aus Utas Sicht lief alles perfekt. Beide standen fest in ihren Jobs und waren finanziell gut gestellt. Sie reisten viel, hatten gemeinsame Hobbys und einen gemeinsamen Freundeskreis. Uta war »verliebt wie am ersten Tag«, erzählt sie mir.

»Wir waren schon immer ein Paar, das sich viel Freiraum gelassen hat. Aber Treue stand an erster Stelle. Zumindest für mich«, schildert sie mir drei Jahre nach dem Knall.

Irgendwann, und das schob Uta auf die klassische Midlife-Crisis, begann Daniel, viel Sport zu machen. Er joggte, was das Zeug hielt, nahm zehn Kilo ab und war in der Form seines Lebens. Uta nahm er nie mit zum Joggen, weil er den Kopf frei kriegen wollte, wie er sagte.

»Hat dich das nicht irgendwie skeptisch gemacht?«, frage ich.

»Zu Beginn noch nicht. Ich habe ihm doch vertraut.«

Grund zur Skepsis bekam sie erst, als sich eine Frau aus dem gemeinsamen Freundeskreis zurückzog. »Sie antwortete mir auf keine Nachricht mehr, und ich dachte, ich hätte ihr irgendwas getan.« Aber auch das bezog sie nicht auf Daniel und sich.

»Eines Abends waren wir auf einer Fete eingeladen und wollten in den Geburtstag eines Freundes reinfeiern. Die besagte Frau sprach zwar mit mir, aber irgendwie war sie komisch. Ich hatte immer das Gefühl, sie und auch andere tuschelten über mich.«

»Konntest du mit Daniel darüber reden?«

»Ich habe es versucht, aber er hat mich als verrückt hingestellt.«
So akzeptierte Uta, dass sie scheinbar bei bestimmten Frauen
nicht mehr gerne gesehen war, und zog sich zurück. Mit zwei
Kindern und einem Vollzeitjob hatte sie gar nicht die Zeit, sich
einen Kopf darum zu machen, und lebte ihr Leben weiter.

»Lach nicht, aber den ersten eindeutigen Hinweis darauf, dass
etwas nicht stimmt, den bekam ich eines Morgens im Bad«,
erzählt mir Uta.

»Was war da?«

»Er hatte ein neues Parfum. Das hatte ich in all den Jahren
noch nicht erlebt, dass er sich selber so etwas kaufte. Das brachte ich ihm immer mit.«

»Und was hast du gesagt?«

»In dem Moment noch nichts, aber da fing ich an, ihn zu beobachten. Die Anzeichen waren eindeutig: Er ließ sein Handy
nirgendwo liegen und war häufig weg, ohne mir zu sagen, wohin er ging. Eines Tages habe ich ihn ganz direkt gefragt, ob er
eine Affäre hat«, erzählt Uta mit etwas Abstand.

Daniel leugnete alles und meinte, sie wäre hysterisch. Ein bisschen wie in einem schlechten Film.

»Als ich dann die besagte Frau beim Einkaufen traf und sie
nahezu vor mir flüchtete, da fiel es mir wie Schuppen von den
Augen.«

»Was? Die beiden hatten eine Affäre?«

»Ja, und alle wussten Bescheid. Unser gesamter Freundeskreis,
alle.« Jetzt höre ich die Wut und Ungläubigkeit in ihrer Stimme.

»Was ist dann passiert?«

»Ich habe es ihm auf den Kopf zugesagt, und er gestand es sofort. Aber die ganze Wahrheit kam erst scheibchenweise auf
den Tisch. Die beiden trafen sich seit zwei Jahren! Kannst du
das glauben? Zwei Jahre habe ich nichts gemerkt.«

»Was ging in dir vor?«

»Am schlimmsten war der Ekel. Mir wurde so übel. Den Gedanken daran, mit ihm das Bett geteilt zu haben, während er vorher …« Sie kann es noch jetzt kaum aussprechen. »Und ich war sauer. So unglaublich sauer, dass er versucht hatte, mich für blöd zu verkaufen. Die ganze Zeit habe ich an mir gezweifelt, dachte, ich wäre die Verrückte. Das war mit das Schlimmste.«

Uta fiel also ohne Netz und doppelten Boden.

Ihre erste Reaktion: Flucht. Sie schnappte sich die Kinder und ging zu ihrer Schwester. Das sind Momente, in denen nur noch zwei Dinge in unserem Hirn funktionieren: Flucht oder Kampf. Alles andere ist in dem Moment blockiert.

Uta berichtet mir, dass sie das Gefühl hatte, in einer Lebenslüge zu stecken. Sie zweifelte daran, dass sie jemals gewusst habe, mit wem sie ihr Leben verbracht hatte. »Wenn er so lange in der Lage war, mich anzulügen, wie kann er dann vorgeben, mich zu lieben?« Ein weiterer schlimmer Punkt war: Der gesamte Freundeskreis hat sie ebenfalls belogen. Es stürzte nicht nur ihre Ehe ein, sondern ihr gesamtes soziales Umfeld.

»Ich stand mit Mitte vierzig und zwei pubertierenden Kindern vor dem Scherbenhaufen meines Lebens.« Die Kinder bekamen natürlich mit, was passiert war, aber Uta achtete stets darauf, nicht vor den Kindern schlecht über ihren Vater zu reden.

»Wie ging es dann weiter?«, frage ich.

»Meine Schwester und ihre Familie nahm uns erst einmal auf. Ihre drei und meine zwei Kinder verstehen sich bestens. Damit war mir eine Last genommen. Mein Schwager zog sich zu Beginn zurück, wofür ich ihm sehr dankbar war, denn dann konnte ich mich erst mal richtig ausheulen.«

Danach durchlebte Uta verschiedene Phasen. Sie schwankte zwischen »Ich bring ihn um« und »Das ist doch nicht so schlimm, ich geh wieder zurück«. Dazu kam das Kopfkino, das ihr ständig Daniel und diese Frau zeigte. Keine schöne Situation.

»Warst du arbeiten in der ersten Zeit?«, möchte ich wissen.

»Nein. Ich habe mir mit einer Ausrede Urlaub genommen. Ich musste erst mal zu mir selbst finden.«

»Uta, das Ganze ist jetzt drei Jahre her. Wie ist der aktuelle Stand?«

»Daniel hat viele Versuche unternommen, mich zurückzugewinnen. Ich habe, schon wegen der Kinder, oft darüber nachgedacht. Aber schlussendlich konnte ich es nicht. Der aktuelle Stand ist: Ich wohne mit meinen Kindern in einer Wohnung in einer anderen Stadt, denn dorthin zurück wollte ich nicht, und wir haben ein neues Leben angefangen, ohne das alte zu verleugnen. Wir haben Kontakt, die Kinder sehen ihn regelmäßig, aber ich lebe mein eigenes Leben.«

Uta erzählt es stolz, aber nicht ohne Wehmut in ihrer Stimme. Daran meine ich zu erkennen, dass sie ihr Leben jetzt angenommen hat, aber es dennoch anders geplant hatte.

»Was hat dir am meisten geholfen? Was sind deine persönlichen Stehauf-Regeln?«

- »Ich bin am Drücker
  Die Entscheidung lag bei mir. Ob ich jetzt zurückgehe oder nicht, das lag bei mir und nicht bei ihm oder sonst wem. Das hat mir geholfen. Vielleicht war es das erste Mal in meinem Leben, dass ich mich gefragt habe: Was will *ich* eigentlich?
- Traurigkeit akzeptieren, aber nicht Vergangenes verfluchen
  Ich war eine belogene und betrogene Ehefrau. Mich hat es tieftraurig gemacht, dass ich von der Liebe meines Lebens so behandelt wurde, aber ich habe mich geweigert, die ganzen Jahre zu verfluchen, denn …
- Es gehören immer zwei dazu
  Die Version von meinem Mann würde sich vermutlich anders anhören. Irgendetwas hat ihm gefehlt. Das muss ich akzeptieren. Aber ich weigere mich, mir diesen Schuh alleine anzuziehen. Es gehören immer zwei Menschen zu einer kaputten Ehe.

- Kein Selbsthass
  Ich fühlte mich phasenweise wie eine Versagerin. Als ob ich zu blöd und unfähig bin, eine Ehe zu führen. Und auch noch zu blöd, den Betrug zu erkennen. Es gab Tage, da hätte ich mich am liebsten selbst geohrfeigt, so sehr habe ich mich gehasst. Meine Schwester war dann immer diejenige, die mich wachgerüttelt hat.
- Akzeptanz
  Ich hatte mir das Leben ganz anders vorgestellt, und wenn ich ehrlich bin, dann hatte ich oft vorschnelle Urteile über alleinerziehende Mütter. Oft dachte ich, sie hätten die Flinte zu schnell ins Korn geworfen. Das mache ich nicht mehr. Ich urteile über niemanden mehr, weil man es schlicht nicht kann, wenn man nicht in der Haut des anderen steckt. Heute akzepticre ich mein Leben so, wie es ist, auch wenn es nicht immer leicht ist allein. Aber die Kinder sind gesund, ich bin es, und alles hat seinen Sinn. Vielleicht kommt bald der Mann meines Lebens um die Ecke, aber ich mache mein Glück davon nicht mehr abhängig.«

Ihre eigenen STEHAUF-Regeln aus dieser Geschichte:

_____

_____

_____

_____

Das gebrochene Herz

Es klingt wie das Ende einer traurigen Geschichte: Was bleibt, ist das gebrochene Herz. Aber gibt es das eigentlich? Wir beschäftigen uns in diesem Buch meist mit den Stehauf-Regeln und dem Ausweg aus einer Krise. Aber was, wenn ein Mensch keinen Weg findet? Kann man an Kummer oder Sorgen sterben? Im Internet finde ich das *Broken-Heart-Syndrom,* und ich befrage dazu meinen ehemaligen Hausarzt Rolf Börger, ob er in seiner langjährigen Arzt-Laufbahn Erfahrungen mit diesem Syndrom gemacht hat.

»Ja«, antwortet er. »Ich hatte tatsächlich mal eine Patientin mit genau diesem Krankheitsverlauf. Die Dame war um die sechzig Jahre und stand mitten im Leben. Sie hatte einen guten, aber auch stressigen Job, war Raucherin mit Bluthochdruck. Eigentlich eine klassische Kandidatin für einen Herzinfarkt. Mehrfach habe ich mit ihr gesprochen und ihr Wege gezeigt, wie wir die einzelnen Risiken minimieren können. Aber sie stand, wie gesagt, mitten im Leben und schenkte ihrer Gesundheit wenig Aufmerksamkeit. Dann starb im hohen Alter ihr Vater, ein enger Vertrauter, und sie erbte ein kleines Familienunternehmen. Eines Tages kam sie zu mir in die Praxis und erzählte mir, dass sie mit enormen Herzschmerzen ins Krankenhaus gekommen sei. Meine erste Reaktion war: ›Ich hatte Sie gewarnt‹, aber dann berichtete sie, dass man herausgefunden hatte, dass ihre Gefäße alle in Ordnung waren.«

Bei einem klassischen Herzinfarkt liegt eine Durchblutungsstörung der Herzkranzgefäße vor. Diese konnte man bei ihr nicht feststellen. Im Herzultraschall hingegen zeigte sich, dass das Herz nicht mehr richtig pumpte.

»Die Symptome waren exakt wie bei einem Herzinfarkt. Sie hatte enorme Schmerzen in der Brust, ein Engegefühl, Luftnot und Todesangst. Einen Infarkt zu vermuten lag natürlich auf der Hand. War es aber in diesem Fall nicht. Meine Patientin litt unter dem *Broken-Heart-Syndrom.*«

Dieses Syndrom kennt die Medizin seit gerade mal zwanzig Jahren, und daher ist es auch noch nicht bis ins Detail erforscht. Was man aber weiß: Sehr häufig gehen diesem Syndrom schwere Schicksalsschläge oder enorme Stressbelastungen voraus. Und besonders auffällig: Nahezu achtzig Prozent der Betroffenen sind Frauen über fünfzig Jahre. Hier vermuten die Forscher, dass dies mit dem nachlassenden Östrogenspiegel zusammenhängt.

»Herr Börger, denken Sie, der Tod des Vaters war hier der Auslöser?«

»Das ist ganz schwierig zu sagen. Bisher sagte man, dass das *Broken-Heart-Syndrom* bei akuten Belastungen auftritt. Der Tod des Vaters war schon eine Zeit her, daher passte es nicht hundertprozentig. Heute hingegen vermutet man, dass auch chronische Belastung zu dieser Krankheit führen kann.«

»Ist sie so gefährlich wie ein Herzinfarkt?«

»Nein, sie ist nur ganz selten tödlich. Beispielsweise wenn eine andere, schwerwiegende Erkrankung vorliegt und es dann in der Summe gefährlich wird. Die Prognose ist eigentlich gut, denn das Herz erholt sich nach wenigen Tagen wieder alleine. Es ist so, als wäre es in einer Art Winterschlaf.«

Mittlerweile geht die Medizin davon aus, dass unter anderem die enorme Ausschüttung von Adrenalin dieses Syndrom hervorrufen kann. Denn anders als beim Herzinfarkt sind nicht verstopfte Arterien für die Beschwerden verantwortlich, sondern ein Überschuss an Stresshormonen, sogenannten Katecholaminen. In vielen Fällen lässt sich dieser erhöhte Anteil auf eine emotionale oder physische Ausnahmesituation zurückführen, die unmittelbar vor dem Syndrom aufgetreten ist.

»Herr Börger, aus Ihrer Erfahrung heraus, kann man an Kummer sterben?«

»Das lässt sich so pauschal sicher nicht beantworten. Natürlich gibt es schlimme Schicksalsschläge oder Verluste, die zu einer schweren Depression führen. Und die führt wiederum dazu, dass man sich eventuell etwas antut. Aber dann stirbt man ja nicht direkt am Kummer. Der Mensch ist in der Lage, einiges zu ertragen, das erlebe ich bei meinen Patienten jeden Tag. Aber es gibt auch immer noch ein paar Mysterien, die wir bis heute nicht exakt erklären können. Ein Beispiel: Wenn nach einer sehr langen Ehe die Frau stirbt, dann hat der Partner in den ersten Monaten nach ihrem Tod ein zweiundzwanzigfach erhöhtes Risiko, auch zu sterben.«

»Das empfinde ich gar nicht als unlogisch, wenn ich ehrlich bin. Für mich klingt es, als wäre das genau die Phase, in der man sich zwischen ›annehmen‹ oder ›daran zugrunde gehen‹ entscheiden muss. Finden Sie nicht?«

»So könnte man es sagen. Das Gegenteil von Resilienz ist Vulnerabilität, also die Verwundbarkeit. Und natürlich gibt es Schicksale und äußere Stressfaktoren, die von betroffenen Personen nicht von jetzt auf gleich verarbeitet werden können.«

Sie erinnern sich vielleicht an die Verarbeitungsphasen »Annehmen« und »Anpacken«. Aber dem geht ja etwas voraus, nämlich der Schlag. Und dazwischen liegt die tiefe Verzweiflung. Dies scheint bei schweren Schicksalen eine hochsensible Phase zu sein, in der man für sich selber entscheiden muss: leben oder nicht.

Der Körper ist auf Leben gepolt. Selbst mit einem *Broken-Heart-Syndrom,* denn in den meisten Fällen regeneriert sich das Herz von alleine. Eine schöne, wenngleich auch tiefgründige Vorstellung, dass unser Körper sich von ganz alleine für das Weiterleben entscheidet.

Ups, weg ist es:
Warum der Papierkorb so
manches Problem löst

Ich darf mit Stolz behaupten: Ich bekomme vergleichsweise viel Fanpost. Also gemessen an einem Hollywoodstar ist es wahrscheinlich nichts, aber für mich als Otto Normalfrau schon viel. Ich lese jede Mail und jeden Brief und beantworte auch alles brav. Beinahe alle Mails und Briefe sind überaus freundlich, herzlich und berührend. Aber es gibt auch ein paar wenige, die nicht so nett sind. Nach einem TV-Auftritt erreichte mich die E-Mail eines Mannes. Sinngemäß schrieb er: »Hinter dem Emanzengehabe steckt doch nur der Wunsch, wieder eine richtige Frau zu sein.«

Ich erinnere mich an den unfreundlichen Grundton, Rechtschreibung und Ausdrucksweise erweckten für mich aber insgesamt den Eindruck, dass der Mann nicht dumm war.

Es gelang mir damals also nicht, ihn einfach als »Idiot!« abzutun. Ich war getroffen und traurig. (Glauben Sie mir, heute würde ich damit anders umgehen, aber damals waren das meine Gefühle.)

Als ich meinem Mann die Mail zeigen wollte, merkte ich, dass ich sie aus Versehen gelöscht hatte.

»Verstehe ich nicht. Das habe ich nicht bewusst gemacht.«

Als ich versuchte, sie »wiederherzustellen«, sagte mein Mann: »Ach lass doch. Ist eh ein Idiot.«

Ich hörte auf ihn und löschte kurzerhand sogar den Papierkorb. Das war völlig untypisch für mich. Typisch wäre gewesen, die Mail noch x-mal wieder aufzumachen und zu lesen. So ein bisschen wie früher, wenn man Liebeskummer hatte und vielleicht die letzte, alles zerstörende SMS des Schwarms immer und immer wieder las. Um sich selbst zu quälen. Dabei ändert das erneute Lesen nichts an den Tatsachen. Es verlängert nur die eigene Leidenszeit.

Bei diesem sehr simplen Beispiel erkannte ich für mich:

STEHAUF-Regel:
- Aus den Augen, aus dem Sinn! Das ist bestimmt nicht die intelligenteste und reifste Lösung aller Zeiten, aber es ist eine.

Aber Vorsicht: Ich habe das einmal mit einer Mail meiner Steuerberaterin versucht, die mich auf den Abgabetermin hinweisen wollte. Das ging nach hinten los!

Schlaf mal drüber

Es steht dir voll!«
»Nee, ich sehe aus wie eine alte Frau«, gab ich traurig zurück.

»Also für mich hat es eher was von Doris Day«, versuchte mich mein Lieblingsfriseur zu überzeugen.

»Doris Day für Arme und in *Grau!*« Mir schossen die Tränen in die Augen.

Schuld waren meine frisch blondierten, äh, ergrauten Haare. Denn irgendwie hatte es nicht so geklappt mit der Farbe, wie ich mir das gewünscht hatte. Und meine Haare sahen aus wie bei einer Omi.

»Das ist aschblond«, versuchte es jetzt der Kollege.

»Leute, ehrlich, ich mache euch ja keinen Vorwurf, aber verkauft mich nicht für blöd«, sagte ich, während ich raus ans Tageslicht ging in der Hoffnung, dort ein anderes Ergebnis zu sehen.

Das sah ich auch, aber ein anderes, als ich erhofft hatte, denn im Sonnenlicht sah alles noch schlimmer aus. Jetzt kullerten mir tatsächlich die Tränen über das Gesicht, und ich war erschrocken über mich selbst, wie doof ich auf eine Frisur reagierte. Zu meiner Rettung sei gesagt: Ich war zarte vierundzwanzig Jahre alt.

Und: Ich war kurz vor einem Bewerbungsgespräch und hatte den Friseurtermin extra so gelegt, weil ich dabei so gut wie möglich aussehen wollte. Und jetzt sah ich aus wie eine Granny.

»Macht was!«, flehte ich. »Ich habe morgen einen ganz wichtigen Termin.«

»Wir können hier jetzt recht wenig machen. Nicht nachdem wir heute so krass mit Farbe gearbeitet haben«, lautete die niederschmetternde Antwort.

»Das ist nicht euer Ernst?«

Doch, war es. Und so ging ich im Oma-Look und tief geknickt nach Hause. Ich wünschte, ich könnte behaupten, dass ich souveräner reagiert hätte oder dass ich davon überzeugt bin, heute anders zu reagieren. Aber wenn ich ganz ehrlich bin, ich glaube, auch heute wäre eine völlig vermasselte Frisur eine Art »Scheitern« für mich. Vielleicht liegt es an den mitgebrachten Erwartungen. Wenn ich zu einem Friseur gehe, freue ich mich wie ein kleines Kind. Ich mag das einfach: sich verwöhnen lassen und nachher mit diesem Schön-gemacht-Gefühl heimgehen. Die Enttäuschung war also nichts anderes als Frustration.

»Sag nichts«, warnte ich meinen Freund (und heutigen Mann), als ich in unsere Wohnung stürmte.

»Oh«, sagte er nur.

»Ich sagte, du sollst nichts sagen«, gab ich zickig von mir, während ich ins Badezimmer rannte, um das Elend auch unter heimischem Licht noch mal zu betrachten.

Nach zahlreichen Tobsuchtsanfällen und der bitteren Erkenntnis, dass ich schlicht und ergreifend nichts machen konnte, legte ich mich ins Bett.

Am nächsten Morgen passierte etwas ganz Erstaunliches: Wie durch ein Wunder erschien mir das Problem am darauffolgenden Morgen nicht mehr so groß. Besser noch, ich konnte die Empörung vom Tag zuvor schon nicht mehr nachvollziehen. Meine Wogen waren geglättet. Zwar fand ich das Ergebnis immer noch nicht gerade berauschend, aber ich konnte es mit gutem Make-up und dem passenden Outfit gut kaschieren.

Was war passiert? Löst sich ein Problem über Nacht in Luft auf? Nein, das sicher nicht, aber nach meiner Erfahrung relativiert eine Nacht Schlaf vieles. Die Redewendung »Schlaf mal eine Nacht drüber« hat ihren Sinn. Wie oft habe ich mich schon über E-Mails oder SMS geärgert und wie oft bin ich sofort danach losgepprescht und habe es am Morgen danach bereut. Meine Reaktion wäre nach einer Nacht Schlaf bestimmt diplomatischer und souveräner ausgefallen.

Gleiches gilt für wichtige Entscheidungen. Ich habe mir angewöhnt, diese immer erst nach mindestens einer Nacht zu treffen. Menschen, die schnell zu begeistern sind – und zu denen gehöre ich –, springen schnell auf und rufen: »Ich, ich, ich!« Sei es, wenn es darum geht, im Kindergarten etwas zu organisieren, was ich interessant finde, oder in der Schule für ein Projekt Patin zu sein. Wenn ich etwas toll finde, dann bekommen Sie mich schnell überzeugt. Zu Hause, wenn ich dann in meinen Terminkalender blicke, schlage ich nicht selten die Hände über dem Kopf zusammen. Und das ein oder andere Mal musste ich zähneknirschend zurückrudern. Weil mir das aber wiederum so unangenehm war, habe ich mir jetzt angewöhnt, erst mal eine Nacht darüber zu schlafen.

STEHAUF-Regel für Ärger oder Probleme jeglicher Art, für die es jetzt und gleich keine Lösung gibt:
- Schlaf mal eine Nacht drüber!

Dance like nobody is watching you

Sollten Sie am nächsten Morgen aufwachen und immer noch ein Brett vor dem Kopf haben, dann kann ich Ihnen nur raten: Tanz mal drüber! Es gibt diesen ganz wundervollen Spruch: Dance like nobody is watching you! Also: »Tanze so, als würde dir niemand dabei zusehen.«

Wann haben Sie das letzte Mal so richtig wild getanzt? Alles aus sich rausgeholt? Vielleicht sagen Sie jetzt: Dazu habe ich keine Gelegenheit, oder Sie denken, das sei albern. Versuchen Sie es doch mal, Sie brauchen nicht viel: gute Musik und ein bisschen Platz – mehr nicht!

Ich bin Kölnerin, mir wurden Singen und Tanzen in die Wiege gelegt, und ich komme nur schwer einen Tag ohne aus. Die Einzigen, die mich dabei sehen, sind meine Jungs. Und die tanzen noch schlimmer als ich und dürfen sich daher nicht beschweren.

Eine gute Freundin von mir, die ich in der Chemotherapie kennengelernt habe, hat während ihrer Behandlung das Tanzen neu für sich entdeckt. Das Losgelöstsein durch die Bewegungen hat ihr so geholfen, dass sie kurzerhand allen Mut zusammennahm und sich mit über fünfzig noch zur Tanztherapeutin ausbilden ließ.

Von ihr möchte ich wissen: »Astrid, warum hat dir das Tanzen so geholfen?«

»Du und ich, wir beide wissen, dass eine Chemotherapie viel Kraft kostet und es Tage gibt, in denen wir uns im eigenen Körper nicht heimisch gefühlt haben. Wenn ich getanzt habe, dann habe ich die ganze Kraft meines Körpers spüren können. Da war noch Kraft! Ich war noch nicht am Ende. Und das hatte einen positiven Effekt auf die Therapie, die ich von da an noch besser annehmen konnte. Hier wurde auch mein Wunsch wach, diese Erfahrung an andere Patienten weiterzugeben.«

»Jetzt bist du ja auf dem Weg, Tanztherapeutin zu werden.

Kannst du mir sagen, ob es wichtig ist, *wie* ich tanze? Muss ich *gut* sein?«

»Gut? Schlecht? Wer legt das fest? Und es ist aus therapeutischer Sicht völlig egal, wie jemand tanzt. In den Kursen, die ich gebe, sehe ich die Frauen am Anfang noch sehr zurückhaltend. Und dann irgendwann platzt der Knoten, und mit den Bewegungen kommen die Gefühle. Ein ganz wichtiger Punkt übrigens: Beim Tanzen sind ausdrücklich alle Gefühle erlaubt und gewünscht!«

Sie erinnern sich vielleicht an das Kapitel »Musik ist Trumpf«. Auch hier ging es darum, unterdrückte Gefühle wieder an die Oberfläche zu holen.

Ich kann Ihnen aus vielen durchtanzten Nächten sagen: Es macht was mit einem. Abgesehen davon, dass es Spaß macht, ist es auch ein wundervoll gelöstes Gefühl, einfach mal unkontrolliert abzappeln zu können!

STEHAUF-Regel:
- Dance like nobody is watching you!

Flügel und Wurzeln: Marlenes Geschichte

Marlene zog ihren Sohn Tobias über Jahre hinweg alleine groß. Der leibliche Vater hatte sich kurz nach der Geburt aus dem Staub gemacht, die beiden lebten danach knapp zwanzig Jahre alleine. Marlene war eine Löwenmama. Tobias kam für sie an erster Stelle, und sie versuchte ihm, so gut es ging, eine liebevolle, unbeschwerte Kindheit zu ermöglichen.

»Es gab Zeiten, da hatte ich drei Jobs, um über die Runden zu kommen. Ich habe tagsüber als Sekretärin und teils nachts in einem Club gearbeitet, um unser Leben zu finanzieren«, erzählt sie mir. Sie und Tobias hatten ein inniges Verhältnis, die zwei waren wie eine eingeschworene Gemeinschaft und standen füreinander ein.

»Natürlich weißt du als Mutter, wie wichtig eine Vaterfigur ist. Aber es gab ihn eben nicht, und einen wildfremden Mann, der an meinem Sohn rumnörgelt, den wollte ich nicht im Haus haben«, so Marlene.

Die alleinerziehende, voll berufstätige Mutter macht auf mich einen unglaublich starken Eindruck. Klein, schmal, freundlich, strahlte sie durchaus aus, dass sie im Leben oft auf sich allein gestellt war. Sie schien vom Leben selbst nicht viel zu erwarten. Ein System, das sie unterstützt, darauf hatte sie sich nie verlassen, und streng genommen ackerte sie seit zwanzig Jahren nur, um von der Hand in den Mund zu leben. Sie war eine intelligente, warmherzige Frau, und in unserem Gespräch frage ich mich, wie ihr Leben wohl verlaufen wäre, wenn alleinerziehende, berufstätige Frauen in unserem System besser aufgefangen und etwas mehr Unterstützung erfahren würden.

Wenn Marlene von Tobias erzählt, gibt es zwei Ausdrücke in ihrem Gesicht. Der eine, strahlend und lächelnd, wenn sie mir von vergangenen Zeiten erzählt. Wie sie allen Widrigkeiten trotzten und über alles reden konnten. Und der zweite, tieftraurige, wenn sie mir von ihm heute erzählt. Denn Tobias ist bei unserem Gespräch nicht dabei. Er ist in einer Entzugsklinik.

»Weißt du, ich habe garantiert nicht alles richtig gemacht. Wie auch? Aber ich habe mir siebzehn Jahre lang eingebildet, oder nein, ich glaube es bis heute, dass er Vertrauen zu mir hatte.«

Mit etwa siebzehn Jahren fing Tobias an, sich zu verändern. Zunächst schob Marlene alles aufs Alter. In der Pubertät hatten die beiden wenig Probleme gehabt, und so dachte sie, es hätte sich einfach nach hinten verschoben.

»Er sprach nicht mehr mit mir und spielte tagsüber den ganzen Tag Computer. Nachts kam er spät und irgendwann gar nicht heim.«

»Was hat er dir gesagt, wo er ist?«, frage ich.

»Mit Freunden weg.«

»Kanntest du seine Freunde?«

»Ja, seine alten schon, aber irgendwie lernte er auf Partys neue Leute kennen. Die stellte er mir aber nicht vor. Er fing an, die Schule zu schwänzen und mir gegenüber völlig dichtzumachen.«

»Wie hast du reagiert?«

»Erst habe ich es mit Gesprächen versucht. An alte Zeiten anzuknüpfen. Ich habe mit Lehrern gesprochen, und die bestätigten mir, dass er sich äußerst merkwürdig verhielt. Dann habe ich es mit Konsequenzen versucht. Und schließlich holte ich mir Rat bei Fachleuten.«

»Die sagten dir dann was?«

»Bei den beschriebenen Anzeichen vermuteten sie ein schweres Drogenproblem.«

Marlene schießen beim Erzählen die Tränen in die Augen. Sie ist tieftraurig und ich mit ihr.

Die Beratungsstelle hatte recht. Tobias war – im Prinzip von heute auf morgen – drogenabhängig geworden. Um sich seine Sucht zu finanzieren, wurde er kriminell. Er bestahl Marlene, verkaufte Dinge aus der gemeinsamen Wohnung und war nicht wiederzuerkennen.

»Ich kam überhaupt nicht mehr an ihn ran. Er war aggressiv, kaum noch daheim, und parallel drohte die Schule damit, ihn rauszuwerfen. Ich wusste weder ein noch aus.«

Ich sehe Marlene an, wie tief ihr Schmerz sitzt. »Weißt du, ein krankes Kind ist schon schlimm. Aber da bist du wenigstens im Kontakt. Aber ein Kind, das in die Drogenhölle abrutscht, da stehst du daneben und guckst zu. Glaub mir, ich habe viel Mist in meinem Leben erlebt, aber das wünsche ich niemandem.«

Marlene fiel mit ihrem Sohn. Bei einem solchen Thema hatte sie außerdem Schwierigkeiten, sich jemandem anzuvertrauen, und so war ihre einzige Anlaufstelle die Beratungsstelle und ihre Arbeit.

»Mein Chef merkte, dass etwas nicht stimmte. Wir kennen uns schon seit Jahren, und ich hatte das Gefühl, ich konnte ihm vertrauen. Er hatte Ähnliches mit seinem Bruder erlebt und berichtete mir, wie seine Familie damit umging.«

»Haben dir seine Tipps geholfen?«

»Es waren keine Tipps, es war nur seine Sichtweise, aber er sprach Tatsachen aus, gegen die ich mich zunächst sträubte.«

Ihr Chef und auch die Beratungsstelle legten ihr nahe, ihren Sohn fallen zu lassen. Ihn rauszuwerfen und den Geldhahn zuzudrehen.

»Es war das Schlimmste, was mir hätte passieren können: meinen Jungen fallen lassen. Aber ich hatte anscheinend keine andere Wahl.«

Nach dem Rausschmiss schien sich in Tobias etwas zu verändern. Die Frau, die immer fest an seiner Seite stand, wandte sich ab. Es dauerte, bis er den Weg zurück antreten konnte, doch eines Tages stand er vor der Tür und sagte, er brauche Hilfe.

»Ich habe mich natürlich mit dem Thema auseinandergesetzt, und es gibt auch viele, die es nicht schaffen. Ich weiß nicht, was passiert wäre, wenn er zu denen gehört hätte. Aber ich fürchte, dieser radikale Schritt war notwendig, um überhaupt eine Chance zu haben.«

Der aktuelle Stand ist: Tobias hat einen Platz in einer Entzugsklinik bekommen. Die Rückfallraten sind nicht gering, das wissen beide. Aber im Moment hat er die Kurve gekriegt, und das ist das, was zählt.

Ich möchte von Marlene natürlich wissen, welche Stehauf-Regeln sie für sich während dieser schlimmen Zeit selbst gefunden hat:

- »Andere Wege einschlagen
  Wenn mir vor Jahren einer meine eigene Geschichte erzählt hätte, ich hätte die Hände über dem Kopf zusammengeschlagen. Niemals hätte ich gedacht, dass ich meinen Sohn fallen lassen würde beziehungsweise müsste. Wenn ich eine Chance haben wollte, musste ich andere Wege einschlagen.
- Unterstützung suchen
  Ich war auf diese Art von Problem nicht vorbereitet. Ich habe selber überhaupt keine Berührungspunkte mit Drogen jeglicher Art und fühlte mich völlig hilflos. Da ich meinem Sohn helfen wollte, habe ich mir Unterstützung gesucht.
- Ablenkung gegen die Selbstzweifel
  Als alleinerziehende Mutter wachst du morgens mit schlechtem Gewissen auf und gehst abends mit demselben Gefühl schlafen. Natürlich habe ich bei mir die Schuld gesucht und suche sie noch. Um mich nicht selber aufzufressen und für ihn stark zu bleiben, habe ich mich mit meiner Arbeit abgelenkt. Ich war den ganzen Tag beschäftigt, mal in meinem Job, mal mit Recherchen zu seiner Abhängigkeit. Ich hatte schlicht und ergreifend keine Zeit, mich selbst zu hassen.
- Du hast nicht alles in der Hand
  Vielleicht hätte ich es irgendwie verhindern können, vielleicht aber auch nicht. Man versucht, den Kindern gleichermaßen Flügel und Wurzeln mitzugeben, und dann muss man hoffen, dass alles gut geht. Ich kann leider nicht alle Eventualitäten ausschalten. Ihn vor den falschen Freunden zu beschützen lag leider nicht in meiner Hand.«

Ihre eigenen STEHAUF-Regeln:

_____

_____

_____

_____

Zum Glück ist das nicht mein Schuh!

Menschen tun, wenn sie sich unbeobachtet fühlen, ziemlich fiese, eklige oder gar peinliche Dinge. Ich befürchte, alle Menschen, auch wir Frauen. Aber nur manchmal.

Ich war gerade siebzehn Jahre alt, als ich zum ersten Mal bei meinem neuen, festen Freund zu Hause eingeladen war. Seine Mutter hatte mich zum Essen eingeladen, und ich habe mich besonders schick gemacht, um einen guten Eindruck zu hinterlassen. Ich schwebte auf Wolke sieben, denn ich fand den Typ echt mega. Ein bisschen älter als ich, schon in der Ausbildung, mit Führerschein und eigenem Auto. Mittags holte er mich oft von der Schule ab, und das machte natürlich wahnsinnig Eindruck bei meinen Klassenkameraden. Er sah gut aus, und der Rest interessierte mich – Asche auf mein Haupt – irgendwie recht wenig. Zu tief greifenden Gesprächen kamen wir gar nicht, denn meist wurde nur geknutscht. Daher war jetzt die Einladung zu ihm nach Hause ein absoluter Meilenstein, und ich fand es *so* romantisch.

Am frühen Abend klingelte ich an seiner Tür mit einem kleinen Strauß Blumen für meine zukünftige Schwiegermutter in der Hand. Sie war auch diejenige, die mir die Tür öffnete und mich überaus freundlich und herzlich begrüßte.

»Wie schön, dass du da bist. Mario hat schon so viel von dir erzählt, da freue ich mich, doch endlich mal ein Gesicht zu sehen zu bekommen.«

»Ja, danke, ich freue mich auch sehr, Frau Lessing.«

Sie nahm mich mit in den Flur, und wir waren uns auf Anhieb sympathisch.

»Mario ist noch im Keller, etwas für mich in den Kühlschrank bringen, er wird gleich hochkommen«, erklärte sie mir.

Als ob der fesche Feger das gehört hätte, erklangen in diesem Moment Geräusche aus dem Keller. Sagen wir mal so, es waren durchaus männliche Geräusche. Und keine von der Sorte, die man hören möchte, bevor man vierzig Jahre zusammengelebt hat.

Nicht ahnend, dass ich bereits oben im Flur stand, kam Mario langsam, Schritt für Schritt die Treppe hoch. Bei jedem Schritt baute er inneren Druck ab. Also, nennen wir es beim Namen: Er ließ bei jeder Stufe einen fahren.

Seine Mutter und ich standen wie erstarrt im Flur. Ihr war es sichtlich noch peinlicher als mir. Immerhin hatte sie ihn ja erzogen. Ich wusste nicht, wo ich hingucken sollte, bis Mario – umhüllt von einer wirklich alles durchdringenden Duftmarke – vor mir stand.

»Ach, hi. Ich hab gar nicht mitbekommen, dass du schon da bist«, sagte er freudig ohne die Spur einer Peinlichkeit in seiner Stimme.

»Ich glaube, das Essen ist auch schon fertig, ne, Mama?«, grinste er seine Mutter an, die ein knallrotes Gesicht hatte. Mario hingegen verlor kein Wort über seine lautstarken Flatulenzen, und es schien ihm auch nicht im Ansatz peinlich zu sein.

Ganz im Gegensatz zu uns beiden Frauen. Der Abend war eine Katastrophe, denn wir waren so beschämt, dass eine ungezwungene Konversation nicht mehr möglich war.

Was war passiert? Weder Frau Lessing noch ich sind »gefallen«, aber wir haben uns zutiefst fremdgeschämt. Und die Krönung des Ganzen war, dass der, dem es hätte peinlich sein müssen, noch nicht mal mit der Wimper gezuckt hat!

Das wirft doch einige Fragen auf: Scheitern Männer anders? Sind ihnen Sachen weniger schnell peinlich als uns Frauen?

Da wir Frauen ja nicht pupsen, kann ich mir dazu eigentlich kein Urteil erlauben. Ich beobachte nur und ziehe meine eigenen Schlüsse.

So auch an diesem Abend. Denn ich sah Mario in einem ganz

anderen Licht oder, besser gesagt, in einer ganz anderen Wolke. Er war weder cool noch süß – er war ein Olchi. Ich war mir relativ schnell im Klaren darüber, dass das zwischen uns beiden nicht von Dauer sein konnte. Zwei Tage später machte ich Schluss.

Was haben Sie für Möglichkeiten, wenn Sie sich fremdschämen? Mit siebzehn Jahren wusste ich es nicht besser, aber heute hätte ich es wahrscheinlich mit

- Humor genommen.

Und vor allem:

- Das ist ja nicht mein Schuh!

Bei Personen, die mir nicht nahestehen, da schäme ich mich nicht mehr mit. Ist mir viel zu anstrengend. Wenn sich die betreffende Person noch nicht mal selbst schämt, dann ich doch bitte erst recht nicht!

Begrenztes Mitgefühl

Dank der sozialen Medien habe und hatte ich viel Kontakt zu Leidensgenossinnen, insbesondere zu jungen Brustkrebspatientinnen.

Kurz nach meiner Diagnose suchte ich geradezu nach jungen Frauen, die mir sagen konnten, was auf mich zukommen würde. Und ich wünschte mir so sehr, Frauen zu finden, die meinen Weg bereits erfolgreich gegangen waren. Ich fand ein paar mit einer ähnlichen Tumorart, und wir schrieben uns gegenseitig E-Mails. Die Ebene, auf der man sich unter Leidensgenossinnen trifft, ist irgendwie tiefgründig und auf Anhieb verbindend.

Ich traf so ganz wundervolle Menschen, wir »verfolgten« uns gegenseitig, feierten zusammen die letzte Chemo, Bestrahlung oder OP. Mit der einen oder anderen telefonierte ich auch, oder wir trafen uns persönlich. Es tat gut zu sehen, dass man nicht alleine mit der Krankheit war.

Und dann kam der Moment, an dem die engsten Freundinnen »durch« sind. Wir alle hatten es geschafft. Unsere Behandlungen waren abgeschlossen, die Haare wuchsen wieder, einige gingen zur Kur oder schon wieder arbeiten. Ich persönlich schrieb gerade an meinem ersten Buch. Aber durch die sozialen Netzwerke blieben wir in Kontakt und freuten uns gegenseitig, wenn jede Nachsorge ohne Befund war.

Ja, Brustkrebs ist sehr gut heilbar. Die aktuellen Zahlen liegen bei um die 90 Prozent Heilungschancen. Eine großartige Quote für eine so häufige Krebsart. Aber es bleiben doch viele Prozent, die es nicht schaffen. Und hinter diesen Zahlen stehen Menschen.

Die Nachricht, dass bei der Ersten von »uns« Metastasen gefunden wurden, traf mich wie ein Vorschlaghammer. Ich war mit meinen beiden Jungs unterwegs und las die Mitteilung im Auto im Stau. Es war eine junge Frau in meinem Alter mit der gleichen Tumorart, aber mit einem anderen Krankheitsverlauf. Ich war nicht mehr fähig, klar zu denken. Es machte sich eine derartige Panik in mir breit, dass ich auf einen Parkplatz fahren musste.

»Mama«, fragte mich Max von hinten. »Was ist los?«

»Ich muss kurz telefonieren, Schatz«, erklärte ich ihm, stieg aus dem Auto und rief meine Facebook-Freundin an.

»Was ist passiert?«, fragte ich, ohne »Hallo« zu sagen.

»Sie sind in der Leber«, sagte sie traurig.

»Wie kann das sein?«, gab ich panisch von mir.

»Keine Ahnung. Sie vermuten, auch in den Knochen. Das wird morgen untersucht«, stellte sie mechanisch fest.

»Was heißt das? Wie wirst du behandelt?«, wollte ich wissen. Ich hatte zu diesem Zeitpunkt das Thema weit weggeschoben und wusste so gut wie gar nichts über den metastasierten Zustand.

»Eine erneute Chemo wohl … Aber Nicole, ich kann nicht mehr gesund werden.«

»Quatsch! Natürlich wirst du gesund!« Mir kullerten die Tränen runter, denn ich wusste, dass sie recht hatte. Die Ärzte reden in diesem Zustand relativ schnell Tacheles. Man wechselt von der kurativen auf die palliative Seite. Aber auch mit Metastasen kann man noch jahrelang leben.

Wir beendeten das Gespräch, und ich war völlig am Boden zerstört. In erster Linie, weil es mir für sie so unglaublich leidtat, aber auch, weil die eigene Angst plötzlich bis in den Himmel wuchs.

Auf dem Weg nach Hause war ich nicht bei mir, die ganze Zeit liefen mir die Tränen herunter. Was ich nicht mitbekam: Meine Kinder hinten im Auto waren ebenso panisch wie ich. Denn wie kam das Ganze bei ihnen an? Sie erlebten ihre Mutter, die von jetzt auf gleich am Boden zerstört war, offensichtlich Angst hatte, weinte und ihnen nicht sagte, was passiert war.

Ja, die Welt meiner Freundin lag in Trümmern. Jeden Tag liegt die Welt von irgendjemandem in Trümmern. Meine war gerade erst vor Kurzem gekittet worden und noch äußerst instabil. Die meiner Kinder erst recht.

Und zu Hause, bei einem Glas Wein und einem langen Gespräch mit meiner Mutter, formulierte ich für mich eine ganz grausame Stehauf-Regel:

- Du darfst nicht mit jedem Schicksal zu hundert Prozent mitfühlen.
- Und in diesem Fall sogar: Du darfst nicht mit jeder Frau mitsterben.

Denn meine Facebook-Freundin starb nur ein paar Wochen später. Sie hatte keine Chance. Ohne Facebook hätte ich sie nicht gekannt. Sollte ich darüber nun dankbar oder verärgert sein? Manchmal ist es vielleicht besser, wenn man nicht alles mitbekommt.

Aber meine Seele und insbesondere meine Kinder haben hart daran gearbeitet, dass unsere Welt wieder lebenswert ist. Wenn ich jetzt mit jedem Schicksal ein Stück »mitgehe«, dann hat unser kleines Universum keine Chance, wieder glücklich zu werden.

Als mein Buch *Brüste umständehalber abzugeben* erschien, wurde der Kontakt zu anderen betroffenen Frauen noch enger, und ich bin dankbar für die vielen Gespräche und Einblicke. Auf der anderen Seite bedeutete es aber natürlich, dass ich noch mehr Schicksale kennenlernte. Mich von noch mehr Frauen verabschieden musste. Ich habe keine einzige von ihnen vergessen. Seien es die Frauen, mit denen ich im Brustzentrum war, noch die, mit denen ich in Kur war, oder die, die zu meinen Lesungen kamen. Ich habe viele gehen sehen, zu viele. Aber, so hart es klingt: Ich für meinen Teil habe nur eine Chance, seelisch zu überleben, wenn ich mich abgrenze. Kein Arzt könnte ein guter Arzt sein, wenn er mit jedem Patienten »mitstirbt«. Keine Ex-Betroffene kann Ruhe finden, wenn sie nicht für sich Grenzen zieht.

Meine persönlichen STEHAUF-Regeln:

- Ja, du darfst mitfühlen, aber du hast deinen Kindern gegenüber die Verpflichtung, es nicht zu nah an dich heranzulassen. Denn sie haben eine Mama verdient, die wieder glücklich nach vorne schaut.
- So viele Leidensgenossinnen zu kennen ist leider Fluch und Segen zugleich.
- Kein Facebook auf dem Handy!

_____

_____

_____

_____

Härter als Stahl:
Sanems Geschichte

Eine meiner engsten Freundinnen ist eine Anwältin. Also, nicht deswegen ist sie eine meiner engsten Freundinnen, sondern weil sie einfach eine der ehrlichsten, authentischsten Frauen ist, die ich kenne.

Sanem ist Türkin, in ähnlichem Alter wie ich, in Deutschland aufgewachsen und eine extrem toughe Anwältin.

Ich durfte sie in ihrem Job begleiten und beobachten. Einfach weil es mich interessierte, ob es eine junge Frau mit Migrationshintergrund so leicht vor Gericht hat wie der Kai-Uwe mit Polohemd, der in der vierten Generation seiner Familie Anwalt ist.

Um das vorwegzunehmen: Ich habe auch jetzt noch – lange Zeit später – erhöhten Blutdruck vor Ärger. Weil ich mit vielem gerechnet habe, aber nicht mit dem, was ich sehen und hören musste.

»Sag mir bitte, dass dieses Verhalten, das man dir gegenüber hier an den Tag legt, die Ausnahme ist«, sage ich zu Sanem, nachdem ich sie einen Tag ins Gericht begleitet habe. Es war um eine recht banale Sache gegangen, eine Ausnahme in ihrem Job, und abgesehen davon, dass ich schockiert war, womit sich deutsche Gerichte befassen (müssen), war ich vor allem darüber geschockt, wie ihr männlicher Gegenspieler sie behandelte.

»Nein«, lacht sie mich fröhlich unbeschwert an. »Das ist eigentlich an der Tagesordnung.«

Ich gebe zu, abgesehen von meinen Kenntnissen aus *Ally McBeal* habe ich wenig bis gar keine Ahnung von der Arbeit eines Anwalts, geschweige denn von den Gepflogenheiten vor Gericht. Aber ich hatte die naive Vorstellung, dass zumindest die Kollegen untereinander respektvoll und höflich miteinander umgehen. Das war bei Weitem nicht der Fall. In diesem konkreten Fall gab der Herr, der die Gegenseite vertrat, Sanem weder die Hand noch sah er ihr in die Augen. Er checkte sie von oben bis unten ab, machte abfällige Bemerkungen und setzte sich breitbeinig hin. Er gab Schnalztöne, Zischlaute und Grunzgeräusche von sich, sobald Sanem etwas sagte.

So zog sich das während der gesamten Verhandlung hin, und irgendwann wurde ich so wütend, dass ich mir den Mund zuhalten musste. Wenn sich mein Sohn mal später so benehmen sollte, würde er von mir eine Standpauke und Stubenarrest bekommen.

»Konntest du dieses trumpsche Verhalten schon zu Beginn deiner Karriere beobachten, oder ist das ein neuer Trend?«

»Ich kann ja nur von mir reden, aber in meiner Laufbahn war das tatsächlich völlig normal. Schon im Studium wurden mir als türkischer Frau Steine in den Weg gelegt«, erklärt sie mir.

»Inwiefern?«

»In meinem zweiten Staatsexamen zum Beispiel wurden fünf Personen in der mündlichen Prüfung befragt. Die Prüfer waren Richter, Anwälte und Professoren, sprich intelligente, studierte Menschen. Ich wurde in jeder Fragerunde übersprungen. Ich war quasi Luft.«

»Das ist nicht dein Ernst?«, frage ich wirklich geschockt.

»Doch, na klar. Und dieser – nennen wir ihn mal – Alltagssexismus, der ist auch völlig gang und gäbe. Ein männlicher Mandant hat mich mal gefragt, ob ich mir das als Frau wirklich zutraue. Und einer hat mir mal ein Mandat entzogen, weil er – so wörtlich – der Meinung war, dass ein »Deutscher das besser kann«.

Ich bin von Sanems Erzählungen gleichermaßen geschockt wie beeindruckt. Schockiert, dass einer hochintelligenten Frau so mitgespielt wird, und beeindruckt, weil sie trotz der vielen Steine ihren Weg unbeirrt weitergeht.

»Gab es Momente, in denen du dich wegen der vielen Anfeindungen und Beleidigungen als ›gescheitert‹ betrachtet hast?«

»Es macht was mit einem, klar. Ich zum Beispiel bin der Schmach der Bewerbungsgespräche aus dem Weg gegangen und habe mich direkt selbstständig gemacht. Das eigene Auftreten verändert sich, meine Ausstrahlung ist bestimmt selbstsicherer geworden, und ich habe tatsächlich das Problem, einen Mann kennenzulernen, der mit einer starken Frau umgehen kann.«

»Hast du jemals darüber nachgedacht aufzuhören?«

»Nein, denn dafür ist mir meine Arbeit viel zu wichtig! Ich helfe insbesondere Frauen, die Opfer von Gewalt oder sonst wie in Not geraten sind. Um heute als Anwältin arbeiten zu können, musste ich hart arbeiten. Ich bin stolz darauf, und Machos wie die, die du heute gesehen hast, die lasse ich nicht zu nahe an mich heran.«

Ich finde Sanems Geschichte bemerkenswert und besonders. Sanem ist nicht im eigentlichen Sinne gescheitert, aber sie ist einen Weg mit heftigen Widerständen gegangen.

Sie braucht ein dickes Fell in ihrem Job. Tag für Tag. An diesem Vormittag, an dem ich sie begleiten durfte, hätte ich mindestens neun Anzeigen wegen Beleidigung bekommen, wenn ich an ihrer Stelle gewesen wäre. Sanem blieb immer souverän, ruhig und hochprofessionell. Persönliche Beleidigungen ließ sie an sich abprallen (für Insider: mit dem Schutzschild!), konnte das alles am Ende des Tages abschütteln und gepflegt mit Freundinnen feiern gehen.

Sie kennen den Spruch: »Was dich nicht tötet, macht dich härter«? Sanem ist im Laufe ihrer Karriere »hart« geworden, ohne abgestumpft zu sein. Das wiederum konnte sie nur schaffen, indem sie sich selbst treu geblieben ist. Wenn Sie sie sehen würden, dann würden Sie nicht unbedingt vermuten, dass sie Anwältin ist. »Für viele ist mein Look schon ein Problem. Ich kann mich nicht verkleiden, denn ich kann nur dann stark sein, wenn ich so sein darf, wie ich bin. Und Kostüme in Schwarz und ganz Schwarz, das bin ich eben nicht.« Sie weiß, wie die Menschen in ihrer Branche auf sie reagieren. Und von außen betrachtet führt Sanem einen ewigen Kampf: mit den Kollegen, Richtern und auch teils gegen das System. Aber sie steht ihn durch. Und wie dramatisch wäre es auch, wenn die Welt auf Frauen wie sie verzichten müsste?

Sanems STEHAUF-Regeln:
- Braucht sie eigentlich nicht, weil es für sie kein Fallen ist, denn Anfeindungen jeglicher Art prallen völlig an ihr ab.
- Und sie hat stets den Zweck – nämlich anderen Menschen zu helfen – über ihre eigene Person gestellt.

Ihre STEHAUF-Regeln aus dieser Geschichte:

_____

_____

_____

_____

Alltagsscheitern

Im Prinzip ist das Leben jeden Tag eine neue Herausforderung. Mal mit kleinen, mal mit großen Aufgaben. Und da wir uns hier mit jeder Art des »Scheiterns« beschäftigen, sollen auch die alltäglichen kleinen Malheurs nicht unerwähnt bleiben. Situationen, in denen man sich in Grund und Boden schämt und wünscht, der Erdboden würde sich auftun. Die folgenden kleinen Geschichten sind alle exakt so passiert.

Dancing Queen

Rosi und Peter sind auf eine Party eingeladen. Ende der 1980er-Jahre, als jeder einen Partykeller zu Hause hatte und die Feten reihum gefeiert wurden. Das Paar, damals beide Mitte dreißig, hat sich schick gemacht. Also, insoweit man das in dieser Zeit behaupten kann … Rosi trägt einen neuen, bodenlangen Rock und eine passende Bluse, natürlich mit Schulterpolstern. Peter und sie sind leidenschaftliche Tänzer und legen auf allen Partys eine heiße Sohle aufs Parkett: Step, Step, Tep. Step, Step, Tep. Discofox hardcore. Über Stunden. Rosis neuer Rock wirbelt über die Tanzfläche, der Keller ist voll, alle Freunde sind da und die Stimmung auf ihrem Höhepunkt. Mitten im Tanz merkt Rosi plötzlich, dass Peter auf ihrem Rock steht, und ehe sie den Gedanken zu Ende gedacht hat, spürt sie einen Luftzug an ihren Beinen, der da nicht hingehört. »Peter«, versucht sie während des Tanzens ihrem Partner zu vermitteln. »Peter, mein Rock.« Peter hört nicht. Er ist in seinem Element. Die Tanzfläche ist voll, und bisher hat scheinbar noch keiner das Malheur bemerkt. »Was ist?«, brüllt Peter. Noch versucht Rosi, es auf die leise Art zu klären, aber Peter wirbelt sie weiter durch den Raum. Ohne Rock. Rosis mittlerweile lauteres Flehen »Peter, mein Ro-ock!« ertönt exakt in dem Moment, als die Musik

aussetzt. Peter hört es nun, aber eben auch alle anderen Party-
gäste. So ungefähr dreißig Gäste haben freien Blick auf die in
Unterhose dastehende Rosi.

Das rote Gummiboot

Familie Schmidt, bestehend aus Vater Hugo, Mutter Claudia
und Kleinkind Steffi, macht Urlaub am Wörthersee. Die sym-
pathische, bodenständige Familie bewohnt kein Luxushotel
und hat kein extragroßes Segelboot, sondern genießt die freien
Tage in einer Ferienwohnung und schippert in einem knallro-
ten Gummiboot über den See. Sie sind völlig zufrieden und
freuen sich des Lebens.

Die kleine Steffi, vier Jahre alt, hat plötzlich Hunger, und Su-
perheld Papa steuert zielsicher eine Anlegestelle mit Restaurant
an. »Das sieht doch gut aus, hier finde ich bestimmt was Gutes
für uns.« Zwischen den nobelsten Booten findet er noch einen
Platz für seine kleine knallrote »Jacht« und springt völlig selbstsicher in seiner knappen Badehose an Land. »Ich hole uns was«,
flötet er fröhlich seiner Familie zu und läuft los. Steffi und ihre
Mama bleiben im Boot, und Claudia möchte sich schon jetzt
so klein wie eine Kirchenmaus machen, denn sie haben sich
scheinbar das nobelste Restaurant am ganzen Wörthersee
ausgesucht. Auf der Terrasse sitzen Damen in piekfeinen Kos-
tümen und Männer in Smokings, die von dem Mann in der
knappen Badehose doch sehr irritiert sind. Fünfzehn Minuten
später hört sie die fröhliche Stimme ihres Mannes, der, gefolgt
von einem Kellner im Anzug und weißen Handschuhen, zu-
rückkehrt. »Hier, wir sind gleich da. Da liegt mein Boot.« Es ist
eine Szene wie aus einem schlechten Film. Denn während der
Kellner all die Luxusjachten im Blick hat und wie ein Lakai
zwei Teller mit warmem Kartoffelsalat trägt, läuft Hugo sicht-
bar erfreut, etwas Essbares gefunden zu haben, in Richtung
Gummiboot. »Welches ist denn Ihr Boot?«, fragt der Kellner
höflich.

»Das hier«, strahlt Hugo und zeigt freudestrahlend eine Etage tiefer. »Warten Sie, ich springe rein, und dann können Sie mir die Teller noch reichen.« Es ist ein wirklich lustiges Bild, wie der piekfeine Kellner dem Badehosen-Hugo den wohl leckersten Kartoffelsalat ever in das knallrote Gummiboot anreicht. Sämtliche Besucher des Luxustempels beobachten das Schauspiel mit einer gewissen Ungläubigkeit. »So, ihr Lieben, hier haben wir doch was Leckeres«, strahlt Hugo zufrieden. »Paddel, was das Zeug hält«, sagt Claudia lachend.

Shit happens

Marion ist zarte fünfundzwanzig Jahre, eine bildschöne Frau und möchte im Büro ihren Geburtstag nachfeiern. Sie hat zwanzig frische Brötchen gekauft und macht sich zu Fuß auf den Weg zu ihrer Arbeitsstelle. Auf der anderen Straßenseite erblickt sie zwei junge, äußerst attraktive Männer, von denen einer wirklich extrem süß ist. Die beiden nehmen Blickkontakt auf, und Marion wirft ihm ihr charmantestes Lächeln zu. Als die Ampel Grün zeigt, wirft sie ihr Haar nach hinten, setzt sich in ihrem elegantesten Gang in Bewegung und – fällt in hohem Bogen auf die Straße. Mit ihr kullern zwanzig Brötchen quer über die Kreuzung, und gefühlte viertausend Menschen bekommen das Drama mit. Der Typ auf der anderen Seite hat das »Gentleman«-Gen noch nicht für sich entdeckt und grinst mit seinem Freund süffisant, während Marion von zwei Damen wieder auf die Füße geholfen wird.

Kindermund

Ich war mit meinem damals knapp vier Jahre alten Sohn einkaufen. Beim Bäcker mussten wir ein bisschen warten, denn die Schlange vor uns war lang. Unter anderem stand eine ältere, kleine Dame mit Buckel und Gehstock vor uns.
Max entdeckte sie und rief lauthals: »Mama, schau mal. Da ist die Hexe aus *Hänsel und Gretel!*«

Da die Erde sich leider nicht auf einen Schlag auftat, um mich verschwinden zu lassen, blieb mir nichts anderes übrig, als darauf irgendwie zu reagieren. Gefühlte vierzig Kunden drehten sich zu uns um, die Hexe – ähm, die ältere Dame – Gott sei Dank nicht, sie schien schon ein bisschen schwerhörig zu sein. »Ähm, hihi, die lieben Kleinen … immer für einen Spaß zu haben«, sagte ich verlegen und entschied mich, spontan zu einem anderen Bäcker zu gehen. In einer anderen Stadt.

Wir sind uns natürlich einig, dass es sich hierbei nicht um schlimme Schicksalsschläge handelt. Aber es waren Geschichten, die die Betroffenen dann eben doch nicht vergessen haben. Weil es ihnen in diesem Moment peinlich war. Rückblickend betrachtet allerdings können sie über das Erlebte herzhaft lachen. Und damit wären wir bei der wohl wichtigsten Stehauf-Regel überhaupt: Humor.

Der aufmerksame Leser kennt die Regel vielleicht schon aus der *Schlagfertigkeitsqueen,* denn auch hier ist sie die Basis von allem. Es ist Ihr Ausweg aus allen scheinbar endlos peinlichen Situationen: Scheiter heiter! Wenn Sie schon fallen, dann machen Sie wenigstens eine Pose daraus. Und Sie werden sehen: Es fällt sich megagut!

Rosi aus der ersten Geschichte erzählt mir: »Ich habe mir an dem Abend ein paar Gläser Cola Asbach gegönnt, das hat mir geholfen, darüber zu lachen.« Seien wir mal ehrlich: Das ist doch legitim! Sich an dem Abend die Kante zu geben, um dem Humor ein bisschen auf die Sprünge zu helfen.

In der Gummiboot-Geschichte liegt die Sache etwas anders. Hugo weiß nämlich bis heute nicht, warum es seiner Frau so peinlich war. Sein Kind hatte Hunger, da war ein Restaurant und fertig. Was für ein Segen für ihn, sich selbst und die Welt mit so einer Selbstverständlichkeit wahrzunehmen! Hugo war weder beschämt, geschweige denn war ihm irgendwas peinlich. Seine Frau erzählt mir: »Ganz ehrlich, ich habe da viel draus mitgenommen. Abgesehen davon, dass ich die Story heute nur noch lustig finde, hat Hugo doch recht. Als ob wir weniger wert wären als all die Schnösel, die da saßen.«

Und Marion? Sie erzählt mir: »Es hätte mir geholfen, wenn ich nicht alleine gewesen wäre. Wenn ich mit einer Freundin unterwegs gewesen wäre, dann hätten wir zusammen lachen können.« Da mag sie recht haben. Aber was nun, wenn Sie alleine unterwegs sind? Dann stellen Sie sich doch besser, wenn Sie sich selber nicht so ernst nehmen und einfach mitlachen.

Und auch ich musste bereits am Abend herzhaft über die Sache beim Bäcker lachen. Mein Sohn war sich überhaupt keiner Schuld bewusst und empfand die Äußerung »Hexe« noch nicht mal als Schimpfwort, sondern nur als Feststellung.

• Humor ist Ihr Ausweg aus peinlichen Situationen.

Und wie Sie ja nun schon des Öfteren gelesen haben: Es gibt weitaus Schlimmeres! Von daher: Scheiter heiter und lach drüber!

Pfeifend durch den dunklen Wald oder: Wunderwaffe Humor

Humor ist meine Lieblingswaffe gegen das Scheitern. Auch dann, wenn es scheinbar unpassend erscheint. In den schlimmsten Momenten meines Lebens war es meine Strategie. Es war ein bisschen wie laut pfeifend durch einen dunklen, unheimlichen Wald zu gehen.

Ich erinnere mich an den Tag vor der ersten großen OP. Meine Mutter wich in dieser Zeit keine Sekunde von meiner Seite, und wir mussten diesen Tag mit unzähligen Voruntersuchungen verbringen. Teils wirklich unschöne Sachen. So wurde mir zum Beispiel durch die Brustwarze eine radioaktive Substanz gespritzt. Es gibt echt Schöneres. Und je schlimmer die Situation war, je mehr Menschen um mich herum waren, die mich auch nur im Ansatz bemitleiden wollten, desto humorvoller wurde ich. Ich habe das alles in dem Moment überspielt und meine gesamten Entertainerqualitäten an den Tag gelegt. Aber nicht, um es meiner Umwelt einfacher zu machen oder weil ich das alles so wahnsinnig lustig fand, sondern weil es einfach aus mir rauskam. Wir haben an diesem wirklich schrecklichen Tag viel gelacht. So verrückt das klingen mag. Und das wiederum führte dazu, dass er erträglich wurde.

Zuhauf habe ich Ihnen auch von anderen Tagen berichtet, Tagen, in denen Kummer, Sorgen und Ängste überwogen haben, aber manchmal gab es eben auch solche Tage.

Und ich versuchte, so gut es ging, das anderen weiterzugeben. Immer wenn ich in diversen Wartezimmern das Gefühl hatte, dass eine – speziell junge – Frau in einem Loch war, übernahm ich die Aufgabe, sie wieder aufzumuntern. Und das wiederum half mir.

Mich erinnert das an einen Bericht, den ich mal irgendwo gelesen habe. Früher dachte die Wissenschaft: Glückliche Menschen lächeln häufiger. Heute weiß man, dass man auch vom Lächeln glücklich wird. Wir können uns also quasi selbst veräppeln und vortäuschen, glücklich zu sein, bis wir es irgendwann wirklich glauben.

Und in einem *Focus*-Artikel finde ich dazu: Lioba Werth und Jens Förster machten eine Studie zum sogenannten Body Feedback, also dem Einfluss von Körperhaltung, Bewegung und Gesichtsausdruck auf die eigenen Entscheidungsprozesse. Sie fanden heraus: Wenn man einer Aufgabe mit positivem Körperausdruck (zum Beispiel mit einem Lächeln) begegnet, empfinden wir die Aufgabe als positiver. Wenn wir uns der Aufgabe mit einem negativen Ausdruck (zum Beispiel ein Stirnrunzeln) nähern, wirkt sie negativer.

Das Fazit: Durch eine positive Körperhaltung kann eine unangenehme Aufgabe angenehmer werden. Gleiches trifft auf die Erinnerung zu. Wer lächelt, erinnert sich eher an Positives. Wer ein Stirnrunzeln im Gesicht trägt, erinnert sich vermehrt an ärgerliche oder negative Inhalte.

Ich würde sogar so weit gehen zu sagen: Wer sich lächelnd den größten Aufgaben seines Lebens stellt, hat bessere Chancen, die Herausforderung gut zu meistern. Und ganz ehrlich? Was haben Sie denn zu verlieren? Das Problem löst sich weder durch Lächeln noch durch Grimmig-Dreinschauen. Aber Ihr eigenes Hier und Jetzt, das können Sie durch Lächeln angenehmer machen.

Aber Achtung! Auch hier liegt der Schlüssel mal wieder in der Selbstbestimmtheit, denn es kann krank machen, wenn man das vom Arbeitgeber erwartete Lächeln aufsetzt, obwohl man sich nicht gut fühlt. Wenn ich mich zum Lächeln zwinge, ist das eine Belastung. Wenn ich es möchte, eine Chance.

Auch hier finden Sie die Lösung nur dann, wenn es aus Ihnen herauskommt. Wenn es sich für Sie gut anfühlt und nicht, weil es Ihnen übergestülpt wird.

STEHAUF-Regel:

- Versuch es mit einem Lächeln! Was hast du zu verlieren?

Ihre eigene STEHAUF-Regel:

_____

_____

_____

_____

3, 2, 1 und nix!

Es ist jetzt ein paar Jahre her, dass ich die Idee der Schlagfertigkeitsseminare in die Tat umgesetzt habe. Ich ließ mir damals eine professionelle Homepage machen, organisierte Termine, machte Flyer, plante eine klitzekleine Onlinekampagne und versuchte mich im Networking. All diese Maßnahmen sollten am Tag X hochgeladen werden, sodass die Frauen sich bequem über ein Onlineformular anmelden konnten. Zur Sicherheit hatte ich eine Freundin gefragt, ob sie mir bei dem Schreiben der Anmeldebestätigungen helfen könne. Alles war organisiert, und ich stand wie bei den Bundesjugendspielen auf dem Startblock. Ich war aufgeregt wie niemals zuvor und hatte zwischendurch Bedenken, ob der Server den von mir erwarteten Ansturm überhaupt bewältigen konnte.

»Hoffentlich reichen hundert Plätze überhaupt«, sagte ich noch zu meinem Mann. »Na ja, im Zweifel mache ich direkt einen zweiten Termin auf«, redete ich mehr mit mir selbst als mit ihm. Tag X kam, und um Punkt zwölf Uhr erschienen die Posts und Links und auch die Homepage. Und dann passierte: nix! Aber überhaupt gar nix! Hatte ich zuvor noch fest damit gerechnet, dass das Seminar binnen Minuten ausverkauft sein würde, hatte ich an Tag drei genau *eine (!)* Anmeldung.

»Sag mal, bist du sicher, dass das alles funktioniert?«, fragte ich meinen EDV-Menschen ungläubig.

»Ja, ganz sicher«, grinste er.

Ich schickte diverse Testanmeldungen, und die kamen ohne Probleme an. Also stand zweifelsohne fest: Es hatte einfach niemand Interesse. Während meine Gedanken in den Wochen zuvor rund um die Uhr um dieses eine Thema gekreist waren, erkannte ich nun: Damit war ich wohl die Einzige gewesen. Es interessierte sich sonst gar niemand dafür. Blöd. Denn mein

Plan stand doch schon fest, und eigentlich wollte ich spätestens in zwei Jahren damit an die Börse gehen.

Ich war enttäuscht, und meine Euphorie ließ nach. Denn so schnell, wie ich mich für eine Idee begeistern kann, so schnell habe ich auch keine Lust mehr, wenn es nicht rundläuft. Nur dieses Mal ging es nicht um eine neue Diät, die ich mal eben in den Wind schießen konnte, sondern um meine berufliche Zukunft. Und Kurz-Euphorie konnte ich mir schlicht und ergreifend nicht leisten, weil ich sehr viel Geld (für meine Verhältnisse) investiert hatte.

Es war also tatsächlich eine Art des Scheiterns für mich, denn ich musste erkennen, dass zwischen meinen Rosa-Wolken-Plänen und dem Ist-Zustand die bittere Realität lag.

Ich nahm für mich mit:

• Du bist eine ichbezogene, realitätsferne Möchtegern-Unternehmerin, die glaubt, die ganze Welt dreht sich um sie!

Klingt hart, oder? War aber so! Mein kleines Universum drehte sich wochenlang nur um das eine Thema, und ich war so voller Vorfreude, dass es mir schlicht nicht in den Sinn kam, dass es auch schiefgehen konnte.

Aber was hätte es denn auch geändert, wenn ich es geahnt hätte? Doch eigentlich nur, dass meine Begeisterung kleiner ausgefallen wäre. Ja, ich musste nachjustieren, und das tat ich auch.

Aber ist es nicht besser, als grenzenloser Optimist nachzujustieren, denn als Pessimist der Sache von vornherein keine Chance zu geben?

Und daraus resultierte die Erkenntnis:

• Wenn du Erfolg haben willst, dann musst du wohl ein bisschen Fleiß an den Tag legen!
• Aber bewahre dir deine Begeisterung. Denn in die Hose kann es auch gehen, wenn du weniger begeistert bist!

Ich blieb dran und kniete mich noch mehr rein in meine Idee. Ich verabschiedete mich – kurzfristig – von meinen Weltübernahmeplänen und backte ganz kleine Brötchen. Und siehe da, mit Geduld und Spucke wurde mein Seminar voll! Nicht mit hundert, aber mit fünfzig Frauen …

Ihre STEHAUF-Regel aus dieser Geschichte:

_____

_____

_____

_____

Echte Freunde?!

Susanne arbeitete seit knapp fünfzehn Jahren in einem Friseursalon. Sie hatte dort schon ihre Ausbildung gemacht, zwischendurch zwei Kinder bekommen und so manchen Chefwechsel miterlebt. Viele Kunden kannte sie bereits seit ihrer Kindheit, und in all den Jahren hatte sie schon so einige an angenehmen, rührenden, aber auch kuriosen Begegnungen miterlebt.

Mit ihr arbeiteten noch zwei Kolleginnen in dem Salon: Antje, die Susanne vom ersten Tag an kannte, und Carola, die relativ neu dazugestoßen war. Die drei verstanden sich sehr gut, und insbesondere Susanne und Antje verband eine gute Freundschaft. Wenn man so lange Zeit so eng zusammenarbeitet, dann kennt man sich in- und auswendig. Auch wenn sich die beiden privat eher selten trafen, weil jeder mit seiner Familie wenig Zeit hatte, fühlten sich die beiden tief miteinander verbunden. Die Arbeitsabläufe waren wie synchron aufeinander abgestimmt, und Worte benötigten sie zur Kommunikation eigentlich fast keine, weil jede von der anderen wusste, was sie dachte.

»Guten Morgen«, begrüßte Susanne an diesem Tag einen Kunden, der den Salon betrat. »Was kann ich für Sie tun?«

»Ich muss sofort drankommen, ich habe keine Zeit!«, antwortete der Mann mittleren Alters sehr unfreundlich und ruppig. Der Herr war kein Unbekannter. Schon des Öfteren war er durch unpassende Bemerkungen aufgefallen.

»Haben Sie einen Termin?«, fragte Susanne höflich nach.

»Nein! Ich bin Stammkunde!« Der Ton wird noch ungemütlicher.

»Das weiß ich wohl, Herr Meier, aber wenn Sie keinen Termin haben, müssen Sie ein bisschen warten.«

»Hallo? Hörst du schlecht? Ich sagte, ich habe keine Zeit! Das wird ja wohl für einen Stammkunden drin sein!«

»Ich höre für gewöhnlich sehr gut«, gab Susanne immer noch freundlich zurück. »Und weil Sie ein Stammkunde sind, biete ich Ihnen an, dass Sie in dreißig Minuten drankommen.«

Sowohl Antje als auch Carola bekamen das gesamte Gespräch mit, äußerten sich aber nicht.

Der Kunde verlor nun völlig die Fassung und warf die Flyer, die auf der Anmeldungstheke lagen, herunter: »Du hier vorne bist die Unfähigkeit in Person!«

Der Ton war nicht nur rau, sondern so unglaublich unverschämt, dass Susanne tatsächlich für eine Sekunde die Spucke wegblieb. Nicht zuletzt, weil sie sich auch wirklich bedroht fühlte.

Das war die eine Sache, die andere war, dass beide Kolleginnen stupide ihre Arbeit verrichteten und kein Wort sagten. In diesem Moment kam der Chef aus dem Hinterzimmer, der die lauten Stimmen vernommen hatte.

»Darf ich fragen, was hier los ist?«, wollte er wissen.

»Guten Tag.« Der Tonfall des Kunden drehte sich um 180 Grad, und er setzte sein freundlichstes Gesicht auf. »Ihre Dame hier vorne hat sich ein bisschen im Ton vergriffen, aber das kann ja mal passieren.«

»Bitte?« Susanne war fassungslos und guckte sich hilfesuchend zu ihren Kolleginnen um. Sie sagten: nichts.

»Das ist eigentlich kaum vorstellbar, oder, Frau Reimer?«, stellte sich ihr Chef hinter Susanne.

»Danke, Chef. Es war tatsächlich andersrum.« Immer noch hing ihr Blick an den beiden schweigenden Kolleginnen. Sie wartete vergeblich darauf, dass eine von ihnen Partei bezog und sich einmischte. Beide schauten beschämt zu Boden und suchten sich schnell eine Aufgabe.

Als mir Susanne die Geschichte erzählt, sehe ich ihr noch die Fassungslosigkeit an.

»Der unfreundliche Mann ist die eine Sache, aber viel schlimmer fand ich, dass mir meine Kolleginnen nicht zur Seite gestanden haben«, erzählt sie mir. »Das hat doch was mit Loyalität zu tun. Ich hätte schon erwartet, dass sie mir bei dem Kunden halfen, aber als sie dann auch nicht vor unserem Chef zu mir gestanden haben, das hat mich unglaublich tief getroffen. Andersrum würde ich immer für sie einstehen. Ich habe da wochenlang dran geknabbert, und wenn ich ehrlich bin, ist das Verhältnis seitdem irgendwie anders und unwiederbringlich zerbrochen.«

Was war passiert?

Susanne hatte von ihren Kolleginnen Loyalität erwartet. Dass sie füreinander einstanden. Das war nicht passiert. Antje und Carola hatten sie am langen Arm verhungern lassen. So etwas tut weh. Vor allem bei Menschen, von denen man es a) anders erwartet hätte und b) für die man selbst sofort Partei ergreifen würde.

Ähnlich ist es einer Bekannten von mir widerfahren. Mila bewegte sich in einer Clique von Frauen, die in regelmäßigen Abständen etwas gemeinsam unternahmen. Mal einen Kurztrip, einen Konzertbesuch oder eine gemeinsame Laufrunde. Nach über fünfzehn Jahren bekam diese Clique Zuwachs durch eine weitere Frau, die gerade zugezogen war und sich am Anfang noch mit allen prima verstand. Irgendwann aber fing sie an, gegen Mila Stimmung zu machen. Sie auszuspielen und schlecht über sie zu reden. Alle bekamen das mit.

»Das ging so weit, dass ich sie explizit nicht mehr eingeladen habe«, erzählt mir Mila.

»Und wie hat der Rest deiner Freundinnen darauf reagiert? Ich meine, die haben doch mitbekommen, dass sie dich so fertigmacht.«

»Tja, was soll ich sagen … sie haben gar nicht reagiert«, antwortet sie traurig.

»Soll heißen?«

»Na ja, wenn ich ehrlich bin, hätte ich irgendwie ein gewisses Maß an Loyalität erhofft. Ich meine, wir sind seit fünfzehn Jahren befreundet. Wie können die es dann zulassen, dass ich so fertiggemacht werde? Ich hatte wirklich die naive Vorstellung, sie stellen sich vor mich und beziehen Stellung.«

»Was ist stattdessen passiert?«

»Sie haben sie weiter eingeladen und überall mit hingenommen. Als ich einmal meine Freundin gefragt habe, bekam ich als Antwort: ›Mir hat sie ja nichts getan!‹«, berichtet mir Mila.

A… in der Hose, formerly known as Loyalität

Sowohl mit Mila als auch mit Susanne habe ich lange gesprochen. Illoyales Verhalten von Menschen, die man als echte Freunde ansieht, das schmerzt ungemein. Ich denke, es ist nicht übertrieben, wenn ich sage, dass diese beiden Erlebnisse einen Wendepunkt für die Frauen darstellten. Mila sagte mir:

»Ich habe mich wirklich gefragt, mit wem hast du da fünfzehn Jahre deines Lebens verbracht?«

Meiner Meinung nach erkennen Sie echte Freunde genau daran. Wer ist bereit, für Sie Flagge zu zeigen? Stellung zu beziehen und grenzenlos für Sie einzustehen? Und andersrum gefragt: Für wen sind Sie dazu bereit? Sind Sie es überhaupt, oder ist Stellung beziehen so gar nicht Ihre Sache? Für wen treten Sie bedingungslos ein, selbst wenn Sie vielleicht sogar anderer Meinung sind?

Ich finde, echte Freunde haben bedingungslose Loyalität verdient, und deswegen kann ich Susanne und Mila so gut verstehen. Sie sind gefallen. Richtig tief und richtig hart. Weil sie sich anscheinend jahrelang in Menschen getäuscht haben. Oder sagen wir es anders: weil sie für sich erkennen mussten, dass die eigenen Maßstäbe und Definitionen von Freundschaft nicht gleichermaßen für die andere Seite galten. Wenn Sie von sich aus ein loyaler Mensch sind, dann erwarten Sie dies höchstwahrscheinlich auch von anderen. Es hat aber nicht jeder den Boppes in der Hose, Stellung zu beziehen. Wenn Sie diese Erwartung jedoch haben, dann fallen Sie tief.

Aber ist eine Freundschaft weniger wert, »nur« weil das Gegenüber nicht loyal ist? Das ist eine Frage, die jeder für sich selbst beantworten muss.

Ich persönlich denke, dass in der Kindheit erfahrene Loyalität ein Schlüsselbaustein für Resilienz ist. Und nur, wer sie selbst erfahren hat, für den ist es nahezu selbstverständlich, sie auch weiterzugeben.

Wenn ich an meine eigene Kindheit zurückdenke, sind es tatsächlich genau diese Momente, die mir als Erstes ins Gedächtnis kommen. Als ich grenzenlose Loyalität von meinen Eltern und Großeltern erfahren habe. Das heißt nicht, dass ich mir nicht später eine Abreibung abgeholt habe, aber in diesem einen Moment, da haben sich meine Lieben bedingungslos vor mich gestellt.

1998, Gymnasium der Stadt Kerpen, 10. Klasse, Elternsprechtag: Meine Mutter wurde zum Chemielehrer bestellt, weil meine Leistungen alles andere als glorreich waren. Ganz im Gegensatz zu meinen Fehlzeiten … Völlig eigenmächtig hatte ich für
mich beschlossen, dem Unterricht nur noch selten beizuwoh-
nen, weil ich Chemie als unnötig empfand und in der Gegend
ein wesentlich spannenderes Einkaufszentrum aufgemacht hatte. Meine Eltern wussten natürlich nichts davon.

»Frau Böhme, Sie kennen die Leistungen Ihrer Tochter in meinem Fach?«, fragte der für mich unfreundlichste Lehrer der
Schule.

»Ja, die kenne ich. Naturwissenschaftliche Fächer liegen ihr
nicht so besonders. Aber wir bleiben natürlich dran«, gab meine
Mutter freundlich zurück.

»Das dürfte ja schwierig werden, wenn sie gar nicht mehr im
Unterricht auftaucht«, verpetzte er mich und guckte mit stren-
gem Blick über seine Brille erst meine Mutter und dann mich
an.

Meine Mutter verzog keine Miene, auch wenn sie von den
Fehlzeiten so rein gar nichts wusste, und antwortete: »Ja, wir
hatten in der letzten Zeit ein paar wirklich wichtige Termine,
die genau in diesen Zeitraum gefallen sind. Wenn Ihnen hier
noch Entschuldigungen fehlen, so ist das mein Fehler«, gab sie
selbstsicher und freundlich zurück.

Das war der Moment, in dem ich sie am liebsten umarmt hätte. Sie hat sich einfach vor mich gestellt, mich nicht in die
Pfanne gehauen und »Was höre ich da?« geantwortet.

Kaum draußen, umarmte ich sie und rief: »Boah, danke,
Mama!«

»Wir reden zu Hause, Fräulein«, war die eiskalte Antwort, die
ich bekam, und daheim gab es eine Standpauke, Stubenarrest
und Taschengeldentzug.

Tja … Strafe muss sein, aber Loyalität eben auch.

Meine Mutter war loyal, weil sie selbst so erzogen wurde.

1973 hat sich in der Mädchenrealschule in Köln Ähnliches zugetragen:

»Ich war in der siebten Klasse, da wurde ich vom Schuldirektor mit ein paar Mädels beim Rauchen erwischt. Meine Mutter wurde daraufhin sofort in die Schule zitiert. Ich saß schon beim Rektor im Büro, und meine Mutter kam dazu, ohne dass sie wusste, um was es ging«, erzählt meine Mutter.

»Was ist denn passiert?«, fragte meine Großmutter.

»Frau Reu«, sagte der Direktor mit mahnender Stimme. »Wussten Sie, dass Ihre Tochter raucht?«

Ein kaum merkliches Zucken ging durch ihren Körper, bevor sie ganz gelassen und selbstsicher antwortete: »Aber natürlich weiß ich das.«

Jetzt war es der Direktor, der kurz zitterte und irritiert fragte: »Wie bitte?«

»Ja, natürlich. Ich rauche ja selber, wie soll ich ihr das denn dann verbieten?« (Liebe Moralapostel, Anfang der Siebzigerjahre war das alles noch ein bisschen anders mit dem Thema Rauchen.)

Der Direktor war völlig sprachlos. Wollte er doch sowohl meiner Großmutter als auch meiner Mutter eins auswischen.

»Na ja, ähm, ja, gut. Aber sie soll es in der Schule bitte bleiben lassen.«

»Selbstverständlich.«

Die beiden verließen das Gebäude, und schon auf dem Parkplatz wetterte meine Oma los: »Wenn ich dich einmal mit einer Zigarette erwische, dann kannst du was erleben!« Dazu gab es drei Wochen Stubenarrest!

Aber: In der Situation vor dem Direktor, da hat sie sich bedingungslos vor meine Mutter gestellt. »Das werde ich mein ganzes Leben nicht vergessen«, erzählt die mir.

Urvertrauen

Diese Loyalität schafft meiner Meinung nach Urvertrauen. Das tiefe Wissen eines Kindes, dass es, egal was ist, immer zu seinen Eltern gehen kann. Wenn ich einen einzigen Wunsch frei hätte, was meine Kinder aus ihrer Kindheit mitnehmen sollen, dann ist es genau das! Denn solange sie sich trauen, mit allem zu uns kommen, so lange bekommen wir alles hin!

Wird uns Loyalität also in die Wiege gelegt? Und was bedeutet das für die Menschen, die so ein Zuhause nicht erleben durften? Kann man Loyalität trotzdem weitergeben? Oder gar erlernen und auch wieder verlernen? Und kann man es den Menschen dann verübeln, wenn sie eben – wie in den Geschichten von Susanne und Mila – nicht loyal sein können?

Ich bin ein zutiefst loyaler Mensch. Sie müssen mir nicht selber auf die Füße treten, es reicht, wenn Sie es bei jemandem machen, den ich mag oder gar liebe. Dann finde ich Sie automatisch doof. Punkt.

Eine gute Freundin von mir wurde von ihrem Mann nach Strich und Faden betrogen. Er wollte sich dann bei uns ausheulen. Ääääh, nee! Ganz sicher nicht! Mich interessiert auch nicht seine Sicht der Dinge, denn es ist meine Freundin. Ob das jetzt gut oder schlecht ist, sei mal dahingestellt, aber so ist es einfach. Und glauben Sie mir, auch ich bin damit schon das ein oder andere Mal fies gefallen.

Einmal erfahrene Loyalität, die vergisst man niemals. Es tut unglaublich gut, wenn man Menschen an seiner Seite hat, die einfach hinter einem stehen.

Sie erinnern sich vielleicht an das Kapitel »Alles ist relativ«, das sich der Frage widmete, was es braucht, um resilient zu werden. Zumindest eine feste Bezugsperson, auf die man bauen kann. Egal ob in der Familie oder im Freundeskreis.

Susanne und Mila dachten, dass sie von loyalen, echten Freunden umgeben waren. Dass sie sich auf sie verlassen konnten.

Konnten sie nicht. Sie wurden enttäuscht. Aber kann man einem Menschen, der selbst nie Loyalität erfahren hat, überhaupt zum Vorwurf machen, dass er sich nicht loyal verhält?

Ich weiß es nicht. Vielleicht kann man darüber reden. Sagen, was einen so getroffen hat. Aber es sind die Erfahrungen im Leben, die uns zu denen machen, die wir sind.

Susanne berichtet mir: »Ich habe mich danach nie mehr schützend vor meine Kolleginnen gestellt. Dafür war ich zu enttäuscht.«

Vielleicht leben wir in Zeiten, in denen wir Loyalität wieder verlernen, besser gesagt, bewusst ablegen. Wenn Sie nur von Menschen umgeben sind, die immer nur auf ihren eigenen Vorteil bedacht sind, dann haben Sie irgendwann schlicht und ergreifend auch keine Lust mehr, für jemanden einzustehen.

Aber: Wenn Sie das Glück haben zu erkennen, wer aus Ihrem Umfeld die gleichen Ansichten hat, wer zu denen gehört, die Ihnen nachts um vier die Tür öffnen, ohne zu fragen, was ist, dann haben Sie einen großen Schritt zur Resilienz geschafft.

Natürlich sind beide Frauen wieder aufgestanden, aber es hat etwas mit ihnen gemacht. Für beide war es ein so einschneidendes Erlebnis, dass sie daraus neue »Regeln« für sich mitgenommen haben:

- Schließe nicht von dir auf andere! Nur weil du etwas wichtig in einer Freundschaft nimmst, muss das dein Gegenüber nicht auch so sehen.
- Weiche trotzdem nicht von deinen Prinzipien ab. »Für mich ist Loyalität dennoch maßgeblich für eine Freundschaft!«, und daraus resultiert leider:
- Echte, wirkliche Freunde hat man meist nur ganz wenige, und der Rest sind Bekanntschaften.

Ihre eigenen STEHAUF-Regeln:

_____

_____

_____

_____

Verzicht

Wissen Sie, was ich auffällig finde? Dass besonders die Menschen, die »wenig« haben, häufig zufriedener sind. Und »wenig« bezieht sich auf das Materielle, vor allem aber auf das Körperliche.

Kennen Sie zum Beispiel den Motivationstrainer Nick Vujicic? Leider konnte ich ihn bisher noch nicht live sehen, aber er begeistert sein Publikum enorm. Ich mag solche Tschaka-Tschaka-Motivationsveranstaltungen für gewöhnlich nicht und finde manche Methoden persönlich fragwürdig. Aber Nick Vujicic ist tatsächlich anders. Denn er hat etwas, was andere nicht haben, beziehungsweise ihm fehlt etwas, das andere haben. Nick kam ohne Arme und Beine zur Welt.

Da ich natürlich keine Gelegenheit hatte, mit ihm selbst zu sprechen, möchte ich ihm hier an dieser Stelle keine Zitate in den Mund legen oder aus zweiter Hand berichten.

Aber die Frage, die ich mir aufgrund seiner Geschichte stelle: Wie kann es sein, dass ein Mensch ohne Arme und Beine so zufrieden und motiviert durchs Leben geht, dass Tausende körperlich unversehrte Menschen bei ihm Trost und Halt finden? Muss ich, um Zufriedenheit und Dankbarkeit zu erfahren, erst den Verzicht kennengelernt haben?

Es scheint mir fast so, wenn ich mich draußen in der Welt umschaue. Konsum, Geld und Materielles machen offenkundig allein nicht glücklich. Erfolg, Ruhm und Bewunderung auch nicht. Dafür haben wir mehr als genug Beispiele auf der Welt. Aber was macht uns Menschen denn dann glücklich oder, besser gesagt, zufrieden? Ich persönlich finde, Glück bedeutet, dass man die Fähigkeit hat, es zu erkennen. Denn wenn wir Menschen uns mehr auf das Wesentliche und auf die wirklich wichtigen Dinge im Leben besinnen würden, dann wäre diese Welt vielleicht eine andere.

Die allermeisten von Ihnen, die gerade dieses Buch lesen, werden zwei Arme und zwei Beine haben. Mehr als Nick Vujicic. Also bringen Sie doch schon mal alles mit, um zufrieden zu sein und über sich hinauszuwachsen. Wenn Sie dann noch Sehkraft besitzen, ob mit oder ohne Brille, dann sind Sie in der Lage, einen Sonnenaufgang, den Tau auf der Wiese und eine wunderschöne Blume zu sehen. Klingt kitschig? Ich finde, es klingt nach Glück!

Warten Sie nicht auf das scheinbar große Glück von morgen. Wenn Sie erst Urlaub haben oder wenn das Wetter endlich schön ist. Wenn erst die Gehaltserhöhung da ist oder der Berg Wäsche weggebügelt. Fangen Sie direkt damit an, beim Arbeiten oder beim Bügeln! Denn beides ist nicht selbstverständlich. Warten Sie nicht erst auf den großen Schicksalsschlag, der die Dinge wieder ins richtige Licht rückt.

Wenn Sie den Fokus nur auf das legen, was Sie nicht haben, dann finden Sie im Leben niemals Zufriedenheit. Vergleichen Sie sich nicht mit dem Nachbarn, der sich gerade einen riesigen SUV gekauft hat, oder mit der Freundin, die schon wieder einen neuen Ring trägt, um den Sie sie insgeheim beneiden. Es sind nur materielle, vergängliche Dinge, und Sie wissen nicht, ob Ihre Freundin deswegen ein glücklicherer Mensch ist. Ich garantiere Ihnen aus der Ferne schon, dass sie es nicht ist. Materielles macht, wenn überhaupt, nur kurzfristig glücklich. Der

Rausch vergeht, und danach bleibt eine Leere. Tiefe Zufriedenheit kommt aus dem Inneren.

Soll ich Ihnen meine absolute Glücksliste verraten, mit der ich mich noch aus jedem Loch rausgeholt habe?

Es ist quasi die Glück-STEHAUF-Liste:

- Eine Runde *Mensch ärgere dich nicht* mit den Kindern an einem verregneten Sonntag
- Ein schöner Abend mit Freunden, bei gutem Essen, tollen Gesprächen und ohne Handys
- Nackte, kleine Füßchen auf dem Parkettboden
- Der erste Sonnenstrahl nach einem viel zu langen Winter
- Sich frisch geduscht in ein frisch bezogenes Bett legen
- Kaffeeduft am Morgen

Legen Sie den Fokus auf das, was Sie haben, und Sie werden sehen: Sie sind reich!

Was ist Ihre persönliche Glücksliste?

_____

_____

_____

_____

Und nu?
Wie werde ich denn resilient?

Tja, wie schön wäre es, wenn es darauf eine einfache, allgemeingültige Antwort gäbe. Aber ich vermute, die werden wir nicht finden. Aber was, wenn wir es mal von dieser Seite aus betrachten: Wenn Sie in Ihrem Leben schon mal gefallen sind – und ich würde mich wundern, wenn dem nicht so wäre – und heute Morgen aufgestanden sind, dann sind Sie doch eigentlich schon resilient. Ich bin fest davon überzeugt, dass wir die besten Lösungen für unsere eigenen sehr individuellen Rucksäcke bereits in uns tragen und höchstens mitunter das Problem haben, an sie heranzukommen.

Wir alle sind stärker, als wir vermuten würden, und ich wünsche Ihnen von ganzem Herzen, dass Sie diese Kraft niemals brauchen werden. Aber wenn doch, dann haben Sie einfach Vertrauen in sich: Sie werden das wuppen!

Ich habe mich nie mit Resilienz-Übungen vertraut gemacht, darüber gelesen, geschweige denn, dass ich überhaupt wüsste, ob es welche gibt. Das ganze Leben ist doch irgendwie eine Resilienz-Übung. Denn das Leben läuft nicht linear gleichmäßig. Es hat Höhen und Tiefen, es geht immer auf und ab. Die Kunst ist doch, das Abwärts für den Schwung nach oben zu nutzen und jedem Tag die Chance zu geben, noch schöner als der vorherige zu werden.

Widerstandsfähig zu sein bedeutet nicht, dass es Ihnen nicht schlecht gehen darf. Dass Sie nicht auch mal verzweifelt sind oder tagelang grantig durch die Welt laufen. Aus meiner Sicht bedeutet es, dass wir uns dafür nicht hassen und es nicht mit in den nächsten Tag nehmen. Das Vertrauen in sich zu haben, dass man es irgendwie hinbekommt. Dass wir die schlechten Tage annehmen als eine Seite des Lebens, die nun mal einfach dazugehört. Und es bedeutet, niemals die Überzeugung zu verlieren, dass alles gut ausgehen wird. Schauen Sie nicht auf die Probleme, schauen Sie auf die Lösungen. Sich in Problemen festzubeißen ist eine ziemlich frustrierende Angelegenheit, aber nach Lösungen zu suchen kann sogar Freude machen.

Ein Beispiel: Ich war mit meinen zwei Jungs auf einem Tagesausflug in Holland. Wir hatten zu dritt einen richtig schönen Tag und fuhren abends ganz beseelt wieder heim. Nach circa fünf Minuten auf der Autobahn sah ich das Stauende, auf das ich zufuhr … Vollsperrung … Unfall. Tja, so was passiert. Laut Verkehrsnachrichten sollte die Sperrung bis tief in die Nacht dauern. Mit zwei kleinen Kindern an Bord ist das ja nun nicht gerade eine Wunschvorstellung.

Es sind vor allem unsere Kinder, die die Lösungen in sich tragen! Diese Zauberwesen mit dem naiven, unschuldigen Blick auf die Welt und der unverwechselbaren Kunst, die Dinge so zu nehmen, wie sie kommen.

Denn während ich leicht ungeduldig wurde und ein paar Schimpfworte von mir gab, sagte mein Sohn: »Tja, Mama, wie gut, dass wir was zu trinken dabeihaben, oder?« Und mein Kleiner warf ein: »Und Nämnee!« (Nämnee bedeutet im Hause Staudinger Schokolade, und Sie möchten nicht wissen, wie es zu der Namensgebung kam.)

Kinder sehen nicht das scheinbare Problem, sie sehen nur die neue Situation. Und er hat doch recht! Wie gut, dass wir zusammen waren, Essen und Trinken hatten, keinen Zeitdruck und uns so mal ganz gepflegt in den Stau stellen konnten. Sie bekommen den Stau doch eh nicht weg, dann freuen Sie sich lieber! Es gibt dieses ganz wundervolle Zitat von Karl Valentin: »Ich freue mich, wenn es regnet, denn wenn ich mich nicht freue, regnet es auch.«

Ja, wir standen im Stau. Über Stunden. Bis nachts. Aber wir hatten Spaß. Haben gesungen, viel erzählt, gelacht und die Zeit für uns genutzt. Dazu gehört natürlich, dass sowohl Kinder als auch Erwachsene in der Lage sind, sich überhaupt noch miteinander beschäftigen zu können. Und nicht jeder ein iPad zur Hand nimmt und sich auf sich selbst konzentriert! Aber das ist ein anderes Thema.

Vielleicht wäre das tatsächlich eine gute Übung: bei jedem scheinbaren Problem den Blick direkt auf die Lösung zu lenken. Denn die haben Sie im Gegensatz zum Problem (es sei denn, es sind selbst gemachte Probleme, aber das sind meist gar keine echten!) selbst in der Hand.

Denn wenn Sie im Stau stehen und auf dem Weg zu einer wichtigen OP sind oder Ihr Kind in der Kita abholen müssen oder Ihr kleiner Sohn Durchfall hat (was uns prompt eine Woche später passierte), dann müssen Sie schon etwas länger nach dem positiven Aspekt suchen.

Es ist der Perspektivwechsel, der uns die Dinge klarer sehen lässt: die Suche nach der positiven Seite der Dinge, die Abkehr vom eigentlichen Problem und die Möglichkeit, die eigenen Segel selbst zu setzen, also selbstbestimmt handeln zu können. Und Selbstbestimmtheit, das haben wir zur Genüge erfahren, ist auch ein Schlüssel, zur Stehaufqueen zu werden.

Aufstehen beginnt im Kopf, nicht in den Beinen

Wir haben auf den vergangenen Seiten die unterschiedlichsten Bewältigungsstrategien kennengelernt. Und mit etwas Glück haben Sie selbst noch jede Menge eigene hinzugefügt. Egal, welche Methode Sie sich anschauen: Alle beginnen im Kopf und nicht in den Beinen!

Bitte denken Sie immer daran: Ihre Gedanken beeinflussen alles, was Sie tun, und Ihre Gedanken beeinflussen Sie selbst! Sie haben es in der Hand, ob das Glas halb voll oder halb leer ist, niemand sonst!

Die STEHAUF-Regeln
im Überblick

Erkenntnisse aus dem »Alltagsscheitern«:
- Schlaf mal drüber.
- Eine Nacht Schlaf relativiert das größte Problem.
- Tanz mal drüber.
- Dance like nobody is watching you!
- Musik ist Trumpf.
- Humor: Ihre Universalwaffe gegen Peinlichkeiten jeglicher Art!
- Versuch es mit einem Lächeln!
- Fremdschämen? Nö!
- Ist nicht Ihr Schuh, müssen Sie sich nicht anziehen!
- Scheiter heiter!
- Steh zu deinen Fehlern!
- Verlass dich auf dein Bauchgefühl und bleib dir selbst treu!
- Rede oder schreibe niemals etwas über einen Menschen, das du ihm nicht auch persönlich sagen würdest!
- Eine Entschuldigung bricht dir keinen Zacken aus der Krone.
- Gewitter reinigen die Luft.
- Bleib wegen eines dicken Hinterns nicht unter deinen Möglichkeiten!
- Manchmal hilft nur noch die Dramaqueen weiter.

Eigene Ideen, die Sie mitgenommen haben:

_____

_____

_____

_____

**Den Menschen, die ein Kind verloren haben,
hat Folgendes geholfen:**

- Sachliche Auseinandersetzung: den Unfall oder die Krankheit verstehen
- Suche nach Leidensgenossen: gegen das Gefühl, alleine zu sein
- Ablenkung: durch Arbeit, den Alltag, Freunde oder Kinder
- Neuausrichtung: die Gefühle auf etwas anderes lenken
- Schweigen: Menschen an seiner Seite zu haben, mit denen man auch gut schweigen kann
- Liebe: die Liebe zu einer oder mehreren festen Bezugspersonen
- Dankbarkeit: Sie erinnern sich an Maren und Guido? Die trotz allem dankbar dafür waren, Louis in ihrem Leben gehabt zu haben?
- Perspektivwechsel: das Erkennen des Wunders auf einer anderen Ebene

Ihre eigenen Gedanken:

_____

_____

_____

_____

Eltern werden ist nicht schwer ...

- Du bist keine Über-Mutter und brauchst daher ab und an Hilfe.
- Wie gut, dass es diese Hilfe in Form von aufmerksamen und lieben Erziehern gibt.
- Wie gut, dass wir so ein enges Verhältnis haben, dass man auch schwierige Themen überhaupt ansprechen kann.
- Du kannst es ändern! Und du hast die Pflicht, es zu ändern!

- Ich beziehungsweise wir bin/sind für diese Zauberwesen verantwortlich. Und wenn es den Kindern nicht gut geht, dann muss ich alles in meiner Macht Stehende tun, um das zu ändern.
- Hab Vertrauen in dich als Mama!
- Wozu doch »Kunst« gut sein kann.
- Sie erinnern sich an Constantins ungewöhnliche Geschichte?

Ihre Gedanken:

_____

_____

_____

_____

Für die Kleinen ...

- Du kannst nicht in allem gut sein, aber deswegen bist du ein genauso liebenswerter Mensch wie jeder andere auch.
- Man kann auch Spaß an Sachen haben, wenn man nicht perfekt darin ist.
- Kinder vorzuführen und in peinliche Situationen zu bringen führt dazu, dass sie unter ihren Möglichkeiten bleiben, und hindert sie daran, über sich hinauszuwachsen.

Ihre eigenen Gedanken:

_____

_____

_____

_____

Aus meiner eigenen Brustkrebserkrankung
nehme ich folgende Regeln mit:

- Manchmal muss man ganz unten auf dem Boden ankommen, um sich wieder fest abstoßen zu können.
- Such dir Hilfe in Form von guten Ärzten, denen du zu hundert Prozent vertrauen kannst.
- Tröste in Zukunft nur noch, wie es dir selber geholfen hat: Verständnis zeigen, nicht schönreden, Hand reichen, mit rausziehen.
- Et es, wie et es.
- Es gibt Dinge, die kann man nicht ändern. Und was man nicht ändern kann, muss man annehmen.
- Et hätt noch immer joot jejange.
- Verliere nie die Hoffnung auf ein gutes Ende!
- Wer weiß, wofür es gut ist?
- In jedem Weg steckt auch eine neue Chance, wir müssen sie nur erkennen!
- Relativieren: Es gibt durchaus Schlimmeres!
- Dankbarkeit: Auch im größten Haufen Mist steckt irgendwo eine Goldnadel.
- Wenn du plötzlich einen neuen Weg gehen musst, dann frag nicht nach dem Warum.
- Du kannst den Wind nicht ändern, aber die Segel setzen.
- Heute wird nicht gestorben, morgen sehen wir weiter.
- Dunkle Tage annehmen.
- Die goldene Mitte: Extreme sind immer schlecht.
- Blumen pflücken: Akzeptiere, dass sich die verschiedenen Phasen beliebig oft wiederholen können.

Ihre eigenen Gedanken:

_____
_____
_____
_____

***Hilfestellungen, um das Hier und Jetzt
besser genießen zu können:***

- Intensitätskiller aus!
- Differenzierter Umgang mit dem Handy!
- Sonnenaufgänge wurden schon fotografiert, das muss ich nicht machen, ich darf einfach genießen.
- Mit dem Buckel von gestern und den Sorgen von morgen ist das Heute unbrauchbar.
- Keiner weiß, was morgen ist.
- Heute wird nicht gestorben, morgen sehen wir weiter.

Ihre eigenen Gedanken:

_____

_____

_____

_____

Mittel gegen die Angst:

- Wegbeamen: Kopfkino positiv nutzen! Denken Sie an Max, der mit Drache Kokosnuss unterwegs war.
- Wem will ich Glauben schenken? Hören Sie nicht jedem zu!
- Schieb die dunkle Wolke einfach beiseite!
- Deine Gedanken sind frei! Vor allem in die positive Richtung!
- Du bist nicht verpflichtet, dir Sorgen zu machen!
- Die Angst hat keinen Einfluss auf den Befund!
- Sei nicht so hart zu dir selbst!
- Hab keine Angst vor der Angst! Sie ist nur ein Zimmer von vielen in deinem Haus. Sie gehört einfach dazu!
- Manchmal ist es besser, man hat weniger Zeit, sich mit seinem eigenen Körper auseinanderzusetzen.
- Sinnvolle Tätigkeiten füllen uns so aus, dass das Glücksgefühl die meisten Sorgen wegspült.

- Aufschieberitis – manchmal braucht man Pausen vor dem nächsten Berg.

Was hilft Ihnen gegen die Angst?

_____

_____

_____

_____

Rund um den Job:
- Bedenkenträger müssen gut ausgewählt sein.
- Augen und Ohren zu bei ungerechtfertigter Kritik.
- Aus den Augen, aus dem Sinn.
- Wenn du Erfolg haben willst, dann musst du wohl ein bisschen Fleiß an den Tag legen!
- Aber bewahre dir deine Begeisterung. Denn in die Hose kann es auch gehen, wenn du weniger begeistert bist!

Verkäuferregeln:
- Betrachte jeden Kunden für sich.
- Gib jedem Telefonat die Chance, das beste zu werden.
- Blende das von eben aus und denk noch nicht an das von nachher.
- Alles hat seine Zeit: Es gibt reife und unreife Kunden.
- Haben Sie es gemerkt? Selbst bei Verkäufern spielt die Hier-und-Jetzt-Regel eine große Rolle!

Was hilft Ihnen bei miesen Tagen im Job?

_____

_____

_____

_____

Für Menschen in allgemein schwierigen Phasen:

- Unabhängig glücklich: Denken Sie an Melanie Raabe, die ihr Glück von keiner Buchveröffentlichung abhängig gemacht hat.
- Richtige Motivation: Sind Sie von der richtigen Motivation geleitet?
- Planlos durchs Leben: Lassen Sie sich nicht einreden, Sie brauchten einen Plan!
- Eine gute Tat: Uneigennützige, selbstlose Hilfe verstärkt die eigene Resilienz.
- Selbstbestimmtheit: Sie sind am Drücker! Ändern Sie alles, was Ihnen nicht gefällt.
- Licht aus, Spot an: Das gilt für Fähigkeiten ebenso wie für die Gefühlswelt.
- Alltag: In schwierigen Situationen können Alltagshandlungen ein Anker sein.
- Kinder: Sie lenken durch ihre schonungslose Präsenz und ihr Recht auf Normalität ab.
- Freunde: Echte Freunde, bei denen Sie nachts um drei klingeln können, helfen durch so manche Krise.
- Die Mehrheit hat nicht immer recht: Benutzen Sie Ihren eigenen Kopf.

Ihre eigenen Gedanken:

_____

_____

_____

_____

Menschen, die Trost spenden mussten, haben für sich erkannt:

- Wenn ein geliebter Mensch fällt, fällt man ein Stück mit.
- Keine Lösungen überstülpen: Nur weil mir etwas geholfen hat, muss das nicht automatisch für mein Gegenüber gelten.
- Ratschläge sind auch Schläge: Erzählen Sie lieber davon, was Ihnen geholfen hat, vielleicht pickt sich Ihr Gegenüber das Passende raus.
- Öfter mal die Klappe halten: Wenn Ihnen nichts Tröstliches einfällt, ist Schweigen eine elegante Lösung.
- Verständnis zeigen, nicht schönreden, Hand reichen, mit rausziehen.
- Hilf nur da, wo du es kannst … und womit es dir selber noch gut geht.
- »Was brauchst du?« geht vor »Du musst dieses oder jenes tun«.
- Alles ist relativ: Für den einen ist es ein Sturm, für den anderen noch eine Böe.
- Ja, du darfst mitfühlen … aber du hast deinen Kindern gegenüber die Verpflichtung, es nicht zu nah an dich ranzulassen. Denn sie haben eine Mama verdient, die glücklich nach vorne schaut.
- So viele Leidensgenossinnen zu kennen ist leider Fluch und Segen zugleich.
- Kein Facebook auf dem Handy!

Was nehmen Sie mit?

_____

_____

_____

_____

Glaube ist alles?

- Du kannst Trost im Glauben finden, wenn du es zulässt.
- Glauben ist keine Schande, aber nicht zu glauben auch nicht.
- Gib bereits abgehakten Sachen eine neue Chance!
- Der Geschmack ändert sich! Wie bei Chicorée. Oder kennen Sie ein Kind, das Chicorée mag?
- Du musst nicht alles grenzenlos gut finden, um darin Halt zu finden.
- Du musst es nicht so glauben, wie es dir vorgepredigt wird.
- Die Zehn Gebote sind eine tolle Sache!
- Du darfst dir aus der Kirche Dinge wie Trost, Schutz und Zuversicht holen, ohne dass du zum Austausch was mitbringen musst.
- Auch hier findet man nicht alle Antworten.
- Singende Kinder sind etwas ganz Wundervolles.
- Vielleicht spendet der Glaube mehr Trost, als ich es wahrhaben möchte.

Nehmen Sie neue Erkenntnisse für Ihren Glauben mit?

_____

_____

_____

_____

Bei Herzschmerz:

- Ablenkung vom Liebeskummer durch: Selbstaufwertung und Flirten
- Selbstbestimmtheit: Erinnern Sie sich an die Ehe, die zerbrochen ist, und wie Uta sich zum ersten Mal gefragt hat: »Was will ich eigentlich?«?
- Traurigkeit akzeptieren, aber nicht Vergangenes verfluchen.
- Es gehören immer zwei dazu.
- Selbstreflexion und die Schuld auch, aber nicht nur (!!) bei sich suchen.
- Kein Selbsthass!

Herzschmerz beim eigenen Kind:

- Andere Wege einschlagen: Um ihrem Sohn aus der Drogenhölle zu helfen, musste Marlene ganz neue Wege einschlagen.
- Unterstützung suchen!
- Ablenkung hilft gegen die Selbstzweifel.
- Du hast nicht alles in der Hand.

Ihre eigenen Gedanken:

_____

_____

_____

_____

Freundschaften:

- Schließe nicht von dir auf andere! Nur weil du etwas für wichtig in einer Freundschaft hältst, muss das dein Gegenüber nicht auch so sehen.
- Weiche trotzdem nicht von deinen Prinzipien ab. »Für mich ist Loyalität trotzdem maßgeblich für eine Freundschaft!«, und daraus resultiert leider: Echte, wirkliche Freunde hat man meist nur ganz wenige, und der Rest sind Bekanntschaften.
- Manchmal begleiten einen Menschen nur eine Zeit lang, dann musst du lernen loszulassen.

Ihre eigenen Gedanken:

_____

_____

_____

_____

Gemeinsamkeiten ...

Wenn Sie aufgepasst haben, dann werden Sie merken, dass viele von unseren Geschichten Gemeinsamkeiten aufweisen.

So haben zum Beispiel alle Personen mit einem heftigen Schicksalsschlag gemeinsam:

- *dass sie dankbar sind.*

Maren und Guido waren dankbar für die Zeit mit Louis.

Mein Vater war dankbar, als er mich in den Armen gehalten hat.

Ich war dankbar für die Erfahrung, die ich durch die Erkrankung gemacht habe.

Außerdem empfinden viele ein Gefühl von Gelassenheit gegenüber äußeren Zwängen und Alltagsproblemen.

Und sie alle haben erkannt, dass das Leben kein verlässliches, immer sicheres Gerüst ist, sondern jeder Tag, der ohne größere Katastrophen zu Ende geht, ein Geschenk ist.

Wenn ich aus meiner Sicht die für mich wichtigsten Regeln für Resilienz zusammenfassen sollte, dann wären es diese hier:

- Dankbarkeit
- Gelassenheit
- Sich von Menschen trennen, die einem nicht guttun
- Berge besteigen, wenn sie da sind
- Den Unterschied erkennen zwischen Dingen, die du ändern kannst, und solchen, die du annehmen musst.

Aber das ist mein persönliches Resümee. Wichtig ist, was Sie, liebe Leserinnen, jetzt für sich mitnehmen.

Ihre eigenen Resilienz-Regeln:

_____

_____

_____

_____

Ende und aus.
Zumindest fast.

Ich denke, es gibt nur zwei Möglichkeiten, wie Sie jetzt das Buch zuschlagen werden. Entweder Sie sagen: Boah, die Alte nervt! Tut so, als ob sie auf jedes Problem eine Lösung hätte … Oder aber Sie sagen: Okay, das ein oder andere kann ich vielleicht mitnehmen.

Ich bin keine Besserwisserin, und die Weisheit habe ich auch nicht mit Löffeln gefressen. Und natürlich gibt es Dinge im Leben, vor denen man wie der Ochs vorm Berg steht. Aber, was nutzt Ihnen das? Sie haben nur das eine Leben! Es kommt kein Paketbote mit den Worten »Tadaa, schauen Sie mal hier, hier kommt Ihr neues Leben. Das alte lief ja nicht so dolle« um die Ecke.

Das Gegenteil von Resilienz ist Vulnerabilität und bedeutet nichts anderes, als den Stressauslösern im Leben hilflos ausgeliefert zu sein. Möchten Sie das als Alternative? Also macht es doch mehr Sinn, das Leben jetzt bei den Hörnern zu packen! Die Alternative wäre nämlich, in irgendeiner Form daran zu zerbrechen. Und dafür ist es doch eigentlich zu schade! Wir haben alle unser Päckchen zu tragen, und Wettbewerbe, wer das größere hat, finde ich persönlich extrem doof.

Sollten Sie gerade in einer Krise stecken, in welcher Form auch immer, so hoffe ich aus tiefstem Herzen, dass Ihnen das Buch helfen konnte.

Das Schreiben war ein oftmals nicht leichter Prozess und mit vielen Tränen verbunden. Ich hoffe, Sie verwenden es nicht gegen mich.

Und natürlich weiß ich, dass aus nicht verarbeiteten Traumata schlimme Krankheiten entstehen können. Angststörungen und Depressionen sind nur zwei davon. Und genau aus diesem

Grund ist dieses Buch eben kein medizinischer Ratgeber und auch kein Problem-Verharmlosungsversuch. Ich möchte diese schlimmen Folgen nicht totschweigen, aber ich kann und werde mir dazu als Nichtmedizinerin kein Urteil erlauben. Ich habe nur beobachtet, selbst erlebt und meine Erkenntnisse für Sie aufgeschrieben.

Ich hoffe, Sie konnten das ein oder andere mitnehmen und neu für sich erkennen. Vielleicht sehen wir uns auf einer Lesung oder aber Sie lassen mich wissen, wie es Ihnen gefallen hat, und schreiben an:

hallo@nicole-staudinger.net

Bis dahin bleiben Sie gesund und geben Sie auf sich acht!

Ihre Nicole Staudinger

Danke

Ein Wort des Danks zum Schluss ist ja quasi Tradition, und dieser bin auch ich treu ergeben.

Also, zuallererst danke ich meiner Familie.

Dafür, dass ihr mich ertragt und mich so nehmt, wie ich bin, obwohl ich zu unserem Mehrgenerationen-Wohnen eigentlich nichts Vernünftiges beisteuern kann. Danke, dass ihr in der intensiven Schreibphase alles von mir haltet und mich so grenzenlos unterstützt.

Ich danke dir, Hase, dass du einfach der Mann an meiner Seite bist und mich hältst und da bist.

Danke an meine zwei Jungs, dass ihr mich erdet, mir Inspiration und Motor zugleich seid.

Und Dank an meine Eltern, ohne die ich gar nichts wäre und die mich mit dem Werkzeug ausgestattet haben, um so manchem Sturm im Leben standzuhalten.

Und ich danke (mal wieder) all meinen Ärzten! Frau Dr. Schumacher und ihrem Team der Senologie in Köln-Hohenlind. Dafür, dass Sie so viel können und Ihr Leben uns Frauen verschrieben haben. Mein Held aus Düsseldorf ... ja, ich werde Sie in jedem Buch erwähnen, besser, Sie gewöhnen sich dran!

Ebenso gilt meinen echten Freunden großer Dank, weil ihr immer noch an meiner Seite seid, auch wenn die Zeit kleiner und die Spleens größer werden!

Und dann danke ich so manchen wertvollen Menschen, die in der letzten Zeit in mein Leben getreten sind. Da wäre zuallererst Manuela Raschke, die ich jetzt schon seit einiger Zeit meine Managerin (wie das klingt!!) nennen darf. Und eigentlich bist du schon so viel mehr als das. Danke, dass es dich gibt! Und nicht nur dich, sondern auch deine wundervolle Familie, die das ein oder andere Mal auf dich verzichten muss.

Und mit ihr kamen Inspirationsquellen, wie Sebastian Fitzek. Für die Unwissenden unter Ihnen: Es ist ein recht unbekannter, neuer Autor im Psychothriller-Bereich. Und er wollte unbedingt mal in einem Dankeswort erwähnt werden, stimmt's? Es ist tatsächlich seine Idee gewesen, dieses Buch zu schreiben. Meine wäre eine andere gewesen, aber die kommt vielleicht noch, daher sei sie an dieser Stelle noch nicht verraten. Er sagte damals wörtlich: »Eigentlich will ich, dass du es nur für mich schreibst, damit ich weiß, was deine Tricks sind.« So, habe ich gemacht, mein Lieber. Ich hoffe, dir gefällt es!

Mit bei dem Gespräch war damals mein über alles geschätzter Literaturagent Roman Hocke. Er und sein Team mit Markus Michalek, Claudia von Hornstein, Gudrun Strutzenberger und vielen anderen wertvollen Menschen kümmern sich um alles, was mich vom Schreiben abhält.

Und dann gilt besonderer Dank meinem Verlag Droemer Knaur. An der Spitze mein Superman für alle Fälle: Hans-Peter Übleis, der mittlerweile seinen wohlverdienten Ruhestand genießt.

An seiner Stelle steht jetzt eine weibliche Spitze, nämlich Doris Janhsen, die wiederum ein ganz wundervolles Team übernommen hat: allen voran meine Lektorin Stefanie Hess! Vielen Dank dafür, dass Sie das Manuskript nicht in der Luft zerrissen haben. Außerdem Margit Ketterle, Katharina Ilgen, Andrea Neuhoff, Johannes Schermaul, Antje Buhl sowie dem gesamten Außendienst.

Ich möchte mich auch von ganzem Herzen bei allen stationären Buchhändlern bedanken. Denn SIE sind diejenigen, die Lesungen veranstalten, und nicht die Online-Riesen. Danke auch, dass Sie mich nicht ad hoc rauswerfen, wenn Sie mich dabei erwischen, wie ich heimlich mein Buch umplatziere. Und entschuldigen möchte ich mich auf diesem Wege bei einer unbekannten Dame, die ich in einer Buchhandlung beobachtet habe, wie sie ein handsigniertes Buch von mir leicht angewidert zurücklegte mit den Worten: »Nee, das will ich nicht, da hat ja einer reingekritzelt!« Kommt nicht wieder vor, versprochen.

Christian Meyer vom CM Sicherheitsdienst ist der Mann für alle Fälle und der Grund, warum ich nach langen Touren noch frisch und ausgeruht bin.

Stolli danke ich einfach, dass er Stolli ist! Und den Krings-Brüdern für die verrückten Ideen.

Und meiner lieben Therapeutin, die mich durch eine dunkle Zeit begleitet und mich vor langer Zeit wieder auf die Menschheit losgelassen hat, gilt ein ebenso großer Dank!

Die schlechte Nachricht an alle: Ihr habt mich jetzt an der Backe, so schnell gehe ich nicht!

Und der größte Dank gilt all jenen, die für das Buch mit mir gesprochen haben. Danke, dass ich in eure Seele blicken durfte und ihr so viel Vertrauen in meine Arbeit hattet. Alle Geschichten, die Sie gelesen haben, sind so passiert. Teils sind die Namen echt, teils geändert. Aber authentisch und wahrhaftig sind sie alle.

Und ich danke dem Schicksal, dem Universum, dem lieben Gott und der Medizin, dass ich hier sein darf. Das Leben ist ein Geschenk, und ich versuche es mit Sorgfalt und Demut zu behandeln.

Ihnen, liebe Leserinnen, gilt der letzte und wichtigste Dank. Denn was wäre das tollste Buch ohne Sie? Nichts! Ich danke Ihnen, dass ich wegen Ihnen in den Kreis der Bestsellerautoren aufgenommen wurde und meinen Gedanken auf diese Weise Ausdruck verleihen darf. Das mache ich übrigens so lange, bis SIE da draußen sagen: Staudinger? Geh mir weg!

In tiefer Dankbarkeit,
Ihre und Eure Nicole

Quellen

Für das Kapitel: Alles ist relativ
http://www.zeit.de/1974/30/sterben-aus-kummer
Focus: http://www.focus.de/gesundheit/experten/buergel/ein-plaedoyer-fuer-das-laecheln-lassen-sie-sich-das-laecheln-nicht-vergehen_id_5395767.html

Für das Kapitel: Das gebrochene Herz
https://www.uniklinikum-dresden.de/de/presse/aktuelle-medien-informationen/takotsubo-kardiomyopathie-wenn-stress-das-herz-aus-dem-takt-bringt

Bücher
John Vermeulen, Der Maler des Verborgenen. Diogenes, Zürich 2012.
Paul Glaser, Die Tänzerin von Auschwitz. Aufbau Verlag, Berlin 2015.
Eckart von Hirschhausen, Wunder wirken Wunder. Rowohlt, Reinbek 2016.
Antoine de Saint-Exupéry, Der kleine Prinz. dtv, München 2017.

Monika Schmiderer

SWITCH OFF UND HOL DIR DEIN LEBEN ZURÜCK

Wie wir der digitalen Stressfalle entkommen

Smartphone und mobiles Internet sind aus unserem Alltag nicht mehr wegzudenken. Wir reden nicht mehr, wir chatten. Wir fühlen nicht mehr, wir liken. Wir erleben nicht mehr, wir sharen. Die moderne Welt fordert ihren Preis. Privat wie beruflich herrscht in unserem Leben ein Tempo, das auf Dauer atemlos macht: Immer online, immer erreichbar, immer verfügbar. Die Folge: Viele Menschen fühlen sich überfordert vom Anspruch, ständig zu kommunizieren und zu reagieren. Krankheiten wie Burn-out, Angststörungen und Depression waren nie so verbreitet wie heute. Neue psychische Stressphänomene wie Fear of Missing Out oder Social Media Anxiety entstehen. Höchste Zeit, die Reißleine zu ziehen: Monika Schmiderer hat ein 14-Tage-Media-Detox-Programm entwickelt, mit dessen Hilfe es gelingt, wieder in Kontakt mit sich selbst zu treten. Tag für Tag führt dieses Buch durch zwei spannende medienfreie Wochen. Es zeigt anhand praktischer Übungen, Fragebögen und Checklisten, wie wir der digitalen Abhängigkeit entkommen – und lädt täglich zu neuen Abenteuern und Erlebnissen ein, um unsere Kreativität und Lebensfreude zurückzugewinnen.

Sina Trinkwalder

IM NÄCHSTEN LEBEN
IST ES ZU SPÄT

Ärmel hochkrempeln, Probleme lösen,
glücklich sein
Meine ganz persönliche Erfolgsformel

Viele Menschen leben mit einem Gefühl der Unzufriedenheit.
Sie leiden unter ihrem Job, ihrer Beziehung oder ihrem Ge-
wicht. Vielleicht wünschen sie sich, »mehr« aus ihrem Leben zu
machen. Doch oftmals kommen sie über das Wünschen nicht
hinaus.

Sina Trinkwalder ist eine Macherin. Sie hat keine Scheu, Neues
anzupacken, und weist einen gangbaren Weg aus der Blockade.
Ihr persönliches Erfolgskonzept – nie den Kopf hängen lassen,
sondern Probleme fixieren, angehen und lösen – präsentiert sie
klar, nachvollziehbar und immer mit einem Augenzwinkern.

Für alle, die wissen, dass etwas schiefläuft, aber nicht wissen,
wie sie es ändern sollen.

Ein Buch für heute, denn: Im nächsten Leben ist zu spät!

Sina Trinkwalder

WUNDER MUSS MAN SELBER MACHEN

Wie ich die Wirtschaft auf den Kopf stellte

Sie holt die Menschen aus der Arbeitslosigkeit. Sie fertigt in Deutschland. Sie bezahlt hohe Löhne. Ihre Kollektion ist schick und ökologisch. Politiker und Medien reißen sich um sie. Ihr Name ist Sina Trinkwalder. Dies ist ihre Botschaft. Denn eine Idee muss haben, wer entgegen landläufiger Annahme überzeugt ist, dass in Deutschland Textilien zu konkurrenzfähigen Preisen hergestellt werden können. Sina Trinkwalder ist keine Unternehmerin, die an eine Steigerung der Rendite durch Verlagerung der Jobs nach Asien glaubt – sondern an die Bedeutung eines selbst verdienten Lebensunterhalts.

Sina Trinkwalders »Manomama« ist der Schrecken des Arbeitgeberverbandes, Thema der Medien, Wunschtermin der Politiker – und Sina Trinkwalder ist der Liebling ihrer Näherinnen. Ihr Motto setzt sie seit einigen Jahren konsequent um: »Wunder muss man selber machen!« Hier ist die Geschichte dieser jungen Frau und ihres beeindruckenden Unternehmens.

>»Sina Trinkwalder ist definitiv eine Frau
> für die Zukunft.«
> *Emotion*